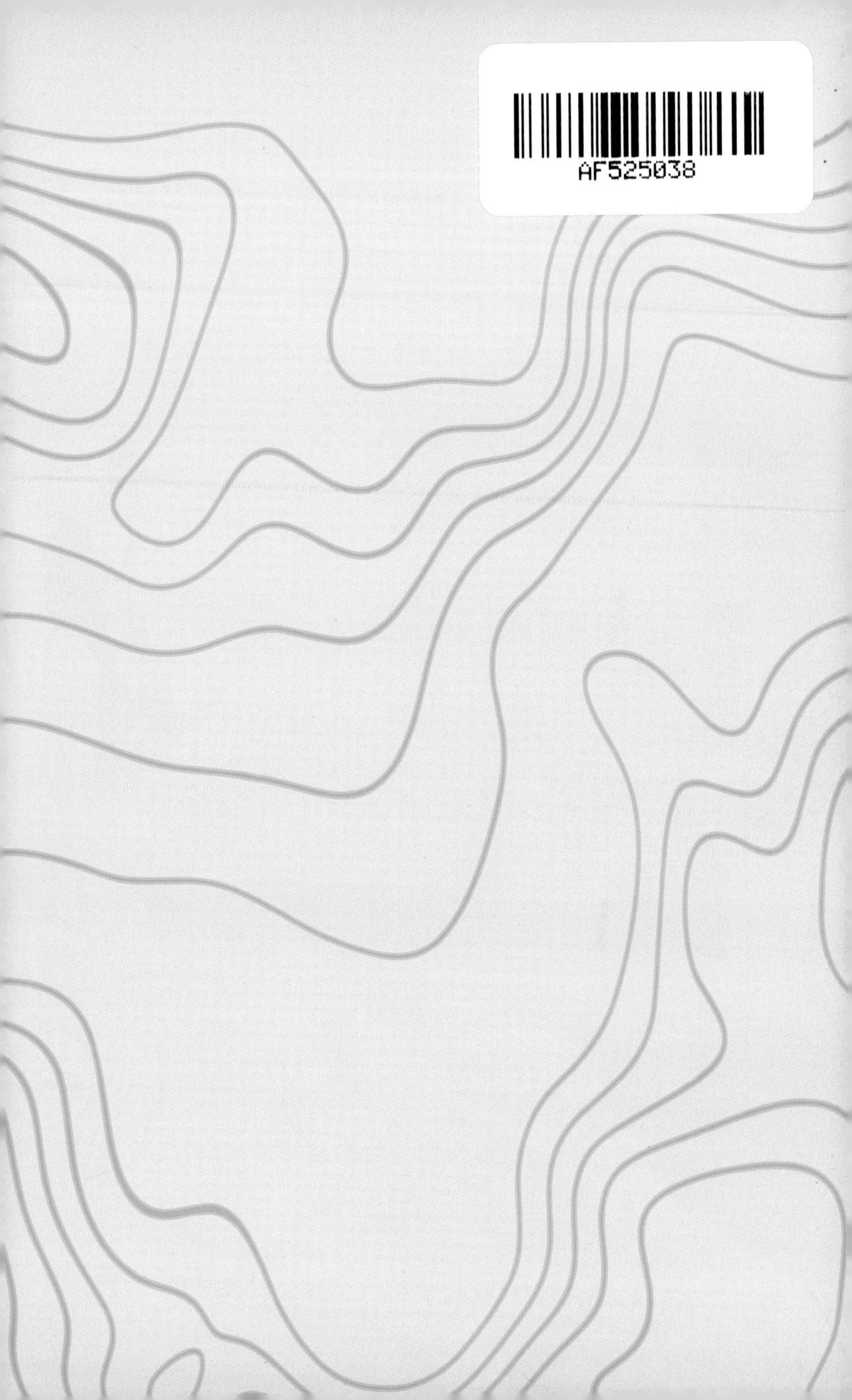
AF525038

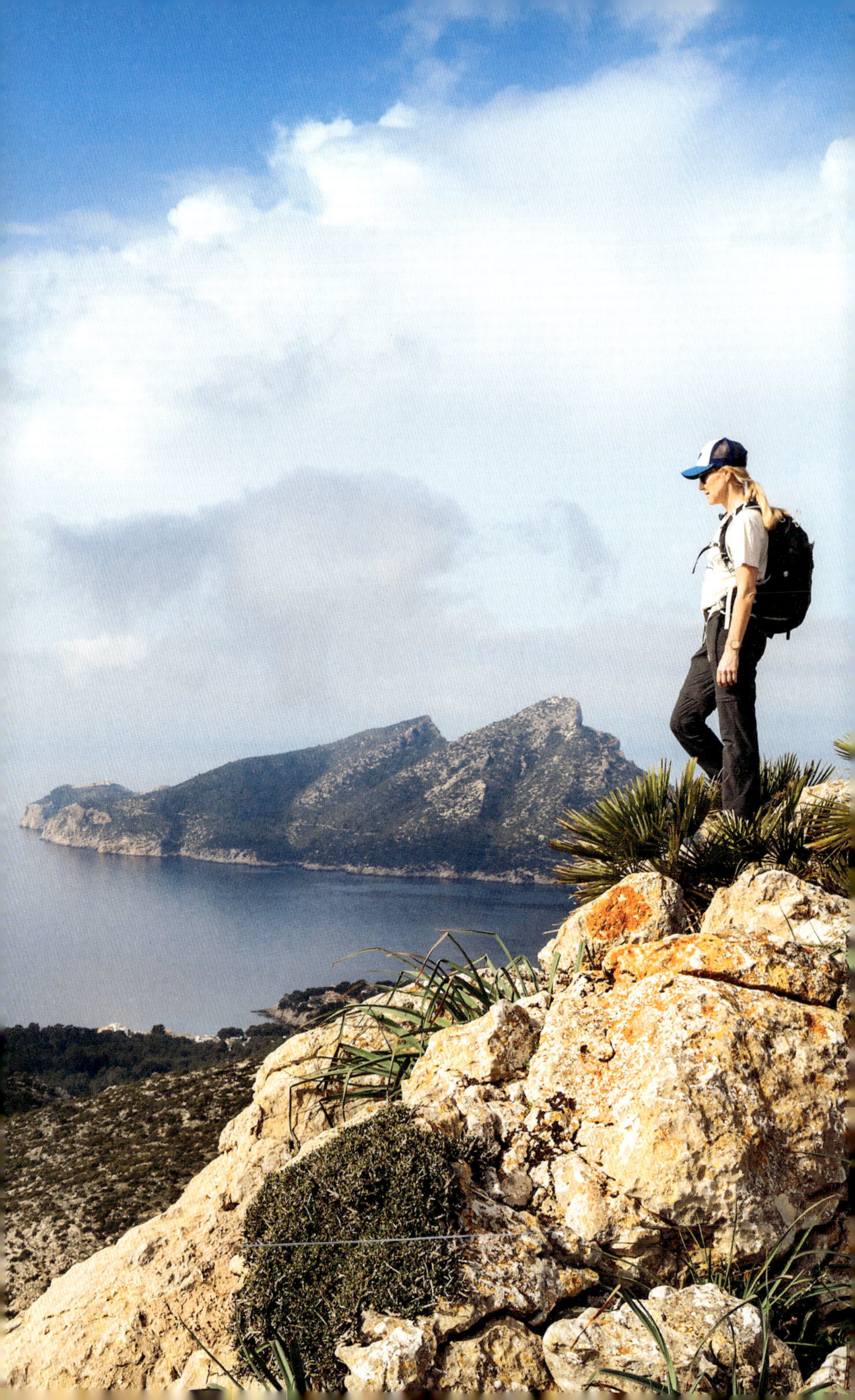

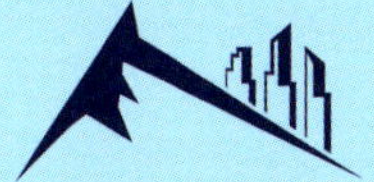

Ulrica Norberg & Charlotte Gawell

Hike PALMA DE MALLORCA

Die schönsten Wanderrouten rund um die Metropole

Aus dem Englischen von Manuela Schomann

DELIUS KLASING VERLAG

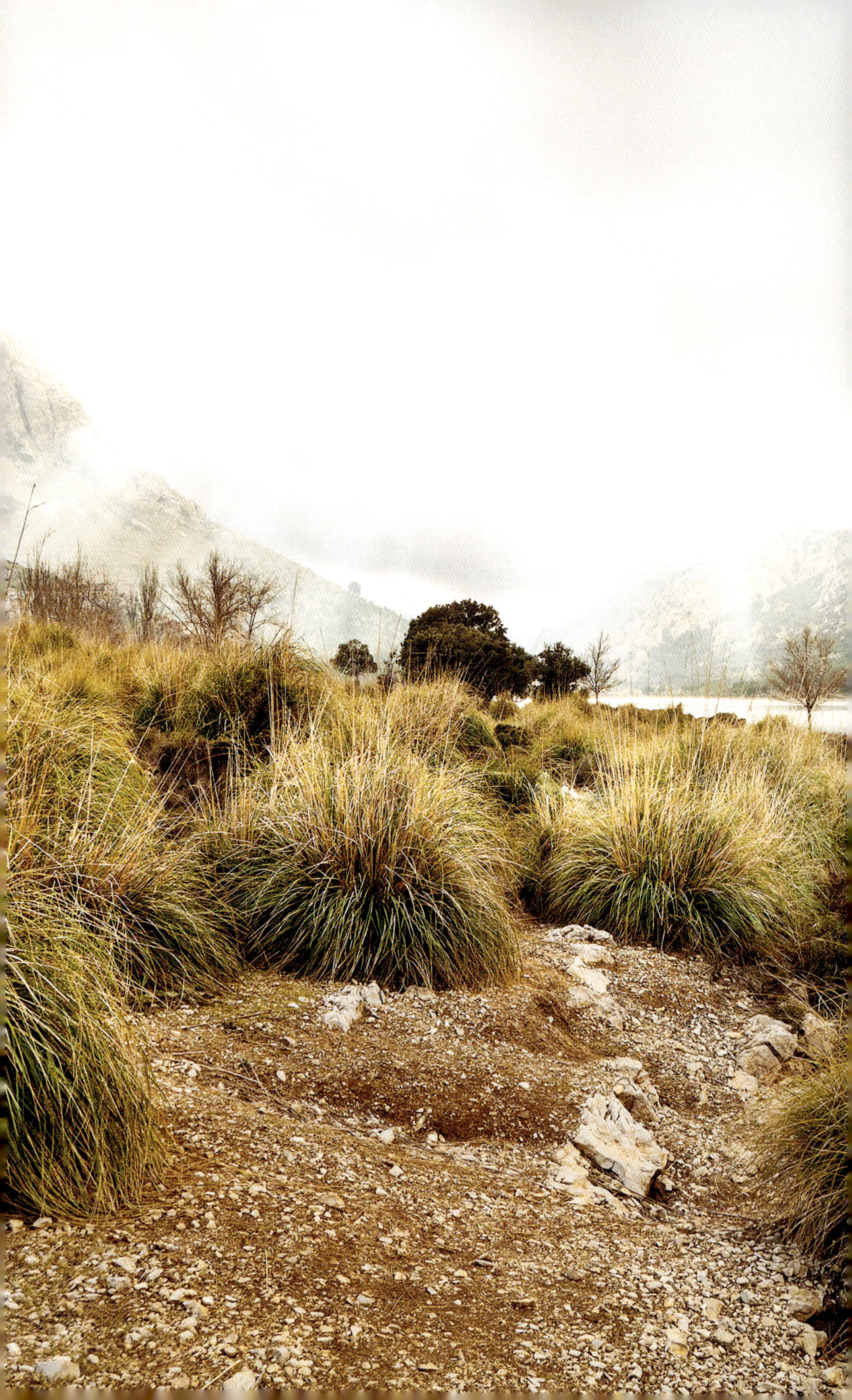

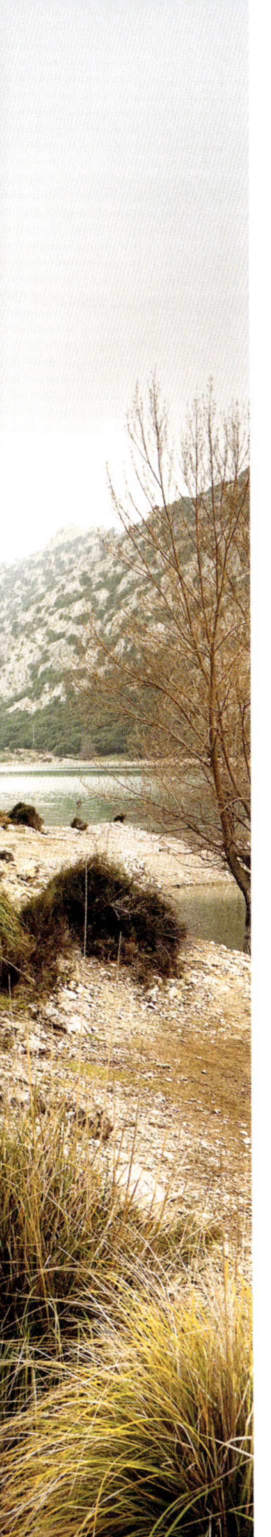

INHALT

FELIZ RECORRIDO!

Eine Insel mit ganz besonderem Flair – das ist Mallorca! Seine enorme Anziehungskraft bereichert Bewohner und Besucher gleichermaßen, und so faszinierte mich die Balearen-Insel von Anfang an. Daher kehre ich auch immer wieder zurück. Jahr für Jahr reise ich zum Arbeiten, Nachdenken und Schreiben nach Mallorca – und zum Wandern, dem meine ganze Leidenschaft gilt. Denn die Insel ist ein Wanderparadies!

Wer im Sommer dort war, sollte Mallorca erneut bereisen, wenn die Hitze nicht so drückend ist: Im zeitigen Frühjahr und im Herbst lohnt sich der Besuch besonders. Zu Frühjahrsbeginn locken die ersten Blüten und die klare Luft. Im Herbst ist das Klima angenehm frisch, die Insel kommt nach dem Sommertrubel zur Ruhe, und die satten Farben der Natur lassen sich ungestört bewundern. Auch im Winter kann man herrliche Tage genießen. An einem sonnigen Tag klettert die Temperatur schon mal bis auf 19 °C.

In diesem Buch präsentiere ich dir 15 meiner Lieblingswanderungen rund um Mallorcas Hauptstadt Palma. Von dort aus hat man es nicht weit in die Berge, und zugleich bildet die Stadt den idealen Ausgangspunkt für einfache Touren zu grandiosen Orten und erstklassigen Wanderzielen. Einige kürzere Spaziergänge lassen sich gut nach der Arbeit oder einem Tag mit Sightseeing absolvieren. Für andere benötigt man mehr Zeit: Sie sind genau das Richtige für alle, die einen ganzen Tag inmitten der Natur verbringen möchten.

Jedoch empfehle ich dir, bei der Auswahl nicht nur die Kilometeranzahl zu berücksichtigen, sondern auch den Schwierigkeitsgrad. Ich habe die Wanderungen in vier Kategorien aufgeteilt: Touren in Stadtnähe, mit Meerblick, in den Bergen und im Inselinneren.

WAS MACHT dieses Fleckchen Erde so attraktiv? Neben kultureller Vielfalt, angenehmem Klima, entspannter Alltagskultur und unglaublich schönen

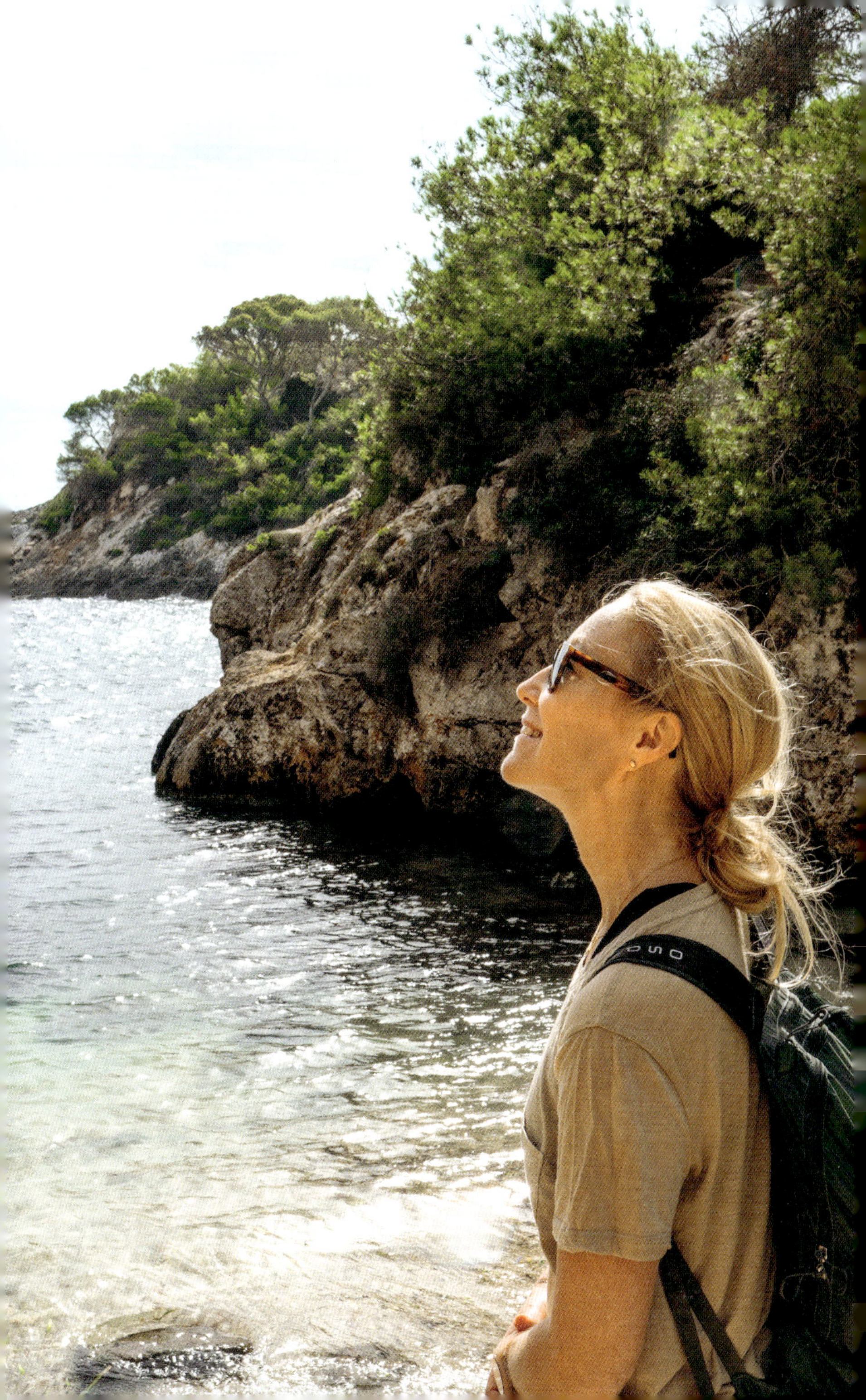

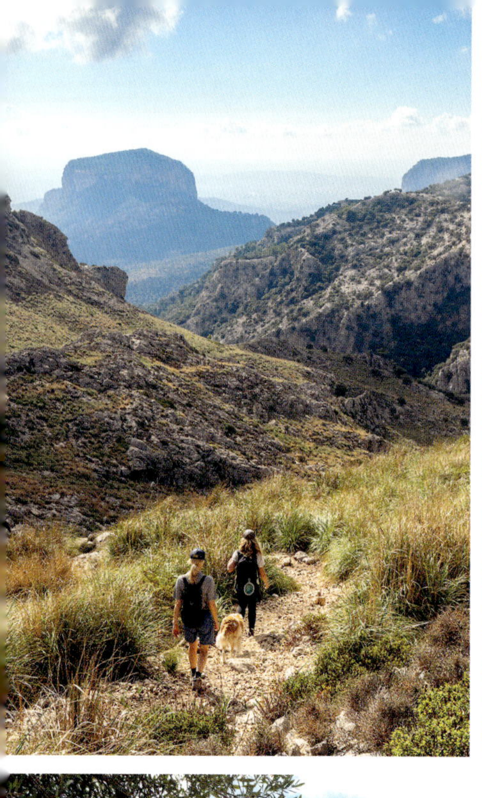
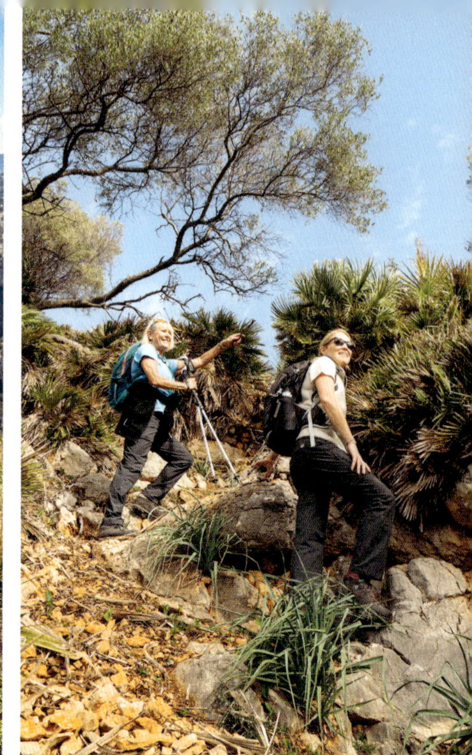
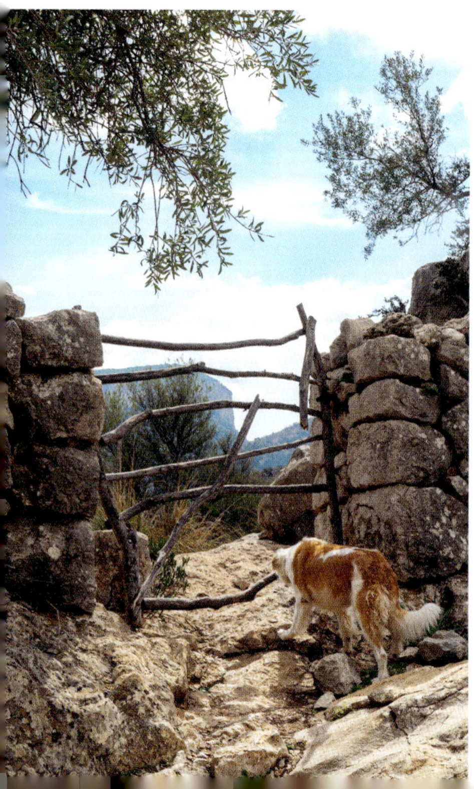
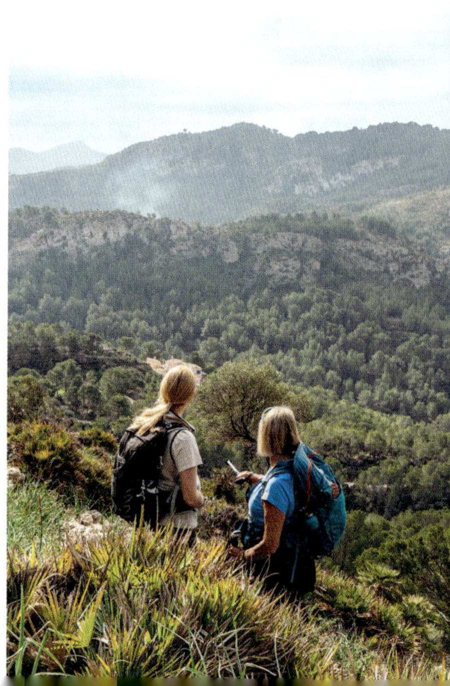

Wanderwegen weist die Insel auch einige Besonderheiten auf: An erster Stelle steht das verführerische Licht. Fast alle Besucher werden von diesem weichen, warmen, ja beinahe glühenden Licht mit seinen vielen Nuancen im Innersten berührt. Dieses Licht regt auch meine Lebenslust an, und die wunderbare Wärme umhüllt meine Seele.

Die Inselbewohner haben das Licht in gewisser Weise aufgesogen. Sie sind ein Paradebeispiel für Echtheit, Würde und Freundlichkeit. Die Mallorquiner begegnen uns mit einer stolzen Haltung und einem Lächeln, das uns willkommen heißt. Und sie zeigen uns, wie uns der Kontakt zur Natur in einen zufriedeneren Menschen verwandeln kann.

Seit Jahrtausenden lockt das magische Licht Menschen von nah und fern nach Mallorca. Noch heute zieht es Künstlerinnen und Schriftsteller, Architektinnen und nach Spiritualität Suchende an. Der französische Pianist Frédéric Chopin etwa lebte hier, ebenso wie der britische Autor Robert Graves und der spanische Architekt Antoni Gaudí. Viele bekannte Musikerinnen, Sportler und Schauspieler, wie Annie Lennox, Michael Douglas und Rafael Nadal (er wurde auf Mallorca geboren), verbringen hier jedes Jahr eine gewisse Zeit.

Ich habe im Lauf der Jahre Menschen kennengelernt, die wegen des Lichtes kamen und den naturnahen, aktiven mallorquinischen Lifestyle genießen wollten, der zu Reflexion, Kreativität und Lebensfreude anregt.

Auch das Element Wasser in Form von Meer, Flüssen, Wasserfällen und Seen trägt zur Faszination bei. Im Inselinneren hat es über Jahrtausende die Berge ausgehöhlt, und an der Küste schwappt es gegen die Klippen rings um die herrlichen Badebuchten und rollt in Wellen unablässig über die Strände. Dies begeistert Schwimmerinnen wie Wind- und Kitesurfer gleichermaßen. Das Meer umfängt die Insel und erinnert uns daran, nichts als selbstverständlich zu betrachten, da Wind und Wetter sich schnell ändern können. Die nahezu fluoreszierenden Blautöne des Meeres, die hier wesentlich intensiver schimmern als andernorts, begeistern die meisten Besucherinnen und Besucher. Das Wasser rund um die Insel leuchtet blau und ist unglaublich klar. Dies liegt an den im Meer gedeihenden Wiesen aus Neptungras *(Posidonia oceanica)* rund um Mallorca und seine Nachbarinseln. Diese ausgedehnten Unterwasserwälder reinigen das Wasser wie ein Filter und enthalten

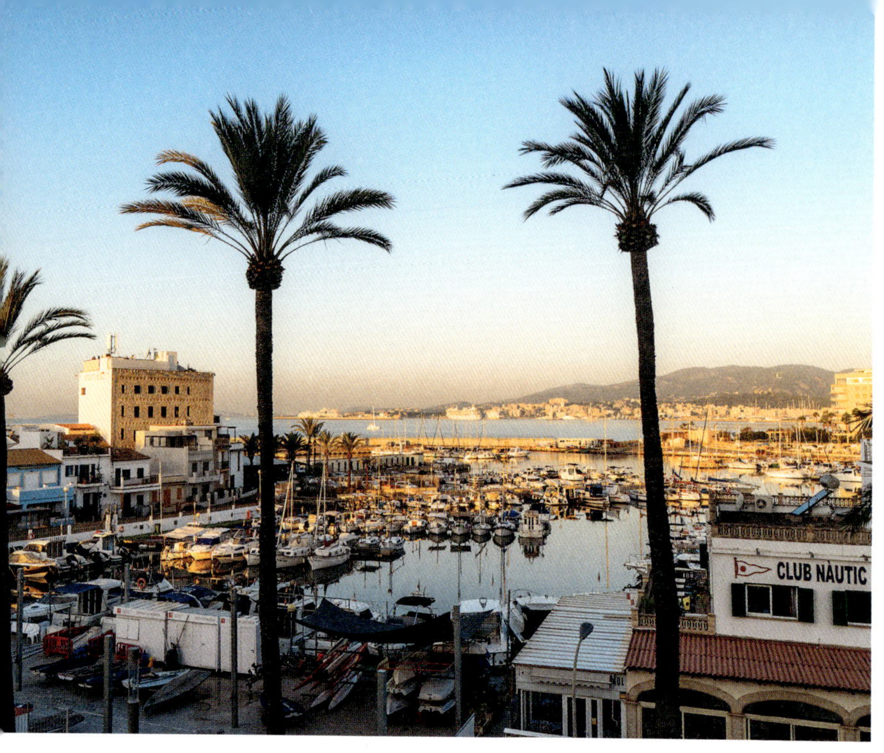

spezielle Algen, die den Sauerstoffgehalt des Wassers erhöhen.

Als Mallorcas spektakulärstes Merkmal gelten jedoch die Berge. Sie wecken in mir Lebenslust, Neugier und Ehrfurcht. Kaum dass ich auf der Insel angekommen bin, möchte ich meine Wanderstiefel schnüren, den Rucksack mit Proviant und allem Nötigen füllen und losziehen – am liebsten mit ein oder zwei Freundinnen oder Freunden.

Die Bergkette Sierra de Tramontana (auf Katalanisch Serra de Tramuntana) bildet das Rückgrat der Insel. Dieses 90 km lange Massiv mit seinen Tälern, Hügeln, Gipfeln und Dörfern verläuft entlang der Westseite der Insel von Süden nach Norden und umfasst 54 Gipfel, von denen zehn über 1000 m hoch sind. Wer wie ich vom Bergwandern begeistert ist, wird sich von den graugrün schimmernden Gipfeln verführen lassen und sich unweigerlich verlieben. 2011 wurde die Bergkette aufgrund ihrer einzigartigen Felsformationen und des reichen Erbes vergangener Zivilisationen auf die Liste des UNESCO-Weltkulturerbes gesetzt. Die Auswahl an Wanderwegen ist riesig, und man könnte hier Wochen und Monate auf spektakulären Trails verbringen.

Sobald ich in den Bergen unterwegs bin, fühle ich mich wie zu Hause. Oft kehre ich von einer Gebirgswanderung zufrieden, ruhig und erfüllt von innerer Klarheit zurück. Meine Kreativität läuft

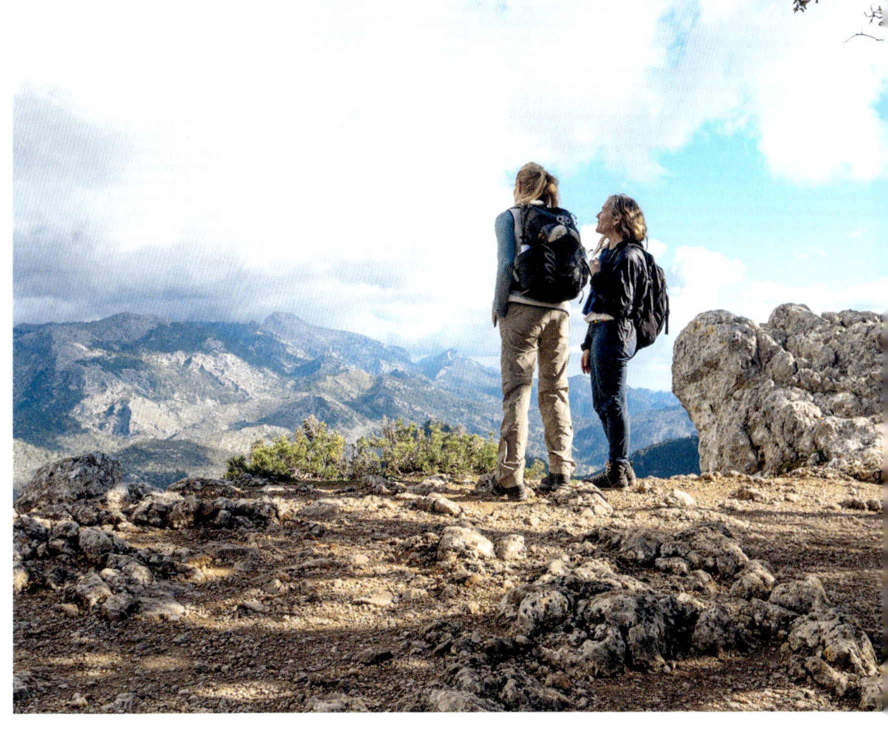

auf Hochtouren, und so schreibe ich am Abend die überbordenden Ideen in mein Notizbuch. Vermutlich verbinden mich die Berge mit meiner inneren Kraft und Stärke. Hier fühle ich mich eins mit dem Leben, denn nur mit geschärften Sinnen weiß ich, wohin ich meine Füße setzen muss, wie sich Wetter und Gelände verändern. Von der Wanderung heimgekehrt, lässt diese Aufmerksamkeit nach, und ich entspanne mich. Nachdem ich stundenlang extrem wachsam gewesen war, dürfen sich meine Sinne nun erholen. Dabei nimmt das Leben Gestalt an, und ich lasse alles, was ich heute gesehen habe, vor meinem inneren Auge Revue passieren.

Vielen Menschen ergeht es vermutlich ähnlich: Wir gehen in die Berge, um dort den Kopf freizubekommen, eine andere Perspektive einzunehmen und neue Ideen zu entwickeln.

Berge erzeugen Respekt und Ehrfurcht in uns. Sie sind unsere natürlichen Wasserspeicher, die zwischen 60 und 80 Prozent der Süßwasserreserven unseres Planeten bergen, uns als Schutz- und Zufluchtsort dienen und unser Überleben garantieren.

Der Lockruf der Berge verführt viele Menschen – die Serra de Tramuntana bildet da keine Ausnahme. Die ersten Touristen, die zu Beginn des 20. Jahrhunderts nach Mallorca kamen, wurden von den Bergen angelockt. Sie spürten

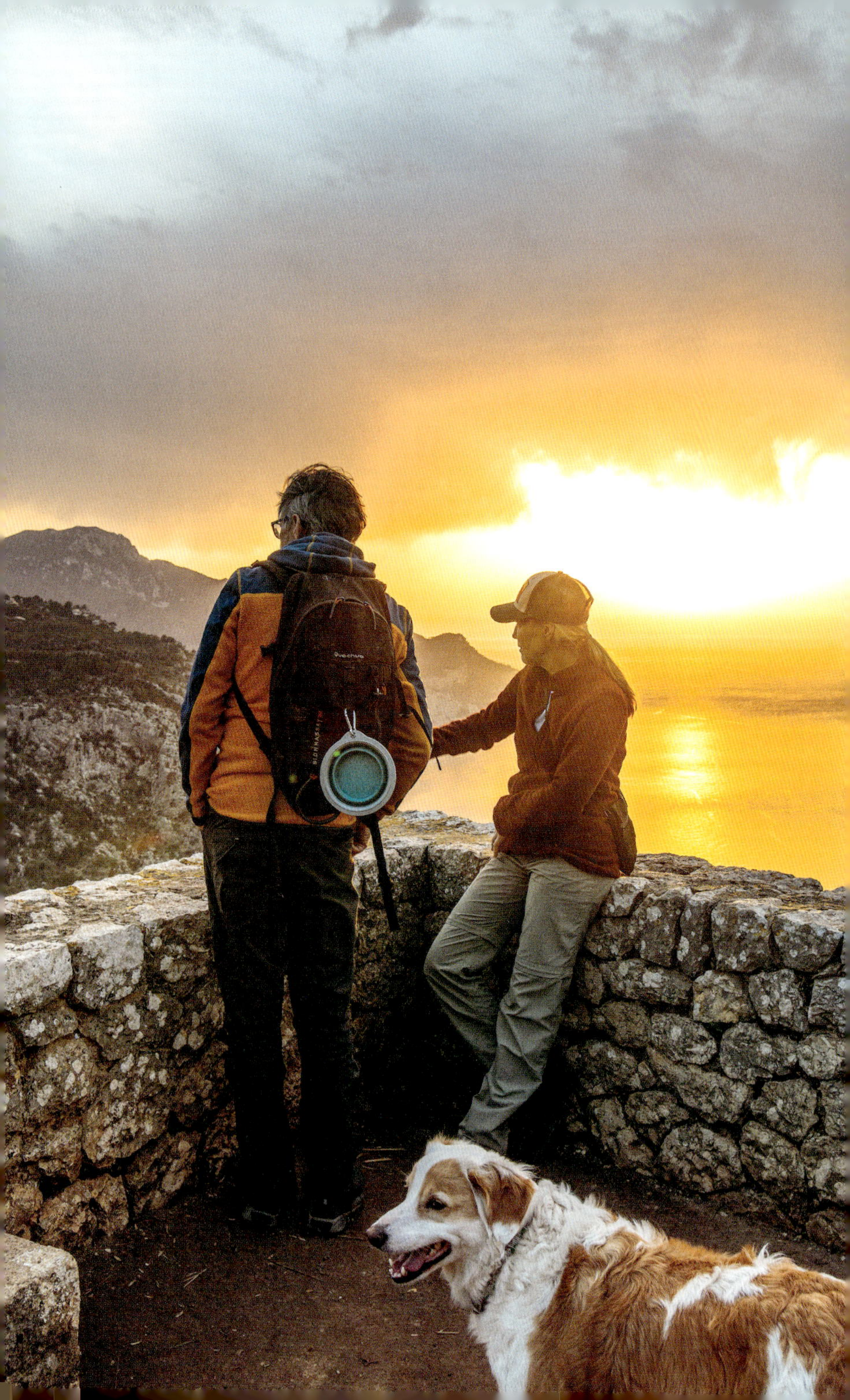
Quechua

deren ungeheure Anziehungskraft und wollten die Schönheit der Berge und die einmalige Landschaft mit ihrer reichen kulturellen Vergangenheit und den grandiosen Ausblicken erkunden.

Auf deinen Wanderungen wirst du an unglaublich beeindruckende Aussichtspunkte mit Blick aufs Meer und die Weinberge kommen. Vermutlich willst du auch all die pittoresken Dörfer besuchen, die funkelnd wie Juwelen auf atemberaubenden Hochebenen und in sonnenverwöhnten Tälern liegen.

ALS ICH FÜR LÄNGERE ZEIT auf der Insel lebte, wählte ich Palma als Wohnort. Es liegt zentral, und ich konnte alle für mich wichtigen Ziele gut erreichen. Mit seiner spannenden Architektur, den weiten Plätzen und breiten Prachtstraßen fühlt sich Palma wie eine Großstadt an, während seine kleinen Plätze eher an ein Dorf und seine Nähe zum Meer an eine Küstenstadt erinnern. Bei dieser Umgebung liegt es nahe, das Stadtleben mit Erholung zu verbinden und die umliegende Natur zu erforschen. Nach den Aufregungen der Stadt genießt man als Kontrast dazu die Stille der Wälder, die frische Meeresluft und das Wandern durch die majestätischen Berge.

Ich hoffe, dieses Buch inspiriert dich zu deinen eigenen Wanderabenteuern auf Mallorca. Zu jeder Route habe ich alle wichtigen Informationen zusammengestellt. So weißt du, was dich erwartet, und du kannst die Wanderung deinen Bedürfnissen anpassen. Darüber hinaus findest du auch Tipps, wie du dein Wanderabenteuer vor Ort mit kulinarischen und kulturellen Erlebnissen abrunden kannst.

Zu Beginn jeder Tourenbeschreibung findest du einen QR-Code, über den du eine Karte der gesamten Strecke aufs Smartphone herunterladen kannst. Du kannst die Karte offline nutzen und musst dir keine Gedanken wegen des WLAN-Empfangs machen.

Ich wünsche dir viele schöne Wanderungen – vielleicht treffen wir uns ja unterwegs!

Feliz recorrido, oder »Schöne Tour«, wie man auf Spanisch sagt.

ULRICA NORBERG
Autorin, Journalistin, Yogini und Wanderführerin

WANDERN AUF MALLORCA

Mallorca bietet viele unterschiedliche Wandermöglichkeiten. Eine Tour in den Bergen kann schon mal ein Work-out ersetzen. Allerdings hast du in der Natur die Gelegenheit, an schönen Aussichtspunkten eine Pause einzulegen und das Panorama zu genießen. Auf den Wegen begegnest du Eseln, Ziegen, Kühen und Schafen, aber keinen gefährlichen Tieren. Auf der Insel gibt es weder giftige Schlangen und Spinnen noch Skorpione.

Wer sich für eine Tour am Meer entscheidet, wandert durch schöne Küstenlandschaften. Hier lässt sich eine Badepause einlegen, interessante kulturelle Begegnungen erleben oder auch mal ein Leuchtturm besichtigen, während dich im Landesinneren Weinberge, Wälder und Felder zwischen urigen Dörfern erwarten. In den Bergen wiederum geht es über jahrtausendealte holprige Wege, vorbei an Siedlungen aus der Steinzeit. Grabmale, Höhlen, Viadukte und Mauern erinnern als steinerne Zeugen an die phönizische, griechische und karthagische Kultur. Das Erbe vergangener Zivilisationen und die wechselvolle Geschichte sind allgegenwärtig und machen Mallorca in Kombination mit der herrlichen Umgebung einzigartig.

Beeindruckend ist auch die Nähe zum mallorquinischen Alltagsleben – zu den auf den Feldern arbeitenden Bauern, den Eseln, Kühen und Schafen, die auf den Weiden grasen, den Gärten mit ihren Oliven- und Mandelbäumen und zu den Dörfern, wo das Leben seit Jahrhunderten scheinbar den immer gleichen Gang geht. Welche Tour du auch wählst, sicher wirst du von Mallorcas Schätzen beeindruckt sein.

WAHL DER TOUR

Für die hier vorgestellten Routen musst du nicht viel vorbereiten. Du solltest lediglich planen, wie du zum Startpunkt kommst und vom Endpunkt wieder nach Hause. Und denke an den Proviant! Wähle die Tour nach deinen Fähigkeiten, der verfügbaren Zeit und vor allem dem Wetter, deinen Vorlieben und deiner Fitness – so triffst du bestimmt die richtige Entscheidung.

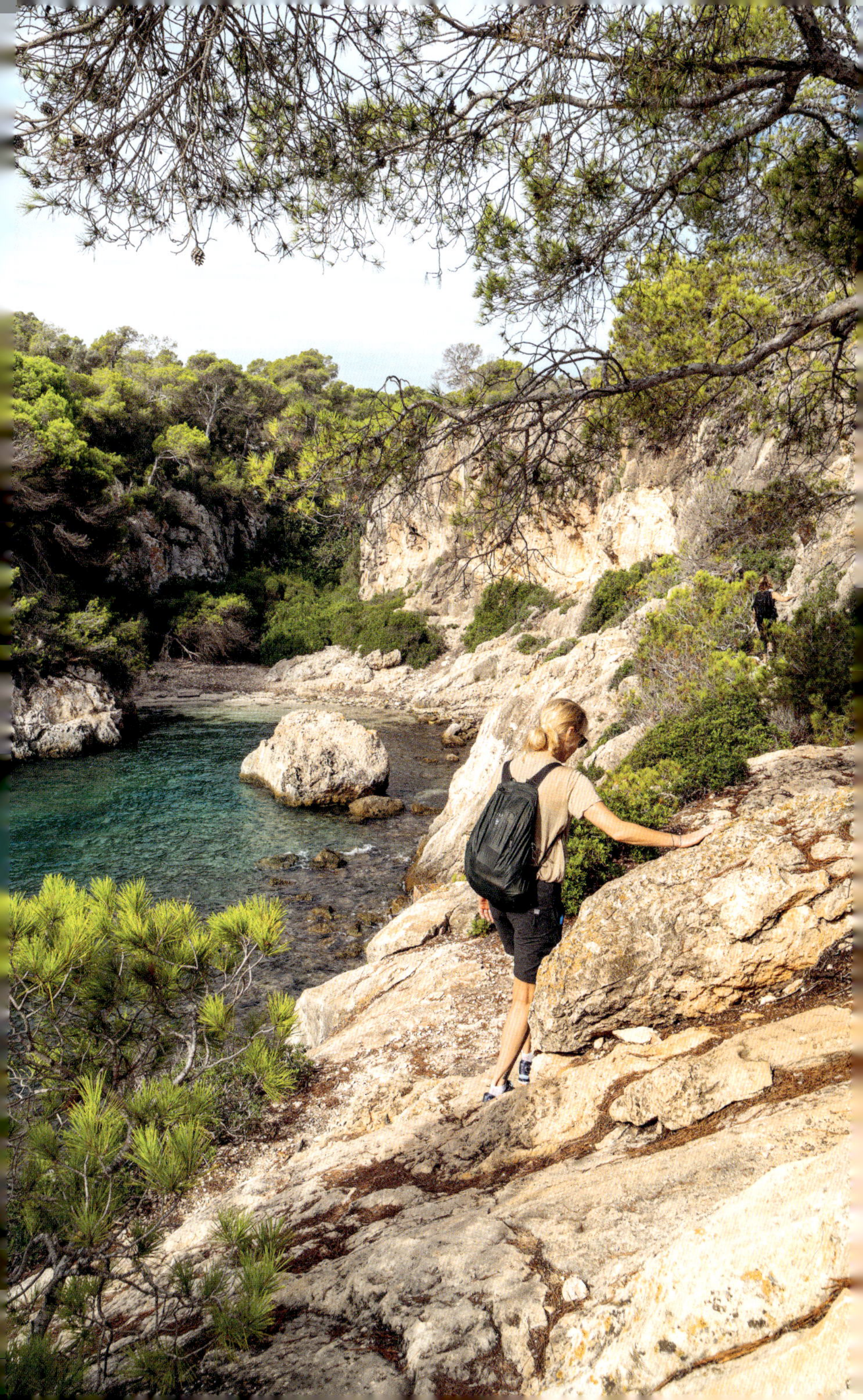

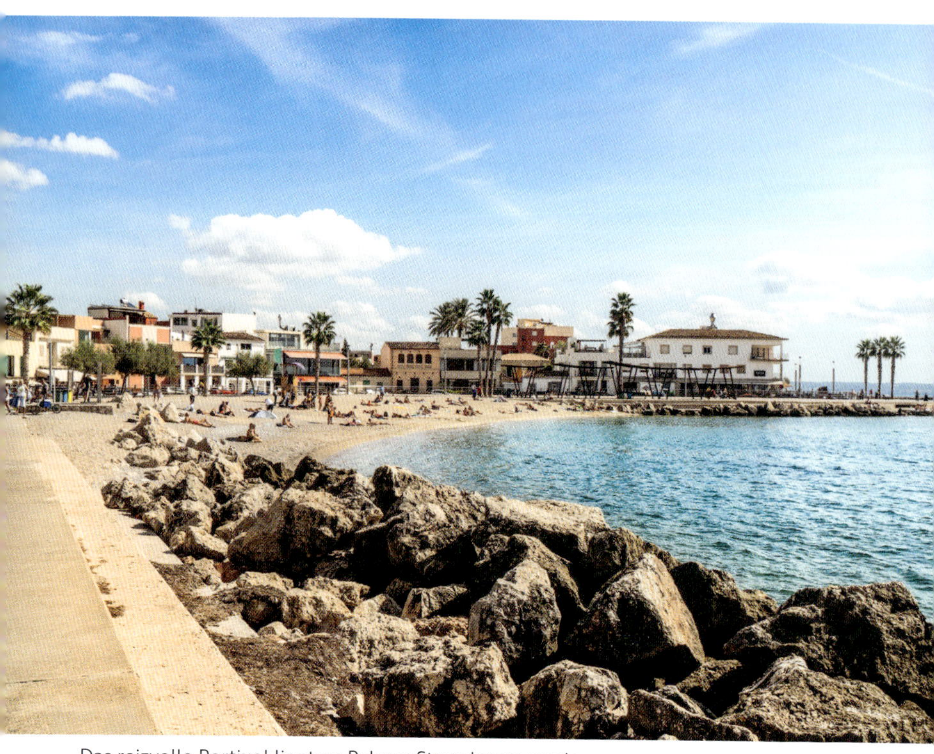

Das reizvolle Portixol liegt an Palmas Strandpromenade.

Die Touren sind bezüglich Streckenlänge, Höhenunterschieden und Gelände in die Schwierigkeitsgrade leicht, mittel und mittel/schwer eingeteilt.

LEICHT: Diese Tour ist für die meisten geeignet. Sie dauert maximal drei Stunden und umfasst bis zu 350 Höhenmeter.
MITTEL: Die Strecke ist etwas anspruchsvoller in Hinblick auf Dauer, Landschaft und Gelände. Man sollte relativ fit sein. Die Wanderung dauert bis zu vier Stunden und überwindet ungefähr 350 bis 650 Höhenmeter.
MITTEL/SCHWER: Der Weg umfasst steilere Abschnitte und technisch anspruchsvolle Strecken. Um die Wanderung genießen zu können, sollte man gut trainiert sein. Die Tour dauert vier bis sechs Stunden und überwindet mehr als 650 Höhenmeter.

Die Dauer der Wanderungen bezieht sich auf die reine Gehzeit – Pausen sind nicht mit eingerechnet. Sollten dir die Zeitenangaben großzügig bemessen erscheinen, vergiss nicht, dass das Gelände oft hügelig ist und man dort nicht immer schnell vorankommt. Laufe langsam und gemütlich los. Nach 15 Minuten bleibst du am besten stehen und legst, je nach Temperatur, eine

Schicht Kleidung ab oder ziehst etwas über. Mache kurze, aber häufige Pausen – etwa jede Stunde circa zehn Minuten. Die Pausen sollten nicht ausgedehnt werden, da die Muskeln sonst verhärten und das Weitergehen mühsamer wird.

Die Zahl der überwundenen Höhenmeter ist oft größer als der höchste Punkt der Tour, da der Weg ein Stück nach oben führt, dann wieder bergab und anschließend erneut bergauf.

Die Ausschilderung ist je nach Tour mal besser, mal weniger gut. Einige Touren werden nur durch rot angestrichene, angehäufte Steine markiert. Es ist ratsam, immer eine Wanderkarte dabeizuhaben, falls das Handy unerwartet ausfällt.

Folgendes möchte ich dir noch mit auf den Weg geben:

• Wer zum Kurzurlaub in Palma ist und nur einen halben Tag zum Wandern hat, wählt am besten eine Tour in Stadtnähe. Es lassen sich auch mehrere Routen miteinander kombinieren.

• Wer mehr Zeit hat und gern am Meer entlangwandert oder vielleicht das Wandern mit kulturellen Highlights, Baden oder einem Essen kombinieren möchte, wählt am besten eine der Routen in Küstennähe.

• Wer in die Berge gehen möchte, hat reichlich Auswahl: Die Routen in diesem Buch sind ein guter Anfang – ich hoffe, dass sie dich zu eigenen Erkundungstouren inspirieren. Einige der von mir empfohlenen Wanderungen verlaufen auf dem GR221, der sich entlang der ganzen Tramuntana-Bergkette erstreckt. GR steht für Gran Recorrido, was so viel wie »lange Strecke« bedeutet. Die Mallorquiner nennen sie »La Ruta de Pedra en Sec«, die Trockensteinroute. Das bezieht sich vermutlich darauf, dass mehrere Abschnitte auf gepflasterten Wegen aus dem 10. Jahrhundert n. Chr. liegen.

• Um die Kulturlandschaft mit ihren Weinbergen und Tälern kennenzulernen, empfehle ich die Wanderrouten durchs ländliche Mallorca. Die Wege winden sich durch Oliven- und Orangenhaine, Weinberge und Weiden mit Schafen, Ziegen und Hühnern. Vielleicht begrüßen dich ab und an neugierige Esel, die gern auch mal näher herankommen. Auch auf diesen Trails geht es bergauf und bergab, da die Gegend rund um Palma hügelig ist. Weitere Wanderungen im Inselinneren, die eher eben verlaufen, gibt es im Nationalpark Mondragó im Osten Mallorcas oder auch im nördlichen Teil der Insel beim Cap de Formentor, am Fuß der Serra de Tramuntana. Die Anfahrt dauert allerdings über eine Stunde.

WETTER UND JAHRESZEITEN

Vor dem Aufbruch solltest du immer den Wetterbericht prüfen. Da das Wetter sehr schnell umschlagen kann, sollte man jederzeit gut vorbereitet sein. Die Wolken können sich innerhalb von Minuten zusammenballen, der Nebel zieht vom Meer heran und beeinträchtigt die Sicht, die Temperatur sinkt in kürzester Zeit. Eine winddichte Jacke, ein Schal, eine warme Mütze und ein Pullover gehören deshalb immer ins Gepäck.

Die Sonne scheint kräftiger als erwartet, die Haut ist schnell verbrannt – und das sogar bei bewölktem Himmel. Deshalb solltest du immer einen Sonnenschutz auftragen und den Kopf mit Hut oder Mütze bedecken. Während der heißesten Monate von Mai bis September benötigst du reichlich Wasser, d. h. mehr als üblich. Am besten startest du schon frühmorgens, so entkommst du der Mittagshitze.

Die ideale Wanderzeit ist für mich von September bis ins zeitige Frühjahr vor Ostern. Die Temperaturen sind noch angenehm, und es sind auch nicht so viele Menschen unterwegs. Zwischen Juni und September ist es in den Bergen fast zu heiß zum Wandern. Für diese Zeit empfehle ich eher die Küstenwanderungen. Ende April und im Mai sind die Trails gut besucht, weshalb du in der Zeit besser weniger bekannte Routen wählen solltest.

Empfehlenswerte Wetter-Apps:

- *Weather Live:* hervorragende Darstellung und ausführliche, aktuelle Informationen zu Wetterbedingungen in verschiedenen Weltregionen.
- *WeatherPro:* häufig genutzte App mit guten Karten und ständig aktualisierten Radarbildern.
- *Dark Sky Finder:* Diese coole App zeigt die besten Orte zum Sternegucken und dokumentiert Lichtverschmutzung und Wolkenbewegungen.

KARTEN UND QR-CODES

Mit den Beschreibungen in diesem Buch findest du deinen Weg. Natürlich kann es mal passieren, dass du eine Abzweigung oder einen Wegweiser übersiehst und auf einem ganz anderen Trail herauskommst als geplant. Deine Wanderung weicht dann eben etwas ab, das sollte dir aber keine Sorgen bereiten. Die Touren verlaufen nicht abseits der Zivilisation, und du kannst dich stets grob orientieren, weil du ja weißt, ob du gerade bergauf oder bergab gehst.

Es empfiehlt sich, den jeweiligen QR-Code, der zu Beginn jeder Routenbeschreibung steht, mit dem Smartphone zu scannen. So bekommst du einen Überblick über die Strecke und die Entfernungen. Du kannst jederzeit schauen, wo du dich befindest, und prüfen, ob du auf dem richtigen Weg bist. Ein hilfreiches Sicherheitstool!

KLEIDUNG UND SCHUHE

Während der warmen Jahreszeiten sind leichte Wanderhosen oder -shorts und ein leichtes Hemd oder T-Shirt die beste Empfehlung. Im Herbst und Winter hilft das klassische Zwiebelprinzip: Die Körpertemperatur lässt sich regulieren, indem man Kleidungsschichten je nach Bedarf an- oder ablegt. Ein Fleece, ein Sweatshirt, dünne Handschuhe sowie eine Mütze im Rucksack sollten immer dabei sein. Bei einer Rast ziehst du dir etwas Warmes über. Mit Mütze oder Hut und Sonnenbrille schützt du dich vor der Sonne. Auch eine dünne Regen- oder Softshelljacke sollte immer dabei sein, da das Wetter schnell wechseln kann.

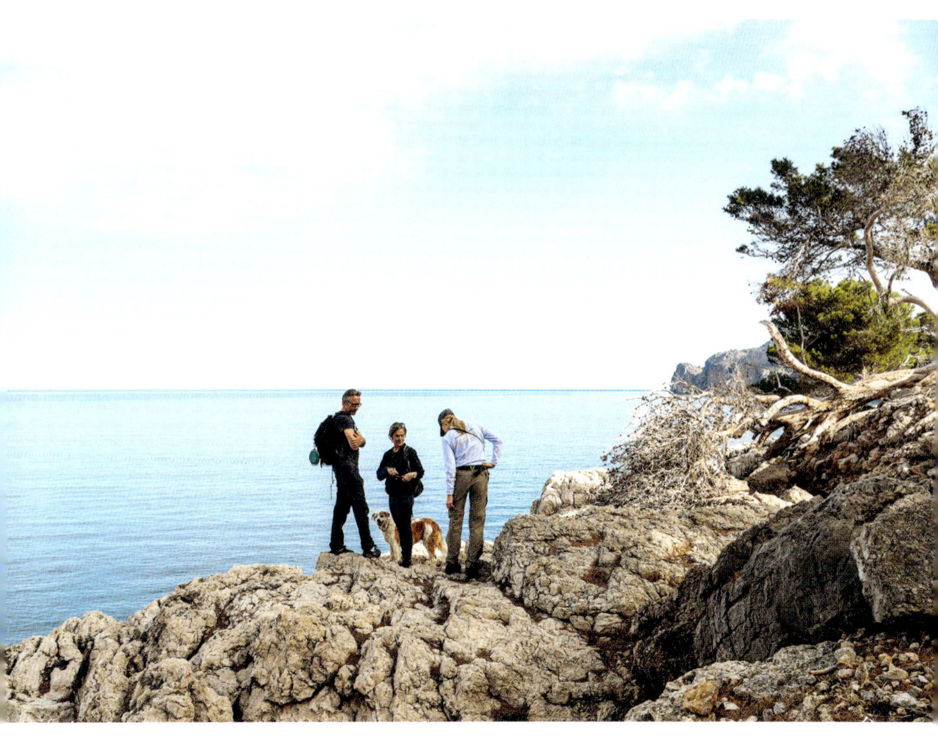

Auf den einfacheren Touren kannst du Sneakers oder leichte Wanderschuhe tragen. In den Bergen, wo das Gelände steiler und der Untergrund felsiger ist, empfehlen sich Wanderstiefel mit Profilsohle. Und vergiss nicht, für den Notfall ein paar Blasenpflaster einzupacken ...

RUCKSACK

Für die hier vorgestellten Touren benötigst du nur einen kleinen Rucksack, in dem Wasser, eine Thermosflasche, Proviant, Snacks und zusätzliche Kleidung Platz finden. Dein Handy sollte immer komplett geladen sein. Für etwas längere Wanderungen empfiehlt sich eine Powerbank. Obwohl der Empfang auf der Insel überwiegend verlässlich ist, muss man trotzdem jederzeit mit vorübergehenden Ausfällen rechnen.

Da die Dämmerung schnell hereinbricht, nehme ich bei nachmittäglichen Touren meist auch eine Taschenlampe mit. Außerdem packe ich ein Taschenmesser und eine kleine Trillerpfeife in den Rucksack (meiner hat eine integrierte Pfeife), falls ich mich verletze und Hilfe rufen muss. Nützlich sind außerdem ein Sitzkissen, ein kleines Fernglas, Toilettenpapier, Feuchttücher, Sonnencreme, eine Mülltüte und eine kleine Erste-Hilfe-Tasche.

WANDERSTÖCKE

In steilem, unebenem Gelände sorgen Stöcke für Stabilität, da sie helfen, das Gleichgewicht zu halten. Außerdem entlasten sie beim Bergabgehen die Gelenke, allen voran die Knie. Auch in nicht steilem Gelände sind Stöcke nützlich, da sich mit ihnen Oberkörper, Schultern und Arme trainieren lassen.

ESSEN UND TRINKEN

Ein gutes Proviantpaket sorgt bei der Rast für gute Laune. Wenn du keine Möglichkeit hast, dir für die Wanderung frischen Kaffee oder Tee zu bereiten, besorge dir Tee oder Kaffee to go und fülle ihn in deine Thermoskanne um. Kaufe dir ein paar Tapas oder ein Stück Pizza. Vergiss nicht die mallorquinischen Mandeln, Orangen und Tomaten. Als Snack oder Mittagessen schmecken sie himmlisch.

Packe auch noch ein paar zusätzliche Snacks ein, die deinen Blutzucker pushen, falls die Energie nachlässt. Aber am allerwichtigsten ist es, reichlich Wasser mitzunehmen. Als Grundregel gilt: Wenig, aber häufig trinken und mindestens zwei bis drei Liter mitnehmen. Pro Tag kann man bis zu zehn Liter Wasser verlieren, je nachdem, wie heiß es ist, wie anstrengend die Wanderung ist und wie stark man schwitzt. Ich habe meist ein 2,5-Liter-Pack Wasser in meinem Rucksack sowie ein oder zwei Aluflaschen, die ich vor dem Aufbruch mit kaltem Wasser fülle. Plastikflaschen sind weniger empfehlenswert, da das Wasser darin schnell warm wird. Außerdem besteht die Gefahr, dass sie kaputtgehen und im Rucksack auslaufen.

Wenn du nicht genug trinkst, kann das deine Energie schnell beeinträch-

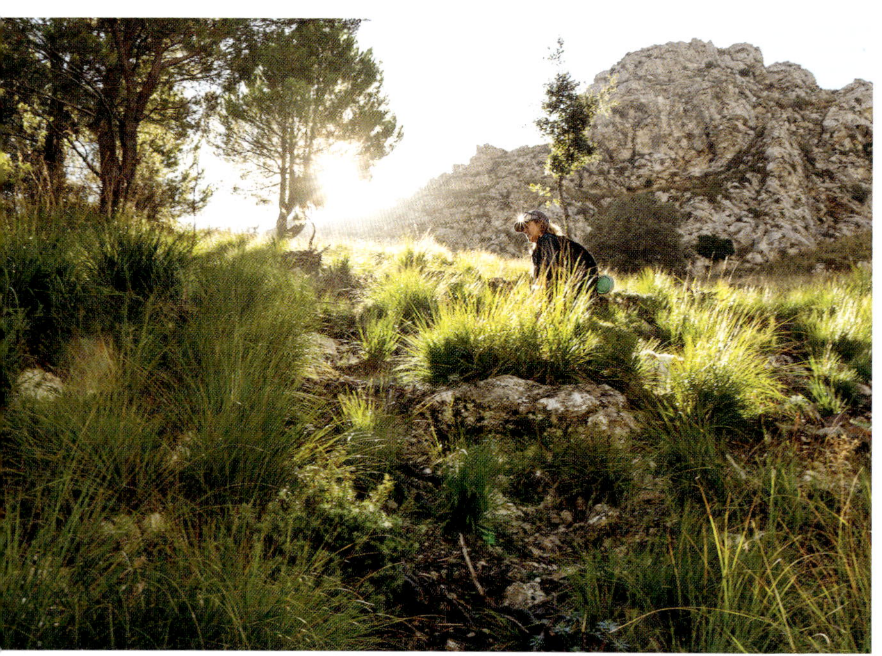

tigen und zu Kopfweh und Schwindel führen. Deshalb trinke ich gewohnheitsmäßig alle 15 Minuten etwa fünf Schluck Wasser.

DENKE AN DIE UMWELT!

Nimm deinen Müll und alle Essensreste nach der Rast unbedingt wieder mit. Falls du unterwegs Plastik- oder anderen Müll siehst, den andere liegen gelassen haben, nimm ihn bitte mit. Ganz wichtig: Zünde nie ein Feuer an!

Respektiere Privatgelände und das umliegende Gebiet. Auf Mallorca gibt es kein allgemeines Wegerecht: Wenn du also ein Schild mit der Aufschrift PRIVAT entdeckst, halte dich daran und gehe nicht weiter. Auf deiner Wanderung begegnest du vielleicht Eseln, und Hunden, die Schafe und Ziegen hüten. Gehe nicht näher an sie heran, und störe sie nicht.

In manchen Gebieten sind Hunde nicht erlaubt. Erkundige dich im Hotel, oder frage in der Touristeninformation vor Ort nach.

SICHERHEIT

In den Bergen und entlang der Felsküsten sollte man immer darauf achten, wohin man seinen Fuß setzt, und die Gefahr des Abrutschens und Stürzens nicht unterschätzen. Denke daran, dass du an einigen Stellen auf steilen Schotterwegen unterwegs bist. Bei feuchtem Wetter wird es hier schnell mal rutschig, weshalb besondere Vorsicht geboten ist. Wandere also vorausschauend und passe auf. Gehe nie bei Schnee, Regen oder Sturm in die Berge.

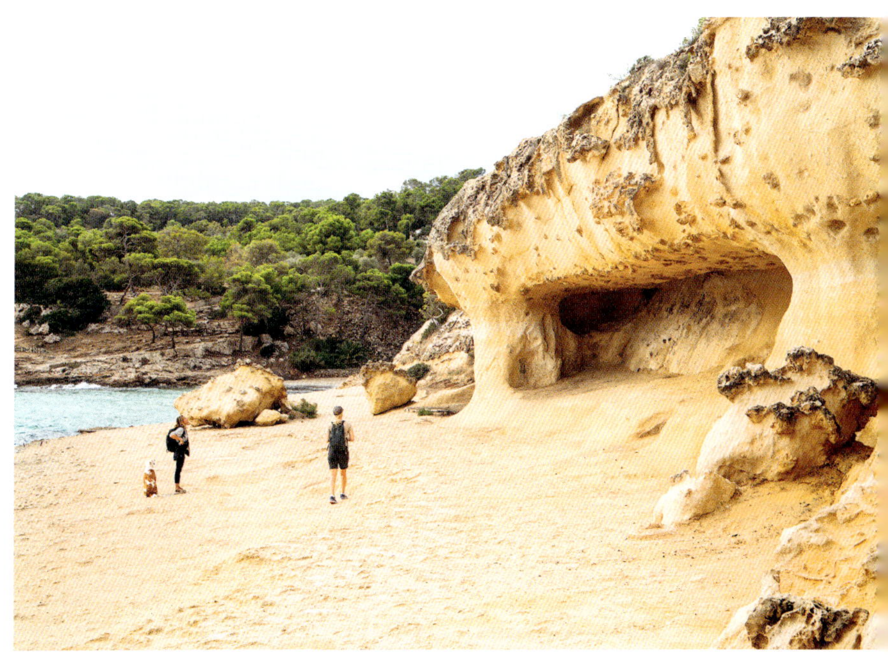

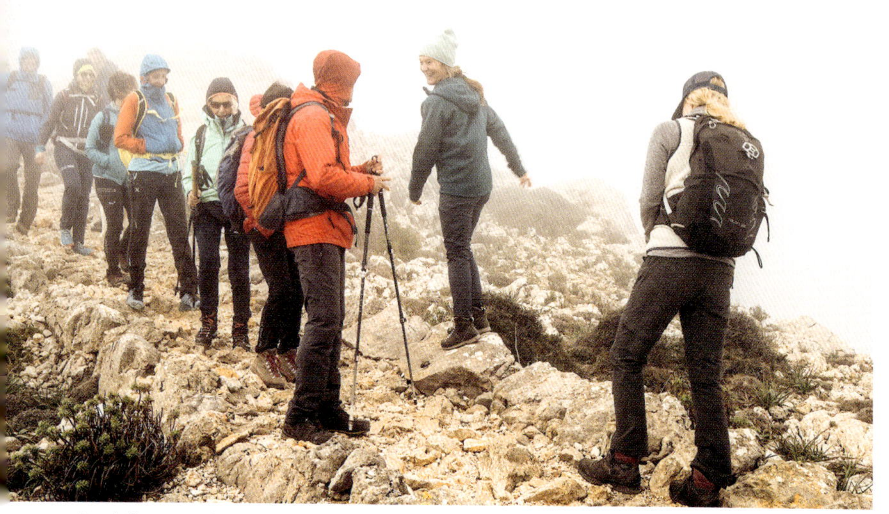

Das Wetter in den Bergen kann schnell umschlagen. Eine Wanderung an Abhängen und Klippen wird im Nebel oder bei starkem Wind zu einem gefährlichen Unterfangen.

AUF DER INSEL UNTERWEGS

Mallorcas Busnetz ist weitverzweigt und dicht getaktet. Trotzdem bevorzugen viele Menschen in und um Palma Fahrräder, gehen zu Fuß oder nehmen sich ein Taxi. Das Straßennetz ist dank EU-Fördermitteln gut ausgebaut. Die Städte sind durch breite, mehrspurige Schnellstraßen miteinander verbunden. Die kleineren Straßen zu den Bergdörfern sind dagegen oft eng und kurvig. In der Hochsaison herrscht hier reger Verkehr, weshalb man stets sehr umsichtig und defensiv fahren sollte. Zwischen Palma und Port de Sóller verkehren Züge. Der zentrale Bus- und Zugbahnhof befindet sich in Palma an der Plaça España.

Alle hier vorgestellten Wanderungen starten an Punkten, die vom Zentrum Palmas aus gut erreichbar sind. Per Auto gelangt man in etwa einer Stunde zum jeweiligen Tourenbeginn, aber es klappt auch mit öffentlichen Verkehrsmitteln: Die meisten Ziele erreichst du per Bus von Palma aus. In selten Fällen brauchst du ein Taxi. Diese sind sehr preiswert und fast überall zu finden. Einige Startpunkte erreichst du auch mit dem Zug. Informationen zu den Busfahrplänen finden sich auf den folgenden Websites: *www.emtpalma.cat* oder *www.tib.org*

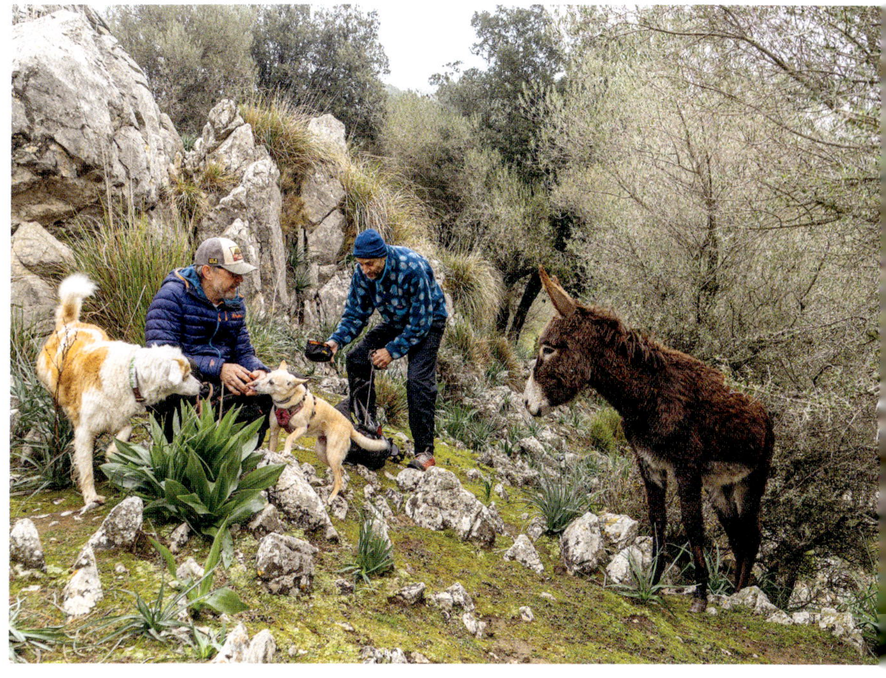

VERHALTEN AUF DEN WANDERWEGEN

- Achte auf eventuelle Hinweise auf Erdrutsche, Umleitungen, Privatgrund und Jagd.
- Hinterlasse Viehgatter so, wie du sie vorgefunden hast, also entweder geöffnet oder geschlossen.
- Betritt keine Fincas oder Bauernhöfe und fotografiere Menschen nicht ohne deren Einwilligung.
- Sprich in normaler Lautstärke und verhalte dich in der Nähe von Privatgrund rücksichtsvoll, auch wenn du auf einem öffentlichen Weg bist.
- Grüße Einheimische und bitte immer um Erlaubnis, bevor du ein Grundstück überquerst.
- Es ist generell verboten, im Gelände Feuer anzuzünden und Müll zu hinterlassen.

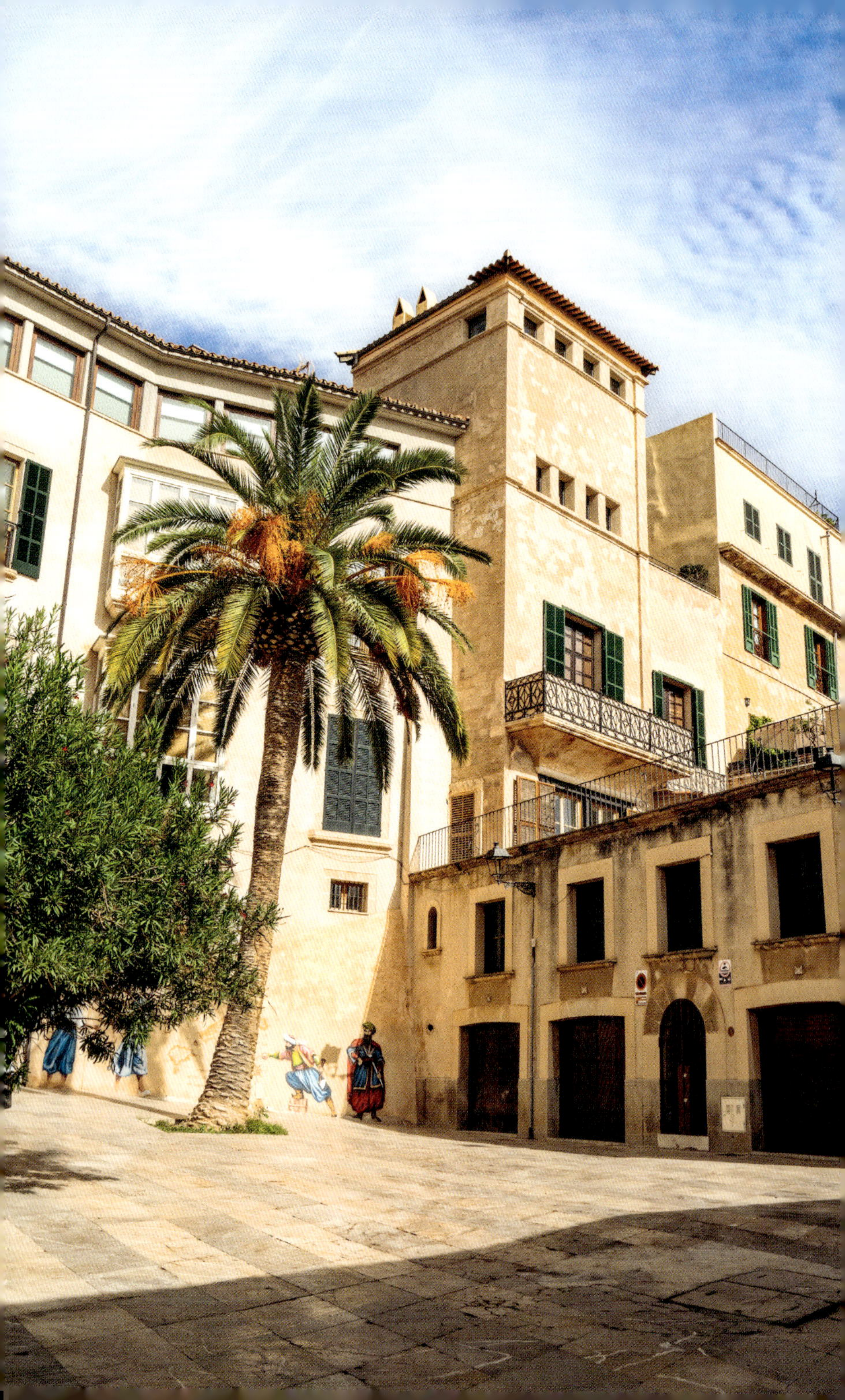

PALMA

Spazierwege und Oasen für alle, die in der Stadt bleiben möchten

Palma entdeckst du am besten zu Fuß – ziehe dir bequeme Schuhe an und erobere die Straßen und Plätze. Palma ist ein wunderbarer Ort für einen kulinarischen Bummel zwischen Tapas- und Weinbars oder einen Kunst- und Architekturrundgang zwischen den verschiedenen Museen und Galerien. An jeder Ecke ist die Geschichte Palmas zu spüren. Reserviere dir einen ganzen Tag für deine Tour. Starte an der Strandpromenade Paseo Marítimo. Mit dem Rücken zum Meer geht es dann in Richtung der beeindruckenden Kathedrale La Seu. Die gotische Architektur, ihre immense Größe und die kunstvolle Gestaltung machen den Besuch zu einem Kunstgenuss. Hinter La Seu liegt das Arabische Viertel: Hier spazierst du zwischen herrlichen Gebäuden durch Alleen und Gärten, die an heißen Tagen wohltuenden Schatten spenden.

Nun geht es hinauf in die Altstadt. Sie wurde urspünglich von den Römern erbaut, später von katalanischer und jüdischer Kultur geprägt. Hier finden sich zahlreiche Kirchen, pittoreske kleine Plätze und hübsche Läden, Galerien und Restaurants. Der Weg führt weiter nach Norden. Die Architektur ist nun stärker vom katalanischen Jugendstil beeinflusst, mit seinen typischen Mosaiken, Buntglasfenstern und verschnörkelten Balkonen. Nun ist es nicht mehr weit zum Kunstmuseum Es Baluard an der Plaça de la Porta de Santa Catalina im Viertel La Llonja. Es widmet sich in seinen Ausstellungen und Exponaten der zeitgenössischen Kunst. Auf der Terrasse des Museumscafés kannst du dich bei einer Tasse Kaffee erholen und den Blick über Hafen und Meer schweifen lassen.

Nun geht es Richtung Westen zur Plaça Major, wo du dann die Promenade

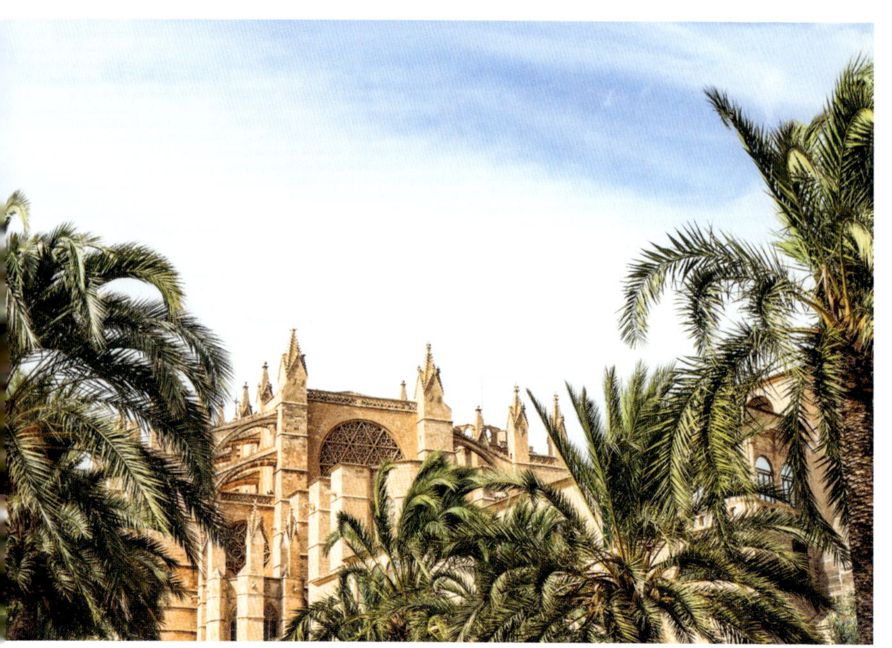

Passeig des Born überquerst und weiter durch die charmanten Alleen schlenderst, die zum Park an der Avenida d'Antoni Maura mit seinen schönen Brunnen führen. Noch weiter westlich liegt das hübsche Viertel Santa Catalina. Dort verabrede ich mich oft mit Freunden in einem der vielen angesagten Restaurants zum Essen.

IN SANTA CATALINA geht es ruhiger und entspannter zu. Im Herzen dieses ehemaligen Arbeiter- und Fischerviertels liegt der Lebensmittelmarkt Mercat de Santa Catalina, wo ich Obst, Gemüse und Nüsse für meine Wanderungen einkaufe. Von hier aus geht es wieder nach Süden Richtung Meer, bis man zum großen Hafen kommt, in dem Fischerboote, Katamarane und Jachten nebeneinanderliegen. Wendet man sich nun nach Osten, mit Blickrichtung Kathedrale La Seu, kommt man wieder zum Ausgangspunkt dieses Stadtspaziergangs.

In manchen Ecken ähnelt die Stadt Barcelona oder Nizza. Stellenweise erinnert sie aber auch an Viertel in Los Angeles, Lissabon oder Athen.

Da viele alte Gebäude restauriert wurden, kann man heute durch die kopfsteingepflasterten Straßen der Altstadt bummeln und historische Häuser mit ummauerten Gärten bewundern. Dort residierte im 19. Jahrhundert der mallorquinische Adel. Auf den weiten Plätzen und den breiten Prachtstraßen mit ihrer großartigen Architektur fühlt sich Palma wie eine Großstadt an, während die versteckten, intimen Plätze eher an ein Dorf und die Nähe zum Meer an einen Küstenort erinnern.

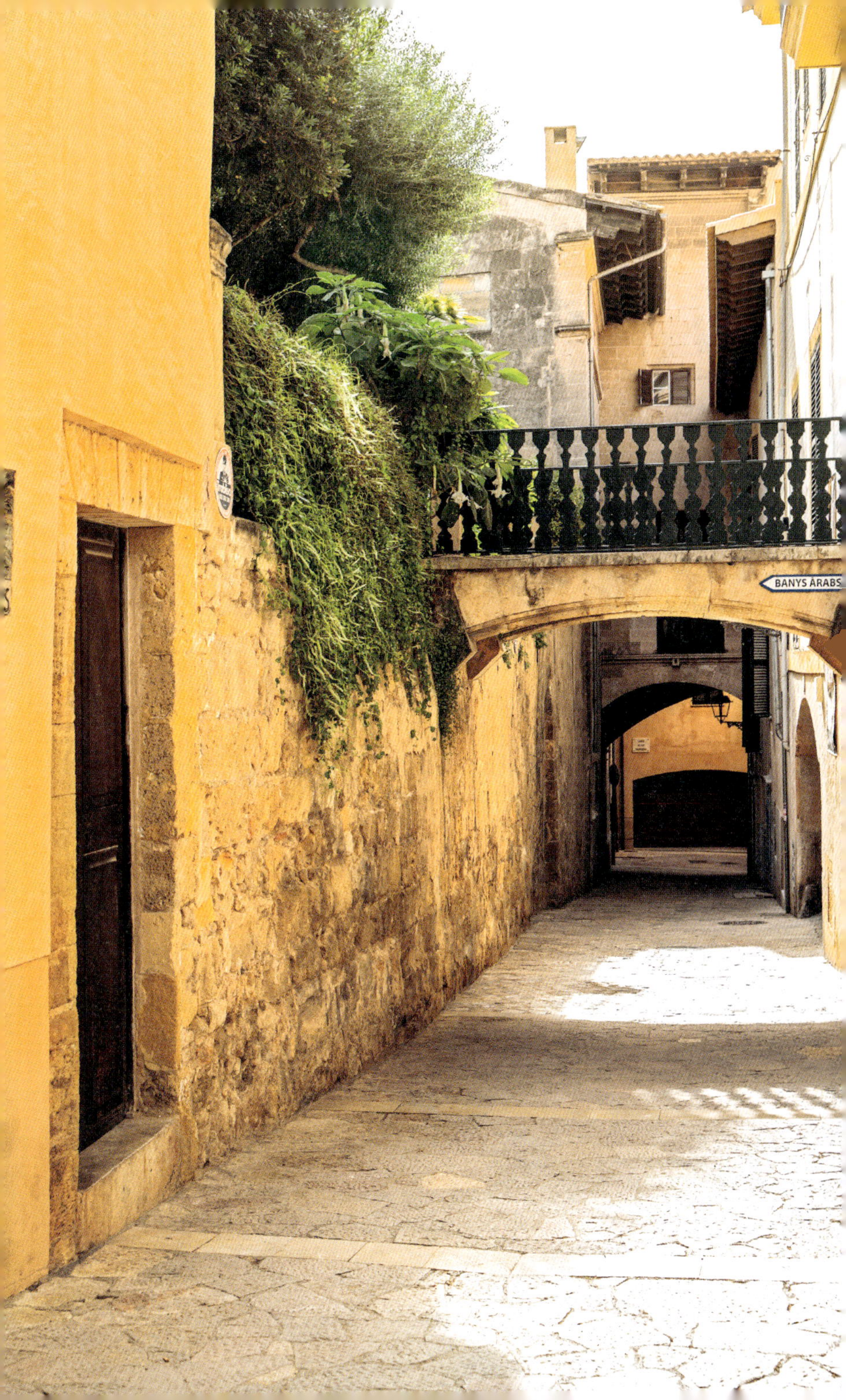
BANYS ÀRABS

IN STADTNÄHE

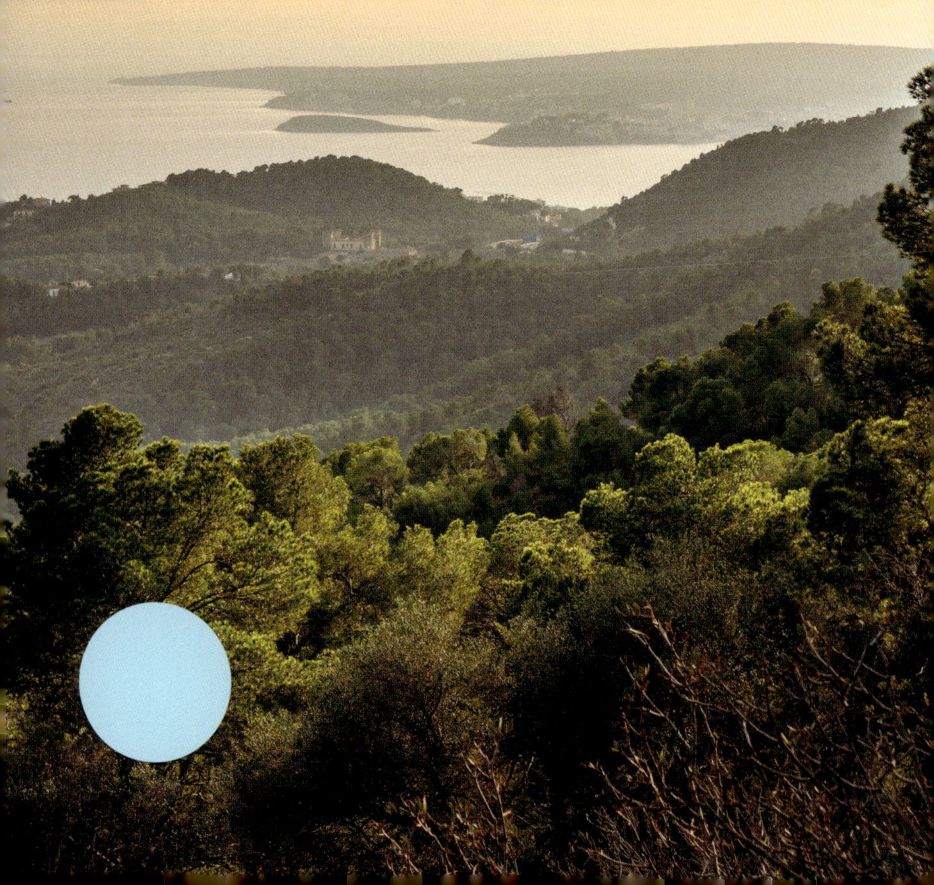

Wundervolle Oasen am Meer

FÜR SPEKTAKULÄRE AUSBLICKE braucht es keine lange Anfahrt von Palma aus. Besuche das hübsche Dörfchen Gènova: Es liegt nur einen Katzensprung von Palma entfernt. An manchen Tagen packe ich mir mein Frühstück ein und wandere frühmorgens durch die bewaldeten Berge rund um Palma. Der Blick über das Mittelmeer und Palma zu meinen Füßen ist grandios. Diese Wanderung findest du auf Seite 44 unter »Gènova von oben« genauer beschrieben.

Auch der renovierte Hafen lohnt einen Besuch. Hier kann man stundenlang die eindrucksvollen Jachten bestaunen – am besten mit einem kühlen Getränk in der Hand. Oder du spazierst zum Paseo Marítimo, der kilometerlangen Esplanade an der Küste: perfekt zum Joggen, Radfahren, für eine Mahlzeit in einem der Cafés oder Restaurants oder zum Baden im Meer. Man kann bis zur Bucht von El Arenal am Meer entlangspazieren, eine Strecke von etwa 17 km. Ich schlendere meist zum Wasser hinunter und spaziere weiter, bis es Abend wird. Unterwegs lege ich kurze Pausen zum Kaffeetrinken, Mittagessen und Baden ein. Kurz vor Sonnenuntergang nehme ich mir dann ein Taxi und fahre zurück.

»Für spektakuläre Ausblicke braucht es keine lange Anfahrt.«

Zwei weitere Wanderungen in diesem Buch folgen der Strandpromenade. Eine beginnt in Palma und endet in Portixol, die zweite beginnt dort, wo die erste endet: am Hotel Portixol. Du kannst die Wanderungen einzeln unternehmen, aber auch kombinieren, wenn du den ganzen Tag unterwegs sein willst, unterbrochen von Stopps zum Schwimmen und Mittagessen in einem netten Restaurant direkt am Wasser.

Blick von den Hügeln bei Gènova auf die Bucht von Palma.

1. VON PALMA NACH PORTIXOL

Ein Stadtspaziergang entlang des Mittelmeers

Diese kleine Wanderung vor der majestätischen Kulisse des Meeres ist reich an geschichtlichen, kulturellen und kulinarischen Eindrücken. Hier kannst du den Tag genießen und dich treiben lassen. Diese Tour kombiniert Stadt und Meer, Spannung und Relaxen. Nach einem Bummel durch Palma spazierst du am Meer entlang, mit dem Wind in den Haaren und der Salzgischt auf der Haut, bis zu dem kleinen Fischerdorf Portixol. Vielleicht kehrst du noch in einem der Restaurants ein oder schwimmst kurz in der Bucht von Molinar, bevor es auf demselben Weg wieder zurück nach Palma geht. Natürlich kannst du auch ein Taxi oder den Bus nehmen.

Zwischen Palma und Portixol kann man zu jeder Jahreszeit spazieren gehen oder auch joggen. Wer nach einem anstrengenden Arbeitstag einfach nur entspannen will, kann die

START: Plaça del Rei Joan Carles I
HÖHENUNTERSCHIED: 33 m
WEGLÄNGE: 6,4 km, einfache Strecke
DAUER: 1,5 Stunden, einfache Strecke
SCHWIERIGKEITSGRAD: leicht
BESTE WANDERZEIT: zu jeder Jahreszeit
ANREISE: zu Fuß

Scanne den QR-Code mit dem Smartphone.

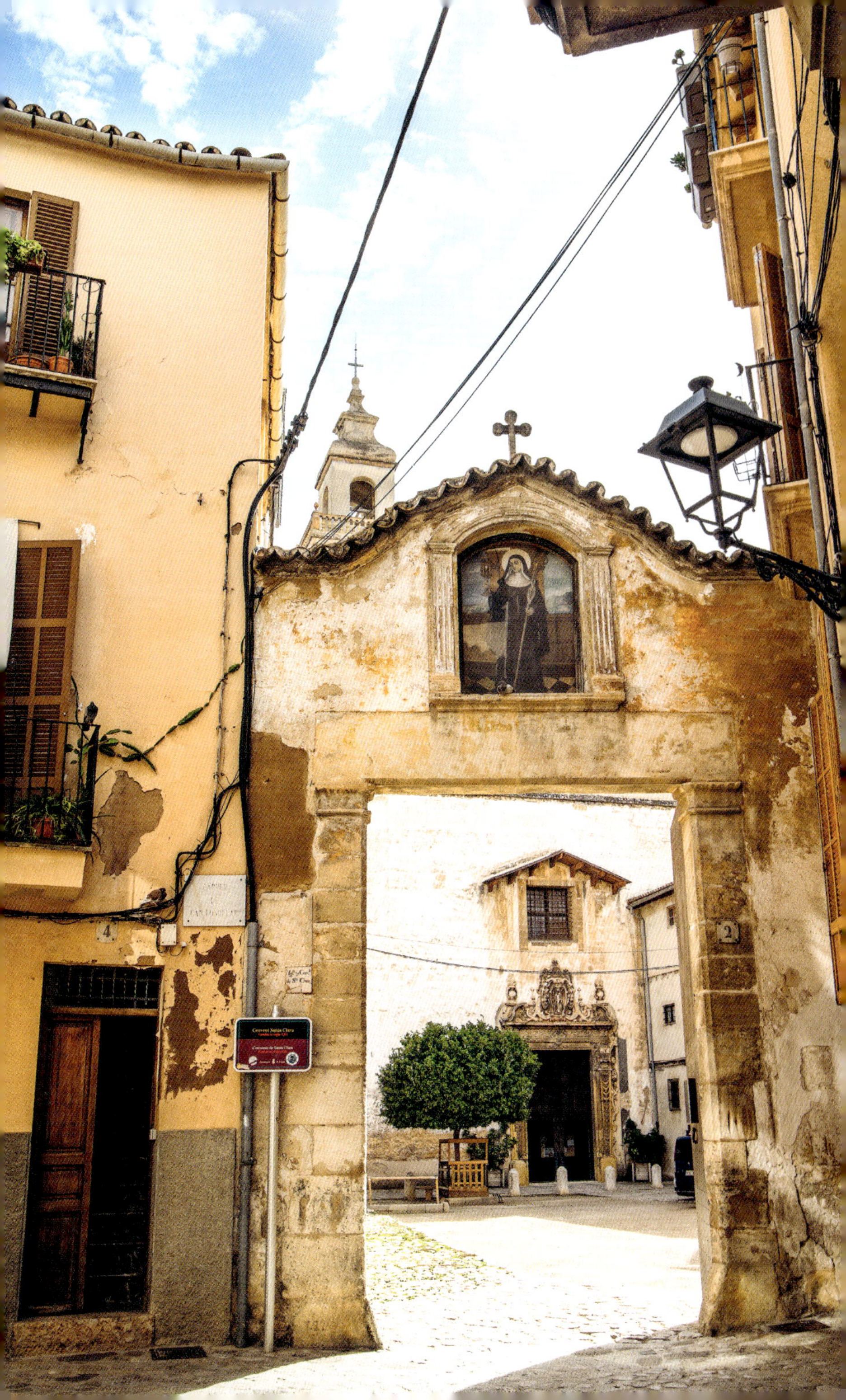
Convent Santa Clara
Convento de Santa Clara

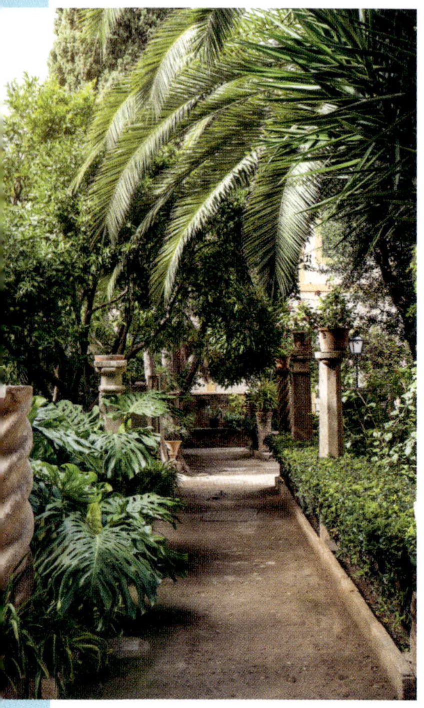

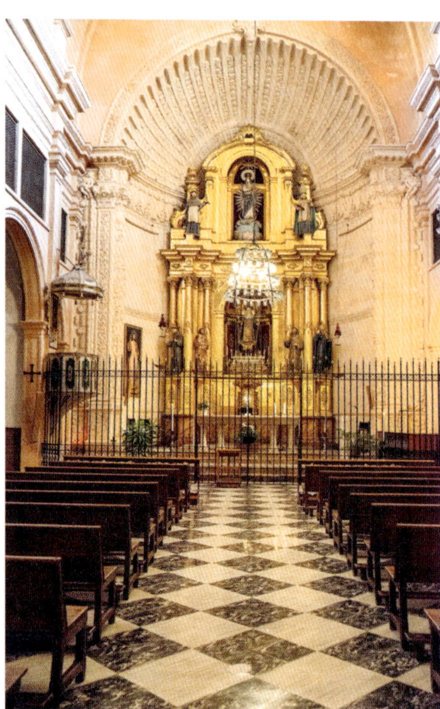

Strecke ganz gemütlich entlangschlendern und sich zum Abschluss ein Essen in einem der vielen Restaurants rund um das Fischerdorf Portixol gönnen.

BESCHREIBUNG

Los geht's an der Plaça del Rei Joan Carles I, dann entlang der Straße Carrer Unió zur Plaça Mercat, weiter Richtung Plaça de Cort und Plaça de Santa Eulàlia. Wer mag, besichtigt hier die gleichnamige Kirche.

Die Straße führt weiter durch enge Gassen zu den sogenannten Arabischen Bädern, Banys Àrabs, einer Oase der Ruhe mit wundervollem Garten und den Ruinen eines Badehauses im arabischen Stil aus dem 10. Jahrhundert. Lass die Atmosphäre auf dich wirken und spüre den Hauch der Geschichte. Wer Zeit hat, geht durch das hufeisenförmige Portal und sieht sich um (der geringe Eintrittsbetrag lohnt sich definitiv). Im Inneren befindet sich eine große Halle mit zwölf Säulen, überwölbt von einer Kuppel mit Deckenfenstern.

»Dieser Spaziergang kombiniert Stadt und Meer, Spannung und Relaxen.«

Du befindest dich im Caldarium, einem Dampfbad, in dem heißes Wasser durch in den Boden eingelassene Kanäle floss, sodass der Dampf nach oben stieg. Es muss ein Genuss gewesen sein, dort zu entspannen! Das Dampfbad gehörte vermutlich einem der wohlhabendsten arabischen Adligen jener Zeit. Nach einem Dampfbad konnte man im herrlich üppigen Garten lustwandeln.

Die Arabischen Bäder sind nur wenige Straßen von der Kathedrale La Seu entfernt, deren Besuch ich sehr empfehle. Bei näherer Betrachtung fällt dir sicher das weltgrößte Rosettenfenster auf. Es fungiert auch als Sonnenuhr, die sowohl die Tages- als auch die Jahreszeit in fein gemeißeltem Steinmaßwerk anzeigt. Der Durchmesser des Fensters, das 24 gleichseitige Dreiecke und 1236 Glasstücke umfasst, beträgt 14 m.

Von den Bädern aus führt die Straße weiter zum Kloster Convento de Santa Clara. Du solltest das geschichtsträchtige Kloster unbedingt besichtigen. Dort gibt es auch köstliche kleine Kekse zu kaufen. Santa Clara wurde im Jahr 1256 von den Nonnen des Franziskanerordens (Klarissen) gegründet.

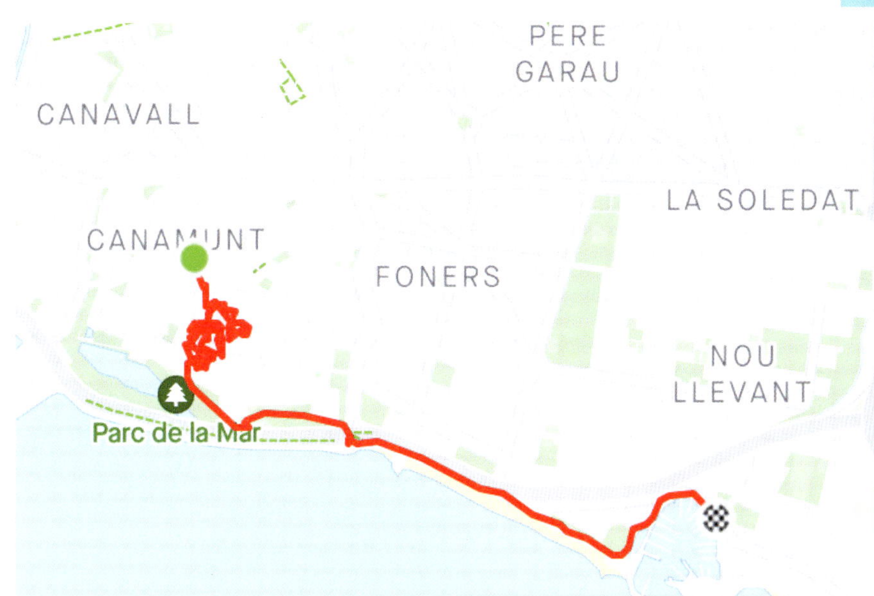

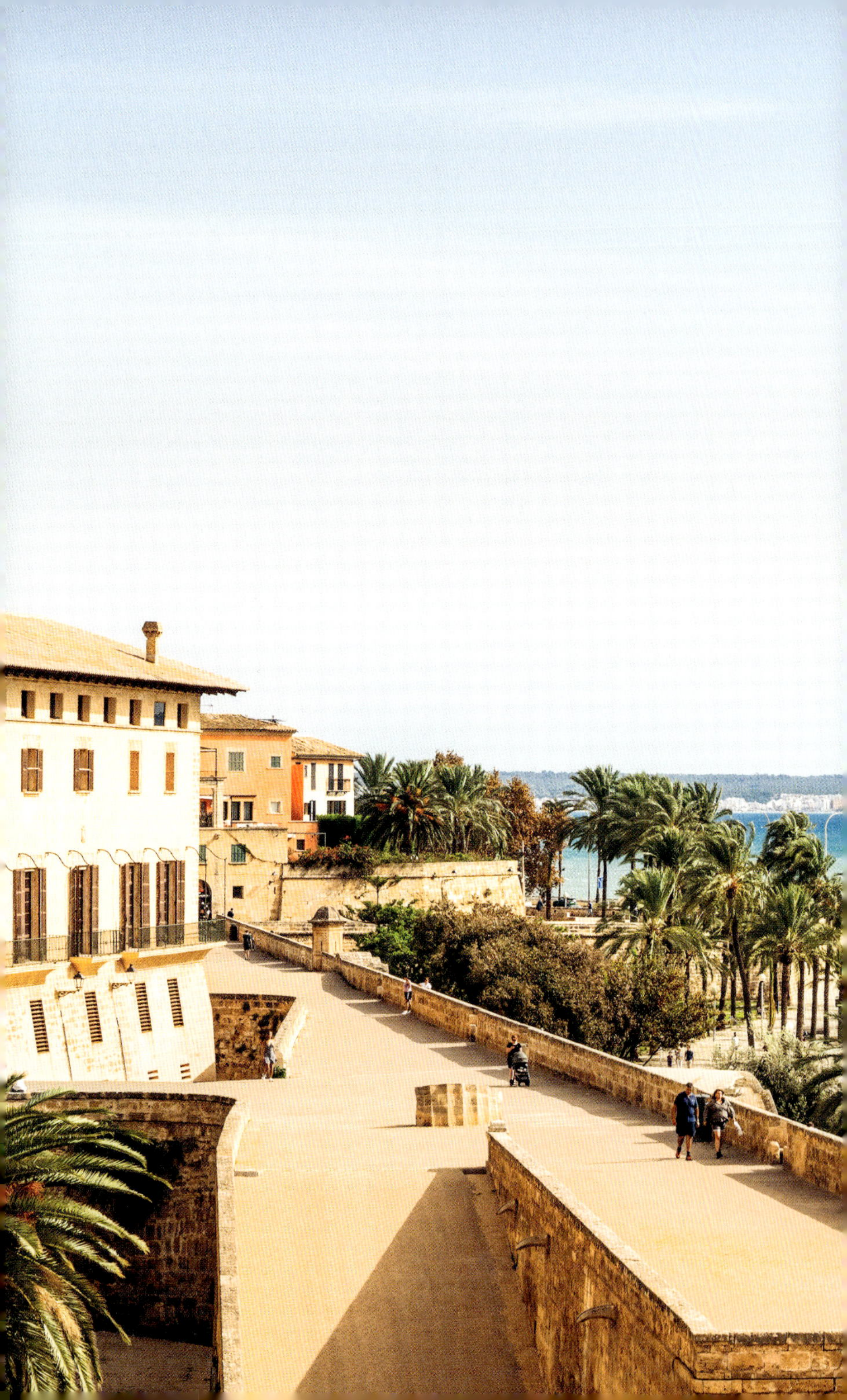

Noch heute wohnt im Kloster eine kleine Gruppe von Nonnen, die nach jahrhundertealter Tradition Kekse herstellen und verkaufen. Im Flügel neben der Kirche gibt es einen Holzdrehschalter, einen sogenannten *torno,* sowie eine Glocke zum Läuten. Lege das Geld in den Drehschalter, und du bekommst ein Päckchen köstlicher Kekse zurück.

Weiter geht es an der Stadtmauer vorbei bis zum Parc de la Mar. Jetzt bist du fast am Meer, und vor dir liegt der Paseo Marítimo. Überquere die Cintura Ma-20, also die Ringstraße von Palma. Nach dem Übergang führt der Weg auf der Strandpromenade weiter nach Osten, weg von dem großen Jachthafen. Das Meer liegt jetzt zur Rechten, Palmas Zentrum und die Kathedrale La Seu zur Linken. Im Schatten der Palmen läufst du nun am kilometerlangen Stadtstrand von Ca'n Pere Antoni entlang, bis du das Hotel Portixol siehst. Das hohe weiße Gebäude trägt den blauen Schriftzug PORTIXOL.

Wenn der Weg nach links abbiegt, sieht man rechts schon den kleinen Jachthafen. Dann schwenkt die Straße wieder nach rechts in Richtung Halbinsel, auf der das Hotel steht.

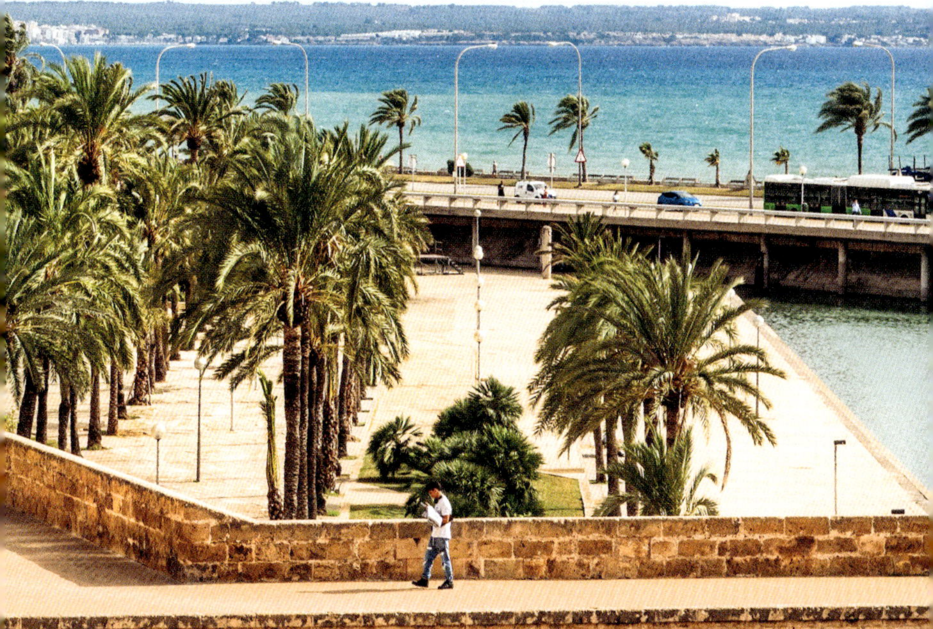

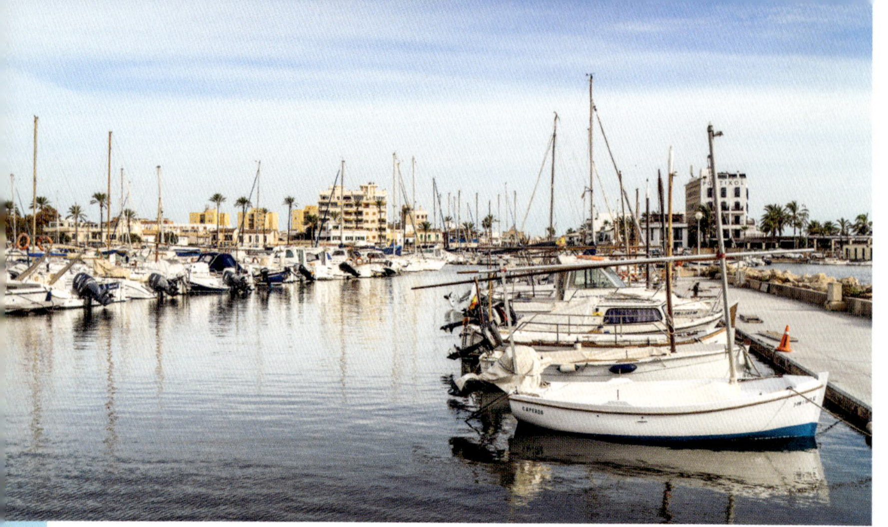

Nun bist du in einem meiner Lieblingsviertel von Palma angekommen. Hier trifft man in hübschen Cafés und Restaurants eine bunte Mischung aus Leuten an, die sich in entspannter Atmosphäre vergnügen. Die Sonnenauf- und -untergänge hier sind sensationell, fast magisch, und die Strandpromenade verlockt zu einem Spaziergang. Du kannst dich mit einem Mittagessen oder einem Kaffee stärken, bevor du wieder zurückgehst, oder du springst hinter dem Hotel in der Bucht Es Molinar ins Meer. Wenn noch Zeit bleibt, kannst du auf der Strandpromenade weiterlaufen bis zum Cap Rocat. ⊕

EINKEHR

Im Restaurant des Hotels Portixol kannst du eine Pause einlegen, um etwas zu essen oder zu trinken.

BESONDERES VOR ORT

Für ein Abendessen empfehle ich das Hoyo 10 oder El Marino Portixol Restaurante, zwei von Palmas besten Restaurants für Fisch und Meeresfrüchte. Beide liegen unweit des Hotels.

Reservierung El Marino Portixol: *https://grupolavasca.com/en/el-marino-restaurant/*
Reservierung Hoyo 10:
Tel. +34 971 27 86 50

Gönne dir eine Yogastunde im Studio Yoga del Mar Mallorca oder eine Massage im Hotel Portixol Spa.
www.yogadelmar.es
www.portixol.com

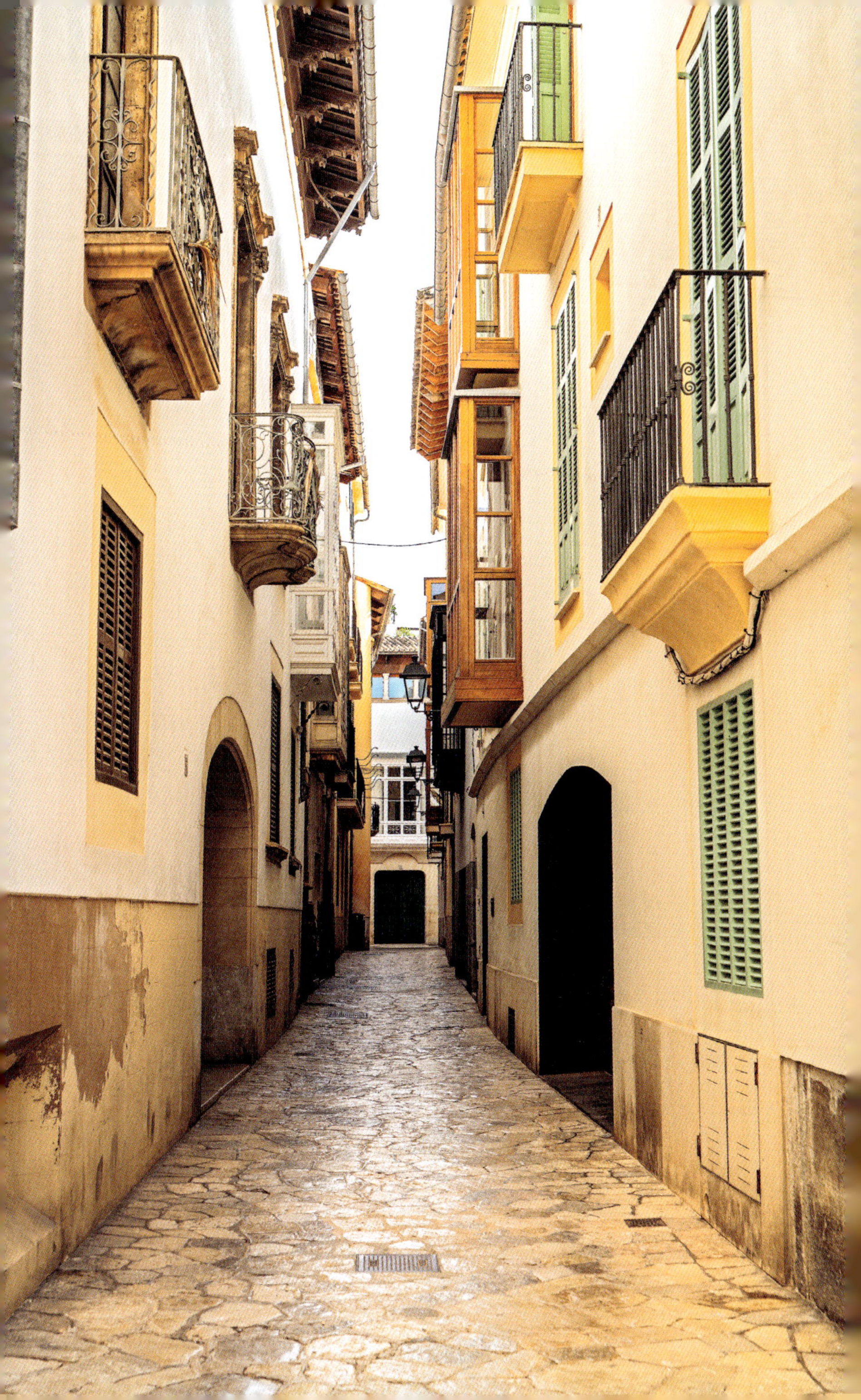

2. VON PORTIXOL ZUM CAP ROCAT

Ein entspannter Spaziergang auf dem Paseo Marítimo

Ausgangspunkt dieses Spaziergangs ist das Hotel Portixol in dem gleichnamigen Fischerdorf. Es liegt in pittoresker Umgebung, die aufgrund ihrer ruhigen Atmosphäre und des erstklassigen Meerblicks zu Palmas begehrtesten Wohngegenden gehört. Zwischen den Wohnhäusern, Surfstränden und Fischerbooten locken zahlreiche Weinlokale, Fischrestaurants und Bars.

Dies ist einer meiner Lieblingsspaziergänge, da er sich je nach Tagesform gut abwandeln lässt und ideal für eine Morgen- oder eine Abendrunde ist. Du kannst den Spaziergang auch mit einem Badeaufenthalt kombinieren. Wer früh losläuft, kann sich mit einem Frühstück in seinem Hotel stärken.

Diesen Spaziergang kannst du zu jeder Jahreszeit planen, du benötigst lediglich bequeme Sneakers und lockere Freizeitkleidung. Allerdings solltest du auch an eine Mütze oder

»Du kannst den Spaziergang gut mit einem Badeaufenthalt kombinieren.«

START: Hotel Portixol
HÖHENUNTERSCHIED: 33 m
WEGLÄNGE: 5,4 km, einfache Strecke
DAUER: 1,5 Stunden, einfache Strecke
SCHWIERIGKEITSGRAD: leicht
BESTE WANDERZEIT: zu jeder Jahreszeit
ENTFERNUNG VON PALMA: ca. 6 km von der Kathedrale La Seu entfernt

Scanne den QR-Code mit dem Smartphone.

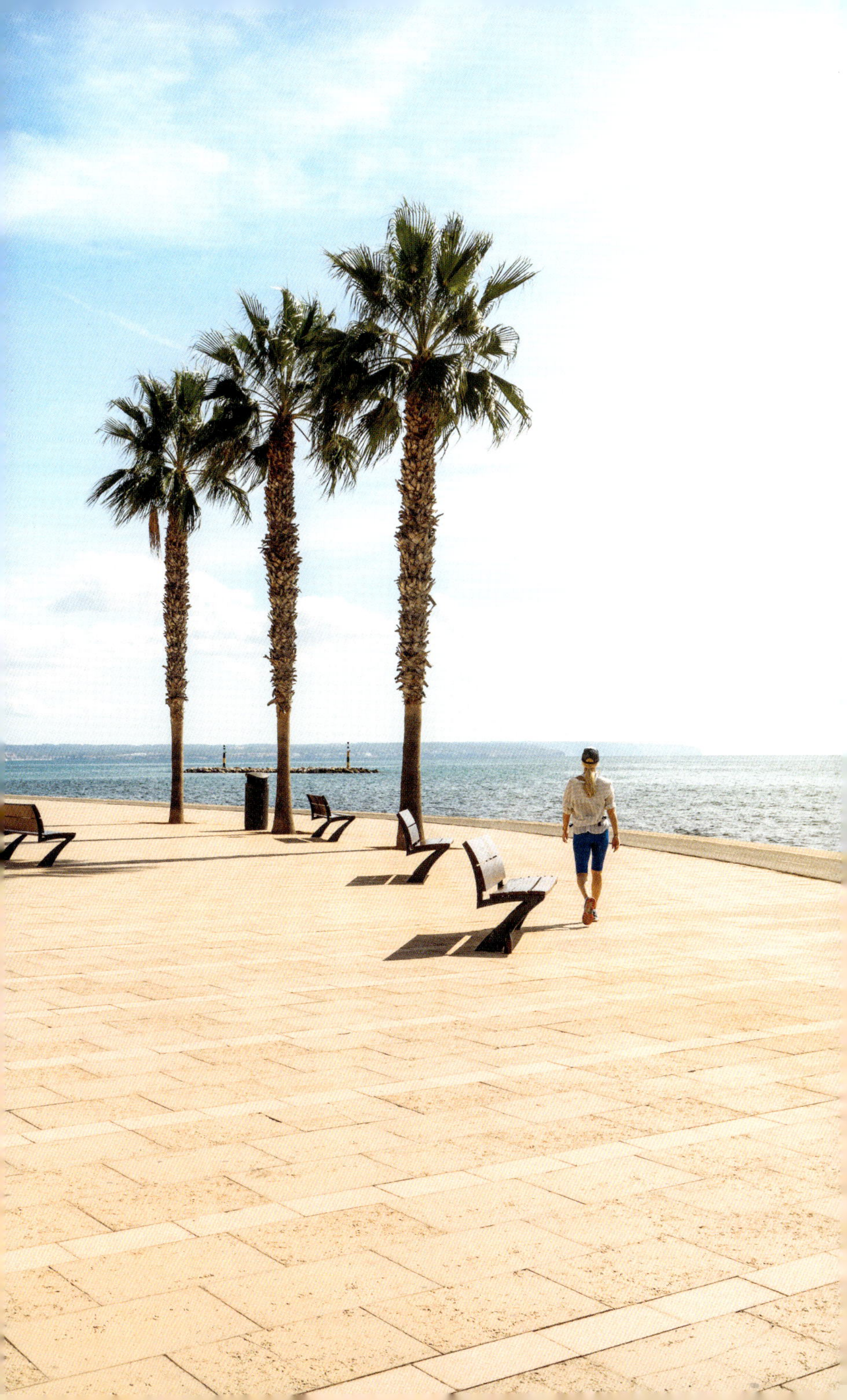

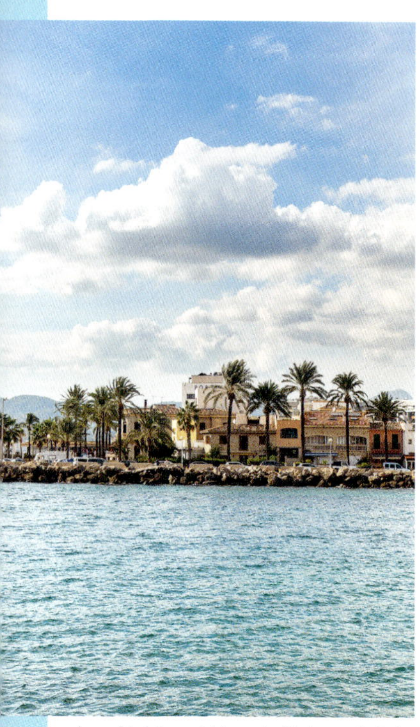

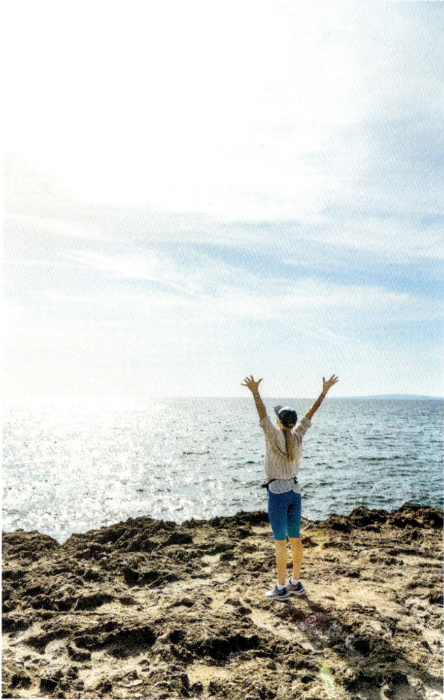

Lass Licht und Meer in Ruhe auf dich wirken.

einen Sonnenhut, reichlich Sonnencreme, eine Wasserflasche und eine Sonnenbrille denken. Wer länger unterwegs sein will, kann direkt von Palmas Zentrum bis Portixol und dann weiter bis zum Cap Rocat spazieren (hin und zurück rund 20 km). Das ist eine entspannte Wanderung an einer der schönsten Strandpromenaden des Mittelmeers.

»Dieser Spaziergang eignet sich für jede Jahreszeit.«

BESCHREIBUNG

Der Ausgangspunkt der Tour liegt vor dem Eingang des Hotels Portixol. Mit Blick aufs Meer und dem Hotel im Rücken wendest du dich nach links und spazierst am Wasser entlang zum kleinen Strand El Molinar. Weiter geht es auf der Strandpromenade, das Meer immer zur Rechten. Der Strand El Molinar ist gute 80 m lang und schön breit. Das Wasser dort ist anfangs flach, doch plötzlich fällt der Meeresboden steil ab. Der Strand ist vor hohen Wellen geschützt, und es gibt auch keine Unterströmung, sodass man unbesorgt ein paar schnelle Schwimmzüge machen kann.

Die Strandpromenade mit ihren hübschen Cafés und Restaurants ist bei Spaziergängern und Radfahrern gleichermaßen beliebt. Etwas weiter vorn ragt ein kegelförmiges, von einem Vogel gekröntes Baudenkmal in die Höhe, das sich als Sonnenuhr entpuppt.

Ich gehe gern die paar Stufen zur Sonnenuhr hinauf, um aufs Meer zu blicken und die frische Brise einzuatmen. Der Boden hier ist mit einem Mosaik geschmückt, das einen durch die Wellen springenden Delfin zeigt. Oft kann man hier Pärchen händchenhaltend am Fuß der Sonnenuhr sitzen sehen – manche tanzen auch spontan einen Salsa oder einen Tango rund um die Sonnenuhr. Der Delfin soll Glück in der Liebe bringen, weshalb viele Pärchen hierherkommen, um ihr Liebesband zu festigen und etwas *amour* zu tanken.

Weiter geht es zum nächsten Strand, der Playa Ciudad Jardín. Hier sieht man morgens oder spätnachmittags häufig Surfer, die auf ihren Boards paddeln, während sie auf die Wellen warten. Dieser Strand ist gerade ziemlich angesagt bei der Jugend – es gibt hübsche Cafés und coole Gyms in den Nebenstraßen, und die Mieten sind günstiger als in Palmas Zentrum.

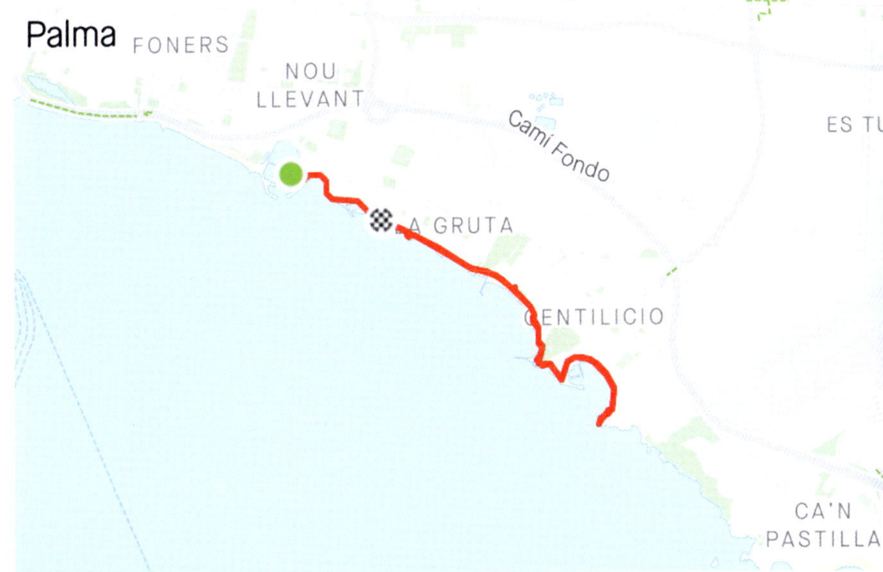

Angeblich ziehen immer mehr Künstler vom spanischen Festland hierher, und die alten Fabrikgebäude am Strand sollen in Ateliers umfunktioniert werden.

Wer seinen Körper auf diesem Spaziergang richtig durchtrainieren will, kann das im kleinen Outdoor Gym tun: Am Ende des Strands geht es linkerhand über eine kleine Brücke zu einem Spielplatz, wo einige Trainingsgeräte stehen, die gern von Spaziergängern genutzt werden.

Die Straße biegt nun nach rechts ab und führt über ein paar Hundert Meter zur Halbinsel Mirador des Penyal. Hier wird die Straße etwas schmaler, und als Spaziergänger wird man gelegentlich von Radfahrern oder Joggern überholt. Zur Rechten liegt das Meer mit seinen Klippen. Wenn du noch ein Stück weitergehst, siehst du schon den kleinen Hafen Cala Gamba. Hier stehen die Häuser dicht an dicht: Sie sind niedriger als anderswo und mit bunten Fensterläden geschmückt.

Nach etwa 200 m auf dem gepflasterten Weg zwischen Häusern und Meer erreicht man die Klippen der Halbinsel

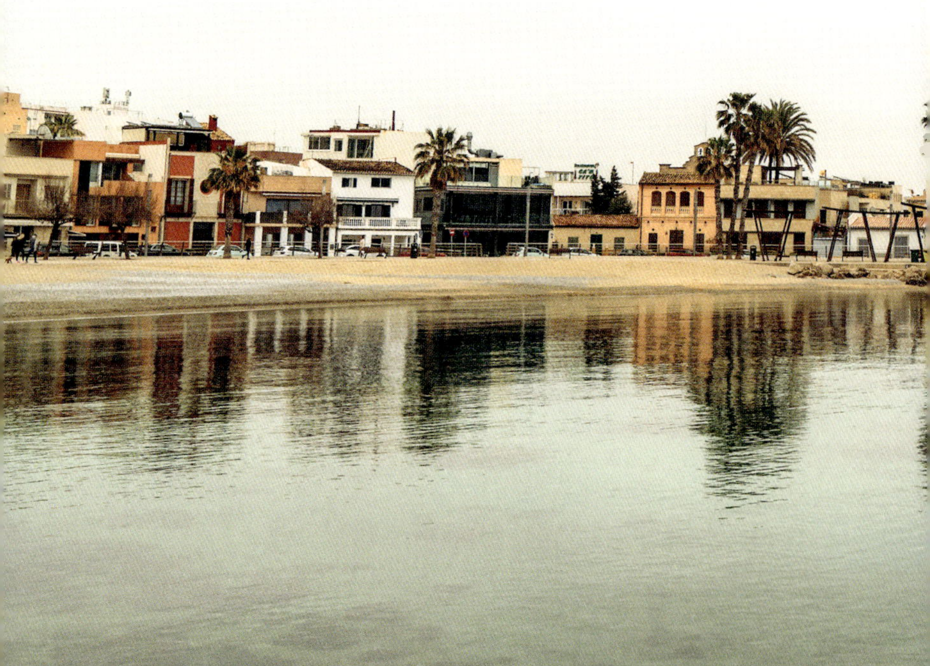

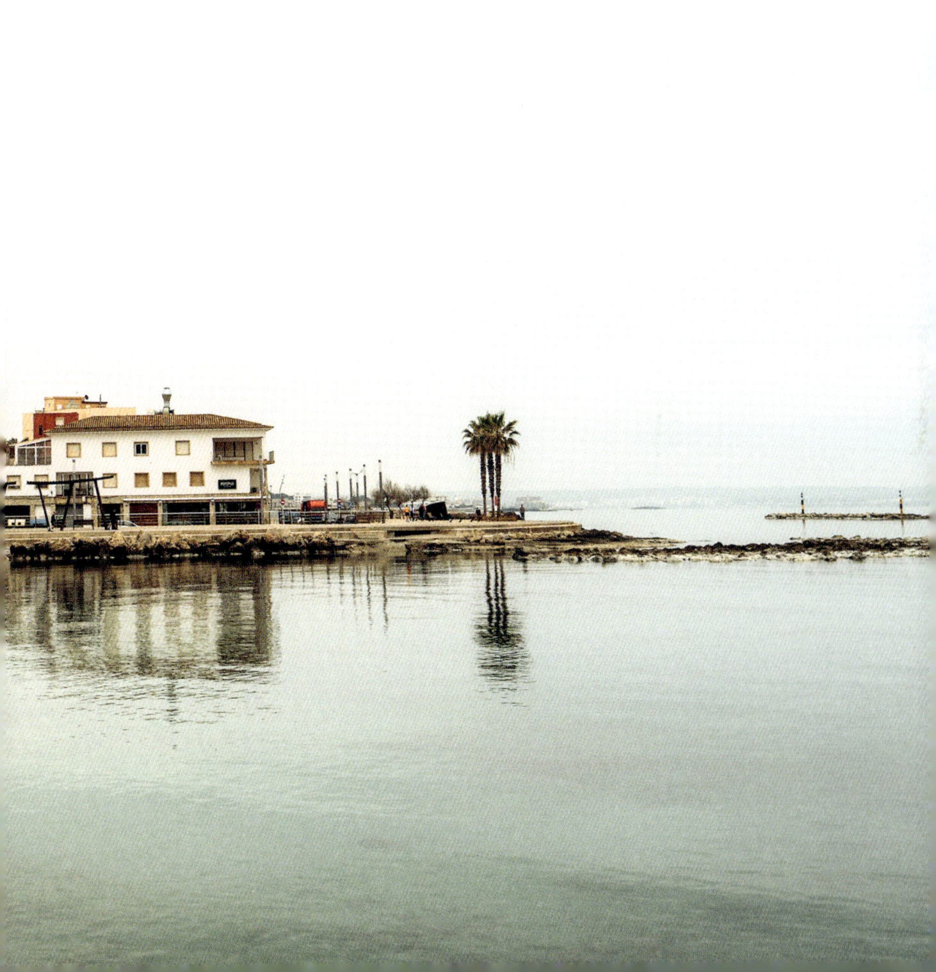

Cap Rocat. Bei diesem schönen Ausblick sollte man sich eine kleine Rast gönnen.

Hier beschließe ich, dass ich genug gelaufen bin, und mache mich auf den Rückweg. Nun geht es zurück nach Portixol; unterwegs mache ich eventuell noch eine Pause zum (Sonnen-)Baden oder esse zu Mittag in einem der Restaurants. Wer hinter Cap Rocat weitergehen möchte, bleibt einfach auf der Strandpromenade. Wundere dich nicht über die vielen startenden und landenden Flugzeuge, denn du näherst dich gerade dem Flughafen. Bald darauf gelangst du zum Puro Beach Club und zum kleinen Jachthafen in Can Pastilla. Schaffst du noch ein paar Kilometer? Dann erreichst du den kilometerlangen Strand El Arenal, der feinsten Sand und klassisches Strandleben mit Hotels und coolen Strandrestaurants zu bieten hat. Von dort aus kannst du dir für den Rückweg ein Taxi nehmen, denn bis Palma sind es nur 17 km. ⊕

»Bei diesem schönen Ausblick sollte man sich eine kleine Rast gönnen.«

Portixol bietet Meer, Boote und Entspannung pur.

EINKEHR

Fürs Abendessen lohnt sich auf dem Rückweg ein Stopp bei Almare oder El Bungalow. Beide Restaurants sind gemütlich und günstig und servieren hervorragende mediterrane Küche. Genau das Richtige nach einem Wandertag mit Sonnenbaden.
www.almare-restaurante.com
El Bungalow hat keine Website.

BESONDERES VOR ORT

In El Arenal befindet sich das Palma Aquarium mit über 700 Meereslebewesen, einem der tiefsten Haifischbecken Europas sowie einer Ausstellung mit lebenden Korallen.
www.palmaaquarium.com

Allen passionierten Eisessern empfehle ich die Eisdiele Gelateria Gelabert 04 bei El Molinar, die ein himmlisches Pistazien- und Mangoeis anbietet.

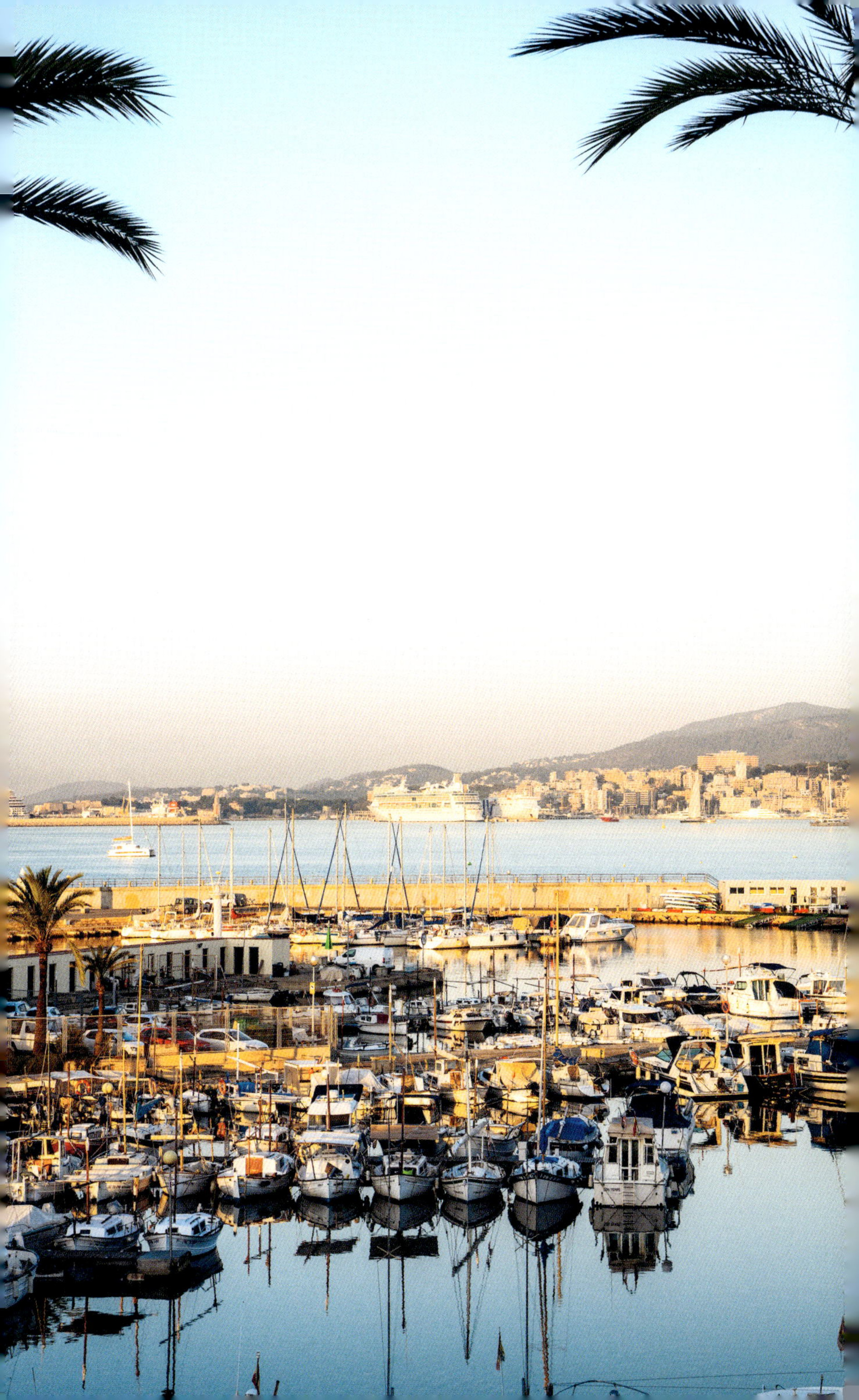

3. GÈNOVA VON OBEN

Imposanter Ausblick auf Palma und reizvolle Dschungelwanderung

Gènova ist das direkte Nachbardorf von Palma. Mit dem Auto sind es nur wenige Minuten, der Bus braucht eine knappe halbe Stunde. Der Trubel der Stadt weicht hier schnell einer gemächlichen Dorfatmosphäre. Die engen, gewundenen Sträßchen und die Villen im traditionell mediterranen Stil sorgen für eine schnelle Entspannung. Trotz oder vielleicht gerade wegen seiner leicht verschlafenen Stimmung hat sich der Ort im Lauf der Jahre vergrößert und gilt nun als bevorzugte Wohngegend Palmas. Gènova liegt am Fuß der Bergkette Na Burguesa. Das Dorf ist seit dem 1. Jahrtausend n. Chr. besiedelt. Die Kirche San Salvador, benannt nach dem Schutzheiligen des Dorfes, stammt

Ein Dschungelpfad am Fuß der Bergkette Na Burguesa.

START: Marienstatue oberhalb des Ortes Gènova
HÖHENUNTERSCHIED: 336 m
WEGLÄNGE: 8,6 km
DAUER: 2,5 Stunden
SCHWIERIGKEITSGRAD: leicht/mittel
BESTE WANDERZEIT: Frühjahr, Herbst und Winter
ENTFERNUNG VON PALMA: ca. 6 km (Auto: 10–20 Minuten; Bus: 20–30 Minuten)
ANREISE: Taxi oder Bus 49 ab Palma

Scanne den QR-Code mit dem Smartphone.

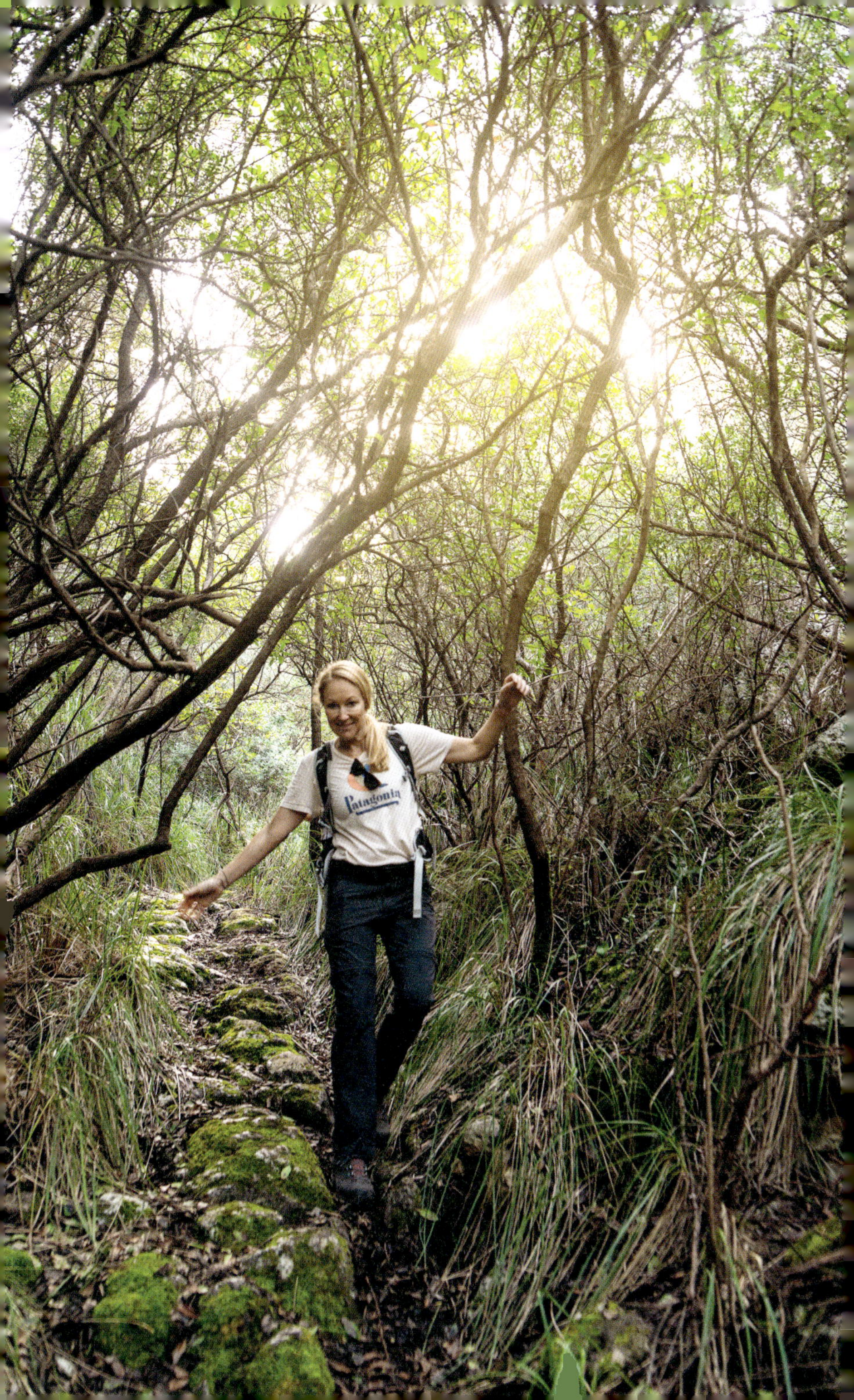
Patagonia

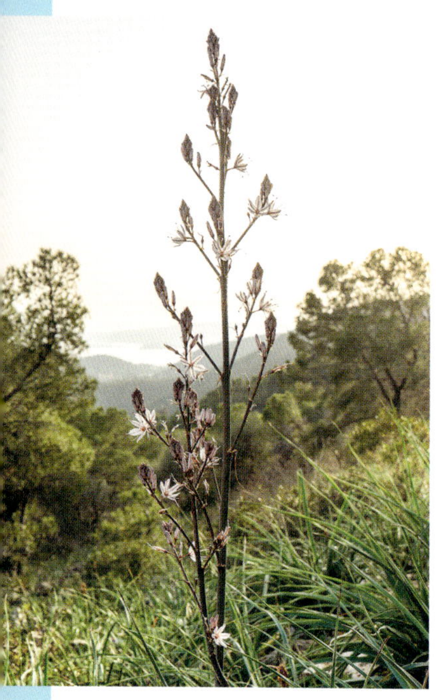
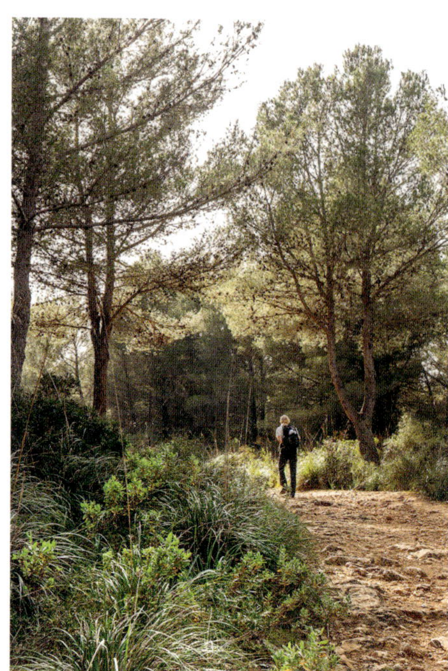
Der Weg führt durch wunderschöne Vegetation.

aus dem 18. Jahrhundert. In den umgebenden Wäldern fühlt man sich schnell wie im Dschungel, während sich von den Bergen ein majestätischer Ausblick auf Palma bietet.

BESCHREIBUNG

Die Wanderung startet an der großen Marienstatue am Aussichtspunkt der Gebirgskette Na Burguesa oberhalb von Gènova. Falls du mit dem Taxi kommst, bitte den Fahrer, dich oben abzusetzen. Wer mit dem Bus kommt, läuft von der Bushaltestelle noch rund 15 Minuten 1 km bergauf. Folge dabei der Straße und wundere dich nicht über die Horden von Mountainbikern oder Trailrunnern. Dieses Wandergebiet heißt Balcón de Na Burguesa und ist bei Läufern und Radfahrern ebenso beliebt wie bei Wanderern.

»In den umgebenden Wäldern fühlt man sich schnell wie im Dschungel.«

Die Tour beginnt an der Statue bzw. am kleinen Backsteingebäude auf der rechten Seite. Folge dem Schotterweg bergauf. Nach etwa 200 m nimmst du die rechte Abzweigung und folgst weiter dem Weg, bis du zu einer Absperrung durch eine Kette kommst. Diese Absperrung gilt nur für den Autoverkehr, du kannst einfach daran vorbeigehen. Weiter geht es auf dem Schotterweg (wenn ich an eingezäuntem Gelände vorbeikomme, wechsle ich auf die rechte Straßenseite, um die dort wachenden Schäferhunde nicht aufzuscheuchen: Sie werden von einheimischen Jägern zur Jagd auf die mallorquinischen Wildziegen eingesetzt).

»Im Frühjahr duften Rosmarin und Salbei verführerisch.«

Nun geht es bergauf: Da der Weg steinig ist, solltest du gut aufpassen. Nach einigen Hundert Metern gabelt sich die Straße erneut. Halte dich links und folge dem Schotterweg. Vergiss nicht, ab und zu stehen zu bleiben und den Ausblick zu genießen: Zwischen den Bäumen siehst du im Norden die Berge, im Westen das Meer und im Osten Palma. Im Frühjahr kannst du die essbaren roten Früchte der wunderschönen wilden Erdbeerbäume probieren. Sie sehen aus wie stachlige rote Kugeln und schmecken köstlich. Die Früchte brauchen bis zu zwölf Monate zum Reifen, während die Bäume gleichzeitig wieder blühen.

Nach etwa 1 km teilt sich die Straße in drei Wege, wobei du den rechten Pfad nehmen musst. Hier steht ein großer Käfig

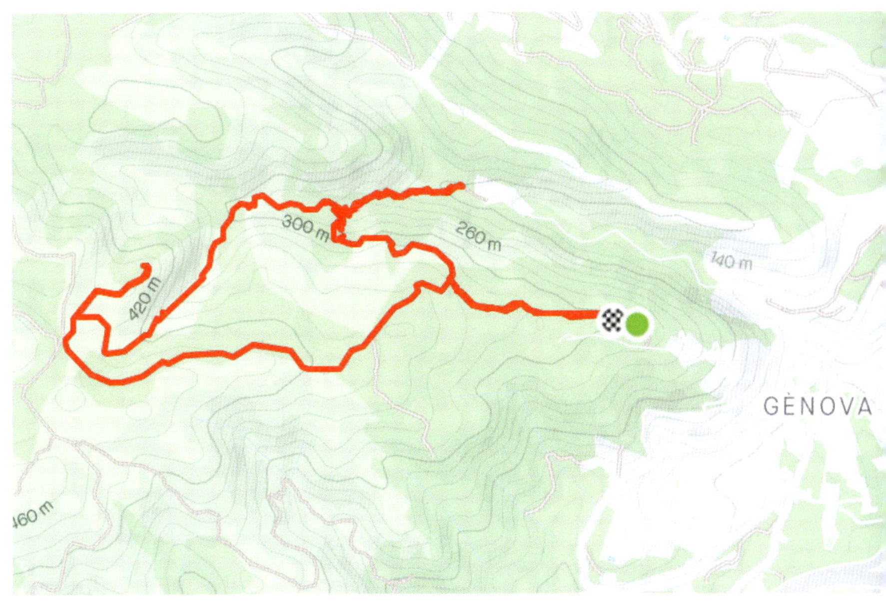

mit Truthähnen. Der Pfad wird nun schmaler und scheint sich in einem Gebüsch zu verlieren. Aber keine Sorge, du bist auf dem richtigen Weg. Hier mache ich oft einen kleinen Umweg, um den sensationellen Blick auf Palma und die Berge der Tramuntana, die hinter mir aufragen, zu bewundern. Dazu folgst du an der Abzweigung dem linken Weg für 500 m, genießt den Ausblick und läufst zurück zur Abzweigung. Nimm wieder den ursprünglichen Pfad, der alsbald durch dichtes Unterholz führt. Nun geht es bergab, und du bist mitten in einem dschungelartigen Waldgebiet mit Farnen, Verbenen und Geranien. Beim Klettern über Baumstämme und Felsen fühlt man sich fast wie Lara Croft oder Indiana Jones. Die Luft im Wald ist klar und etwas kühler, was an einem warmen Tag sehr willkommen ist. Der Trail führt etwa 5 km durch dicht bewachsenes Gelände. Entlang des Weges über Bäche und vorbei an kleinen Wasserfällen lassen sich Höhlen sowie rote und gelbe Berggipfel erspähen.

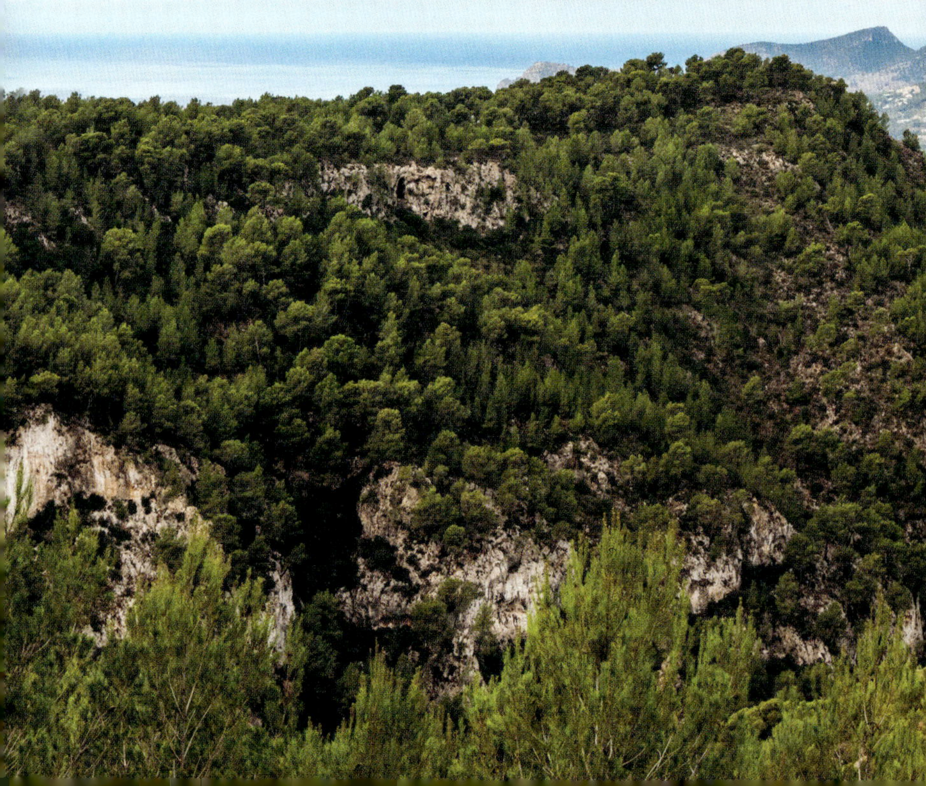

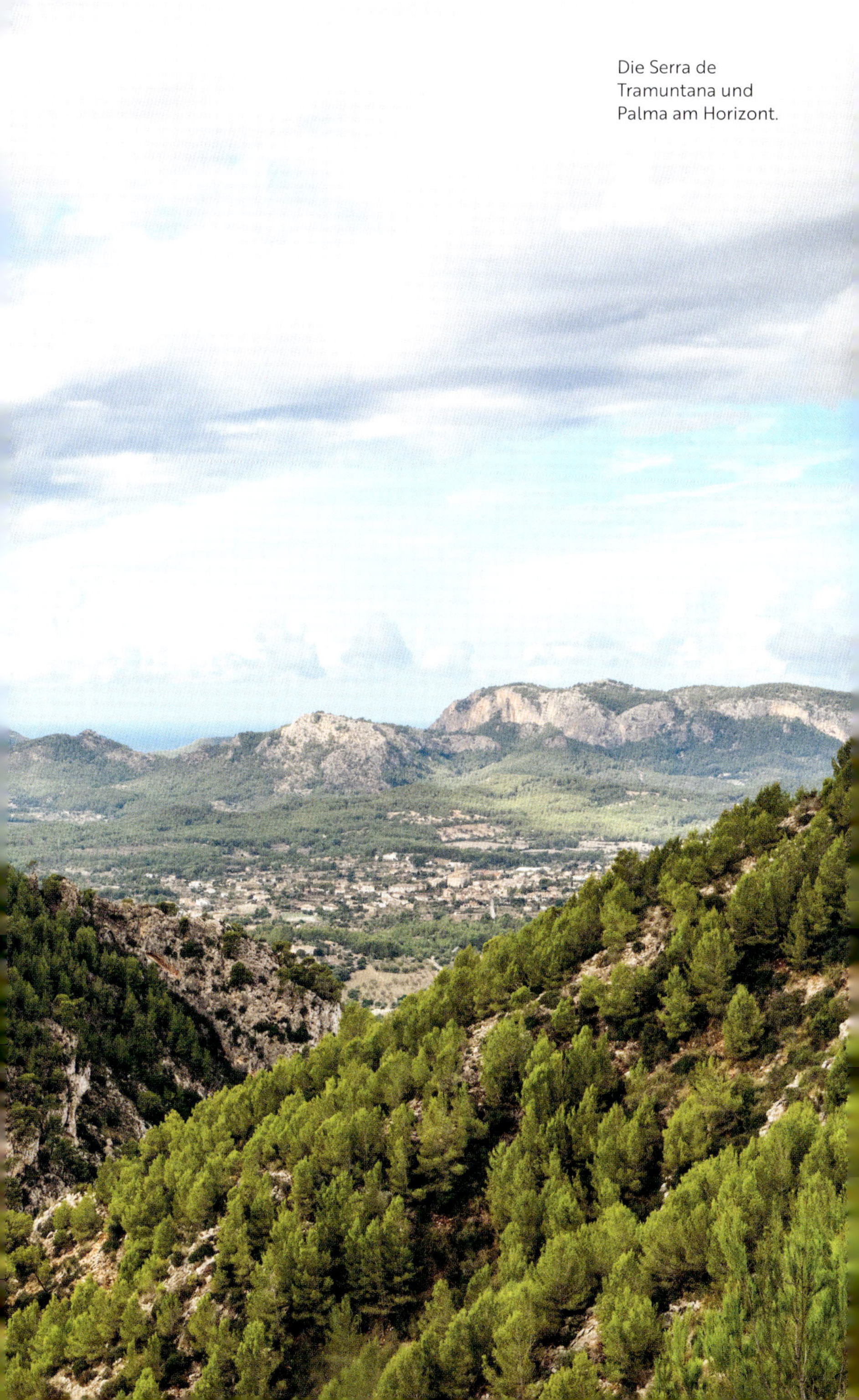

Die Serra de Tramuntana und Palma am Horizont.

Der Abzweig zum letzten Abschnitt bergauf ist leicht zu übersehen. Halte Ausschau nach einem schmalen Weg auf der rechten Seite, zwischen hohen Felsen und dichtem Farngestrüpp. Solltest du ein Schild mit der Aufschrift PRIVAT sehen, bist du zu weit gegangen. Gehe etwa 100 m zurück und suche den richtigen Weg, der nun zu deiner Linken liegt.

Der Pfad schlängelt sich durch unterschiedliche Vegetationszonen nach oben: Beginnend in einer dschungelartigen Schlucht geht es bergauf, während sich Temperatur und Pflanzenbewuchs mit jedem Höhenmeter ändern. Wenn du im Frühjahr unterwegs bist und an den Zweigen von Rosmarin und Salbei vorbeistreichst, duftet es angenehm verführerisch. Auch Orchideen kann man entdecken, ebenso wie an Bäumen emporrankenden Efeu.

Die Früchte des wilden Erdbeerbaums sind essbar und schmecken köstlich.

Nach rund 2 km landest du wieder auf dem breiteren, steinigen Weg mit den Erdbeerbäumen. Hier fühlt sich die Luft auf einen Schlag völlig anders an – sie ist trocken und schwer. Weiter geht es auf diesem Weg, hinunter zur Marienstatue.

EINKEHR

Als Abschluss empfehle ich einen Kaffee in der Bar Gènova69 (Camí dels Reis 69). Es gibt auch frisch gepresste Säfte.

BESONDERES VOR ORT

Gènova ist der richtige Ort, wenn du eine ruhige Dorfatmosphäre suchst. Bummle ein wenig umher und wundere dich nicht, wenn dich die Bewohner ansprechen – du bist eben nicht mehr in der Stadt.

Ganz in der Nähe liegen die Cuevas de Gènova, eine der vielzähligen Höhlensysteme Mallorcas. Sie sind nicht so groß wie die Höhlen auf der Ostseite der Insel (Cuevas del Drach), lohnen aber einen Besuch.
https://cuevasdegenova.com

Auch einige beliebte Sehenswürdigkeiten befinden sich in dieser Region – Castell de Bellver mit seinem Museum und der Palacio de Marivent, die Sommerresidenz der spanischen Königsfamilie.
https://castelldebellver.palma.es
https://xmallorca.com/museums-heritage-in-mallorca/marivent

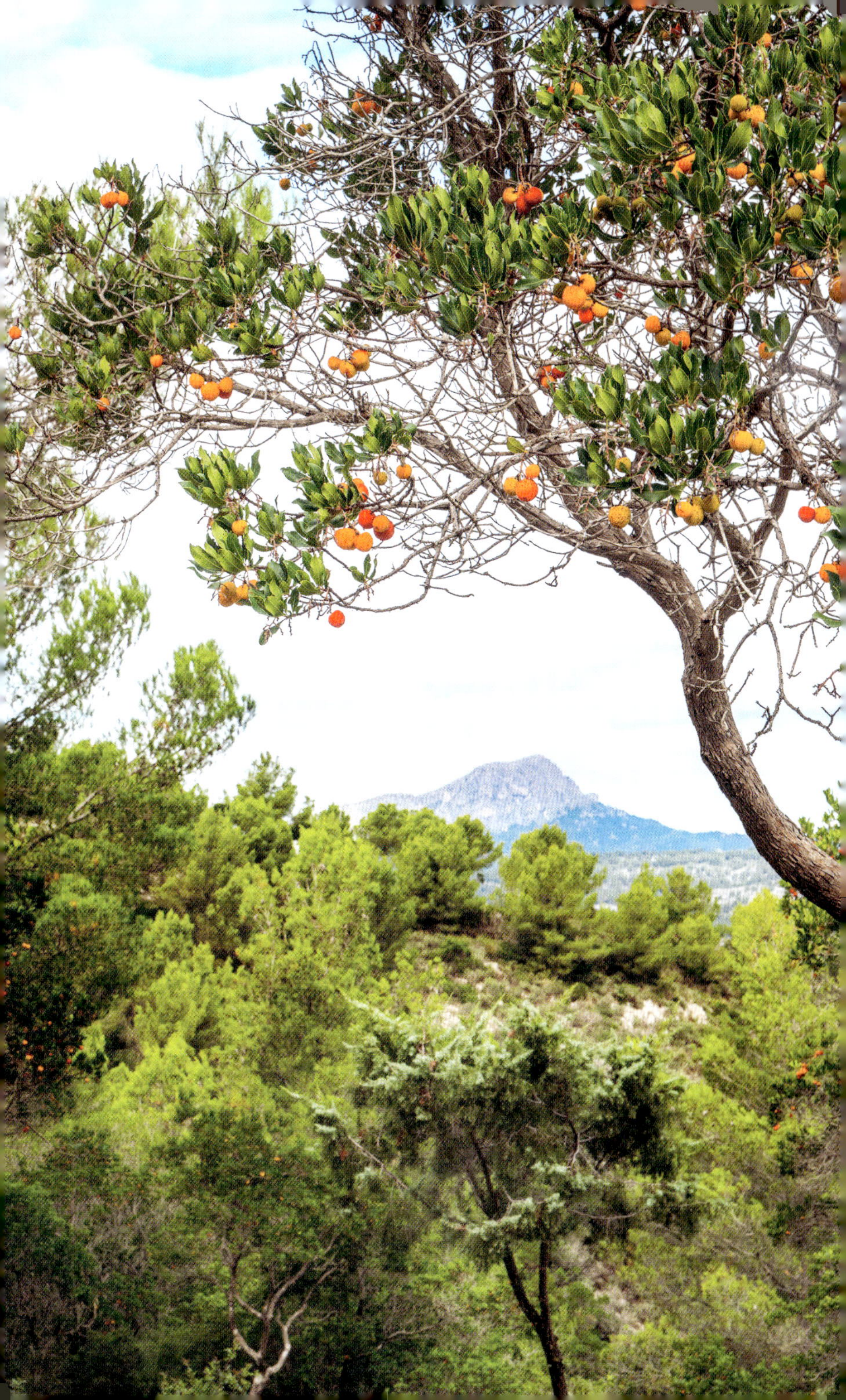

MIT MEERBLICK

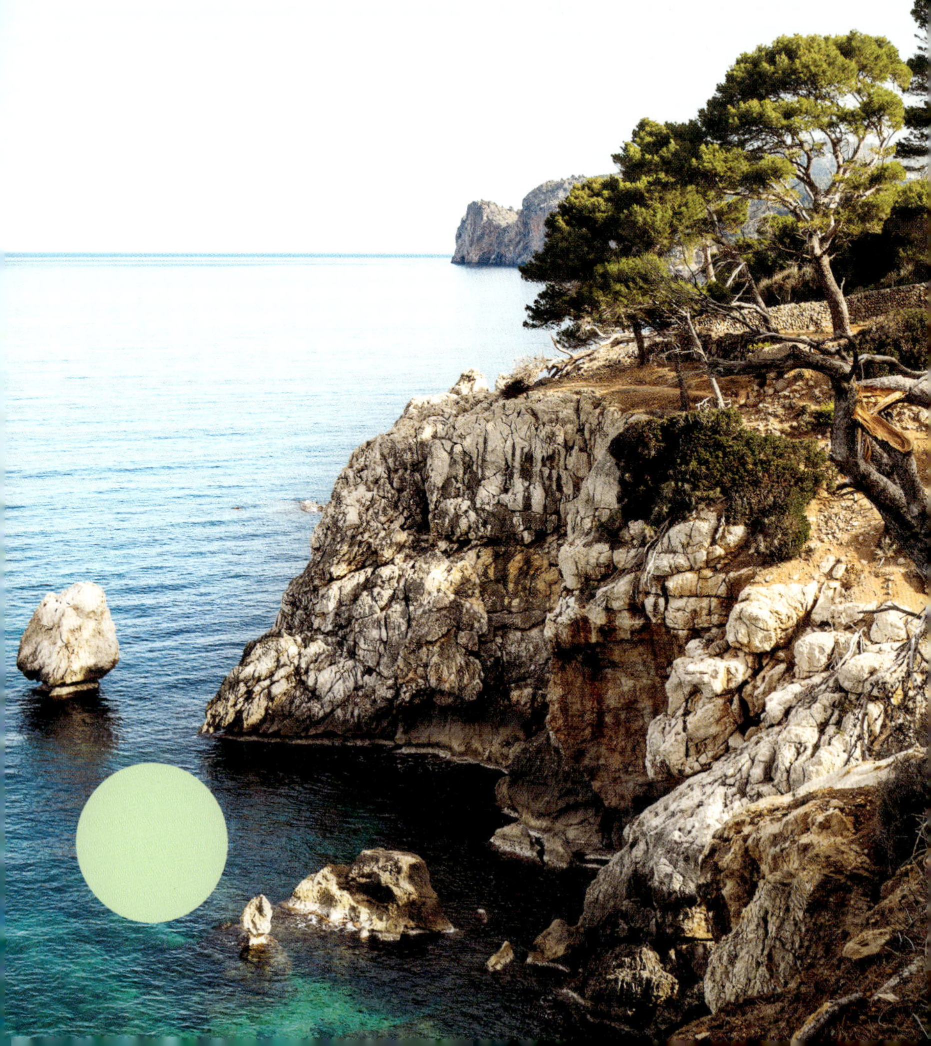

Kristallklares Wasser, Strände, Klippen und schöne Leuchttürme

MALLORCAS KÜSTE bietet lange Sandstrände, aber auch zwischen Klippen verborgene Badebuchten. Eine Wanderung am Meer lässt sich gut kombinieren mit einem Strandaufenthalt und Sightseeing. Du kommst an einigen der 50 Wachtürme vorbei, die zum Schutz der Insel zwischen 1500 und 1600 erbaut wurden, und auch dem ein oder anderen der 50 Leuchttürme, die alle einen grandiosen Ausblick aufs Meer ermöglichen.

Mallorcas Südspitze, Cap de ses Salines, ist mit ihrem attraktiven Leuchtturm ein unberührtes Stück Küste. An der Westküste liegen einige der malerischsten Dörfer der Insel. So manche Celebrity suchte im Laufe der Jahre in diesen Dörfern Abgeschiedenheit und Ruhe. Die entspannte Atmosphäre, die traumhafte Landschaft, aber auch die vielen erstklassigen Restaurants tragen zur Beliebtheit dieses Landstrichs bei.

»Wenn man direkt am Meer läuft, fühlt sich das Leben intensiver an.«

Wenn man direkt am Meer läuft, fühlt sich das Leben intensiver an. Man bewegt sich vorwärts – nicht nur den Körper, sondern auch das eigene Bewusstsein. Auf einer Wanderung löst man sich aus der vertrauten Umgebung und begegnet Unbekanntem. Das Gehen lässt Großes entstehen und weckt die Lebenslust und die Neugier.

Die Wanderung von Portals Vells zum Leuchtturm Faro de Cala Figuera ist eine perfekte Halbtagestour, die sich gut mit einem (Sonnen-)Bad kombinieren lässt. Bei der Wanderung rund um Peguera kannst du mit den Füßen durch die Wellen laufen. Die Tour auf den Berg oberhalb von Sant Elm ist kürzer, führt aber steil bergauf und jagt deinen Puls garantiert in die Höhe. Ebenso wie die Wanderung zum Aussichtspunkt oberhalb des Hafens von Valldemossa bietet auch sie einen herrlichen Weitblick auf das Mittelmeer.

4. VON PORTALS VELLS ZUM FARO DE CALA FIGUERA

Vorbei an Badebuchten zu einem beeindruckenden Leuchtturm

Eine richtig angenehme Wandertour hin und zurück: Startpunkt ist der Strand Playa del Mago. Von dort aus geht es entlang der Küste zum Faro de Cala Figuera, einem der interessantesten Leuchttürme. Dort kannst du die Aussicht genießen und Brotzeit machen, bevor es wieder zurückgeht. Ich mag diese Wanderung sehr, da das Terrain entlang der Badebuchten gut zu bewältigen ist. Einige Wegstrecken erinnern an eine Achterbahnfahrt: hinunter zur Bucht, hinauf auf die Klippe und wieder hinunter zur nächsten Bucht. Eine Badepause empfiehlt sich in einer der beiden Badebuchten – Playa del Mago und Playa de Portals Vells.

»Das Terrain entlang der Badebuchten ist gut zu bewältigen.«

START: Parkplatz des Ventuno Beach Club am Strand Playa del Mago
HÖHENUNTERSCHIED: 149 m
WEGLÄNGE: 6 km, hin und zurück
DAUER: 1,5 Stunden
SCHWIERIGKEITSGRAD: mittel
BESTE WANDERZEIT: Frühjahr und Herbst
ENTFERNUNG VON PALMA: 12 km
ANREISE: Taxi oder Bus 105 zum Dorf Portals Vells, dann zu Fuß zum Startpunkt

Scanne den QR-Code mit dem Smartphone.

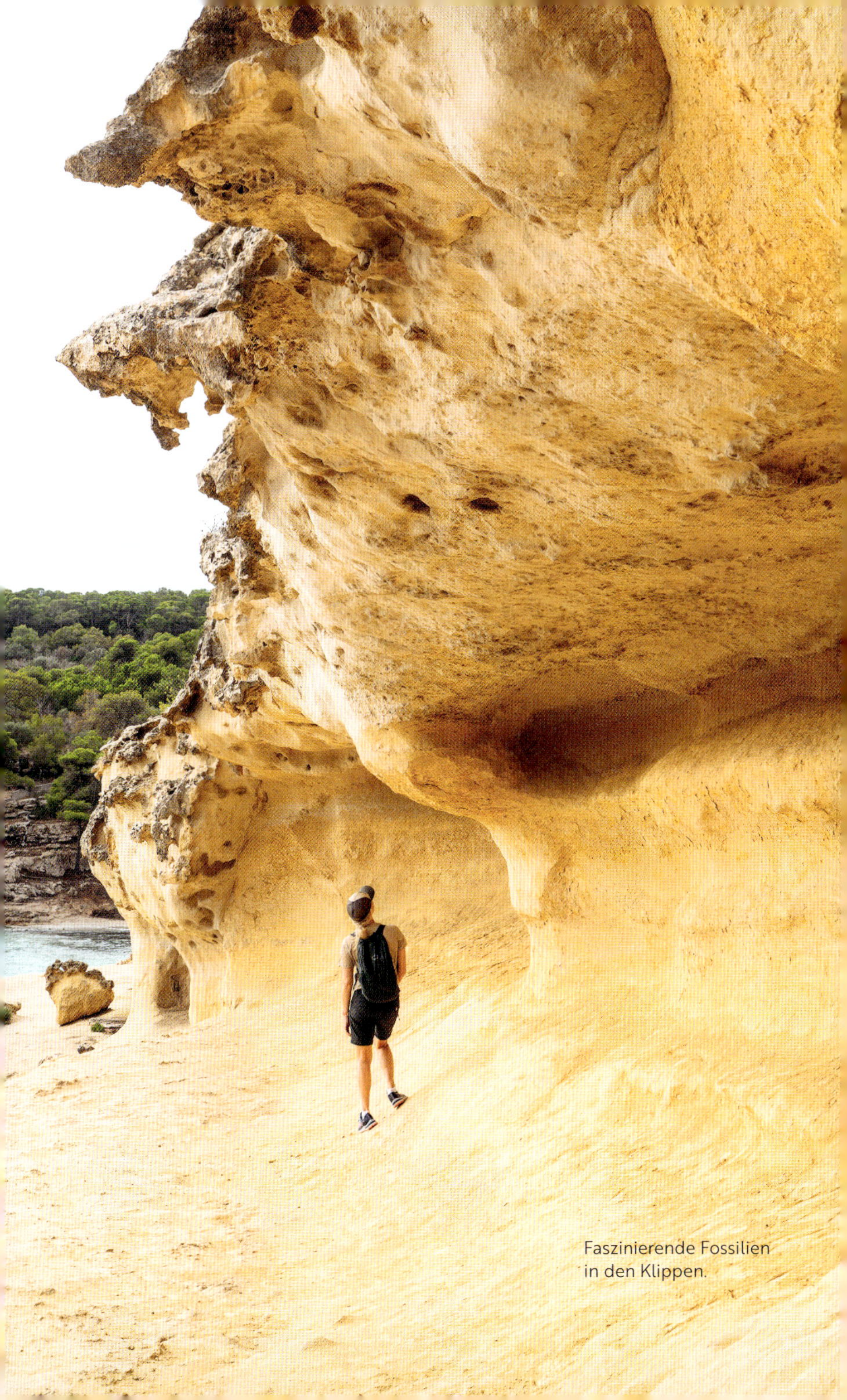

Faszinierende Fossilien
in den Klippen.

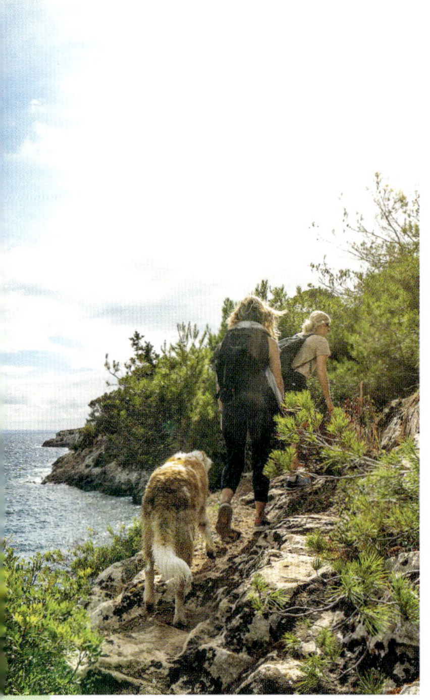

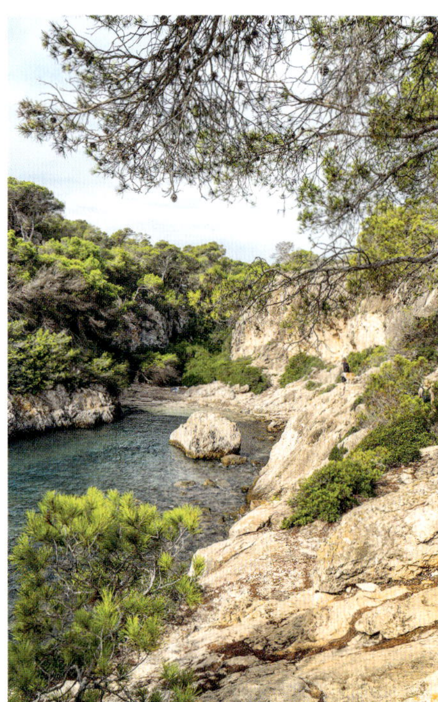

Lausche zwischen den Buchten dem Meeresrauschen.

In der Hochsaison sind beide stark frequentiert. Gerade in den wärmeren Monaten wirst du hier auch anderen Wanderern begegnen, denn die Gegend ist sehr beliebt. Der Trail ist das ganze Jahr begehbar, aber in Ruhe lässt sich die Natur hier an sonnigen Wintertagen oder im zeitigen Frühjahr und Herbst am besten genießen. Bei Regen, der im Winter durchaus vorkommen kann, sind die teils felsigen Abschnitte rutschig und unbedingt zu meiden. Auch bei starkem Wind solltest du aufpassen, da dann das Wandern am Meer durchaus unangenehm werden kann.

Für diese Tour solltest du festes Schuhwerk anziehen, wie Wanderschuhe oder -stiefel. Das abwechslungsreiche Terrain umfasst Felsen, Sand, Schotter und auch steinige Stellen. Obwohl nicht sehr viele Höhenmeter überwunden werden, stellen die steileren Abschnitte doch eine Herausforderung dar. Du solltest schwindelfrei sein, ansonsten sind diese Abschnitte nicht gefährlich. Während du dem Weg durch die

»Das abwechslungsreiche Terrain umfasst Felsen, Sand, Schotter und auch steinige Stellen.«

wunderschönen Buchten folgst, kannst du dem Meeresrauschen lauschen. Die Vegetation ist mit windzerzausten Bäumen, Wacholdersträuchern, Kakteen und ab und an Palmen recht abwechslungsreich.

BESCHREIBUNG

Die Wanderung startet am Parkplatz des Ventuno Beach Club, oberhalb der Bucht vom Strand Playa del Mago. Über Treppen geht es hinunter zum Beach Club und Restaurant El Mago. Wenn man den Strand entlangspaziert, gelangt man zu einem bergan führenden Pfad, dem man bis zu einem Plateau folgt. Weiter führt der Weg am Meer entlang zu einer beeindruckenden Ansammlung von Sandsteinklippen mit Fossilien. Die Formen der Muscheln, Seepferdchen und anderer Meerestiere wecken sicher deinen Entdeckergeist. Hier bietet sich ein sehr schönes Farbenspiel: gelber Sandstein, helltürkises Wasser, dunkle Blautöne des Himmels und mit dunkelgrünen Kiefern und Büschen bewachsene Hügel rundherum.

Einige Abschnitte der Wanderung sind recht steil.

Die Bucht trägt den Namen Portals Vells – hier kannst du deine Füße ins Wasser tauchen oder auch eine Badepause

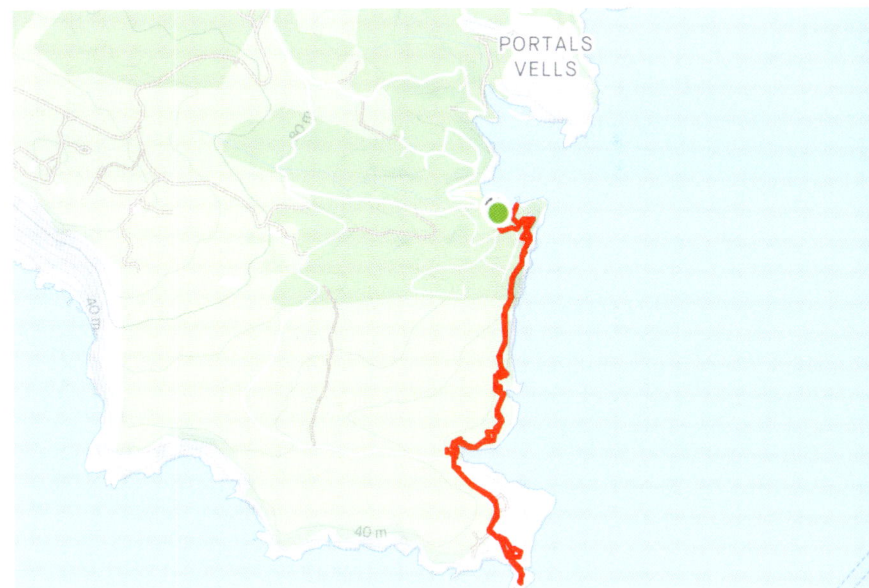

einlegen. An einigen Stellen ist der Weg etwas steil, aber wenn du am Wasser entlang weiterwanderst, kommst du an ein Plateau, wo du aus 50 m über Meereshöhe gen Horizont schauen kannst. Von hier aus windet sich ein stellenweise gut gepflasterter Weg weiter. Bis heute ist man sich nicht sicher, ob der Weg von den Römern angelegt wurde oder aber von Piraten. Die den Weg säumenden Büsche erhielten über die Jahre vom Wind bizarre Formen. Hier wächst auch die wilde Iris, und ständig wird man vom würzigen Duft des Rosmarins begleitet.

Nach etwa 1 km kann man in der Ferne bereits den ersten Blick auf den Leuchtturm Faro de Cala Figuera mit seiner schwarz-weißen Spirale erspähen. Noch einige Hundert Meter weiter führt der Weg hinunter in die kleine Bucht Cala des Bocs. Gut aufpassen, der Abstieg zu diesem einsamen Strand ist ziemlich steil. Halte dich an den aus den Felswänden wachsenden Zweigen fest, aber überprüfe erst ihre Belastbarkeit.

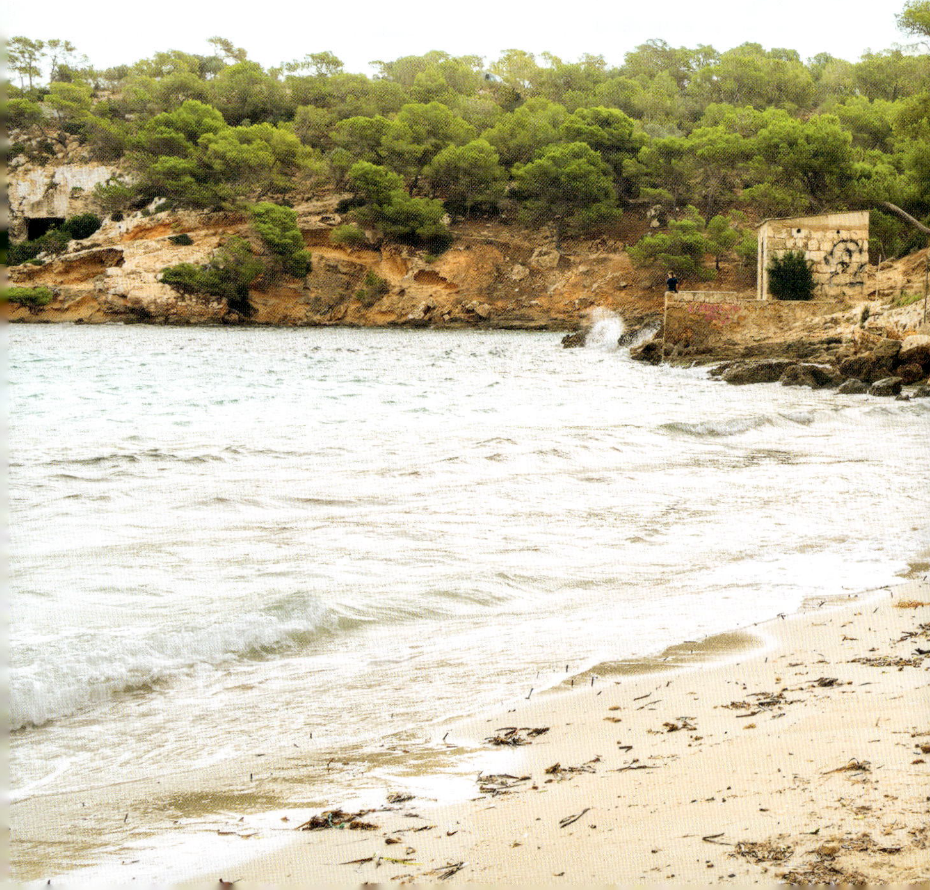

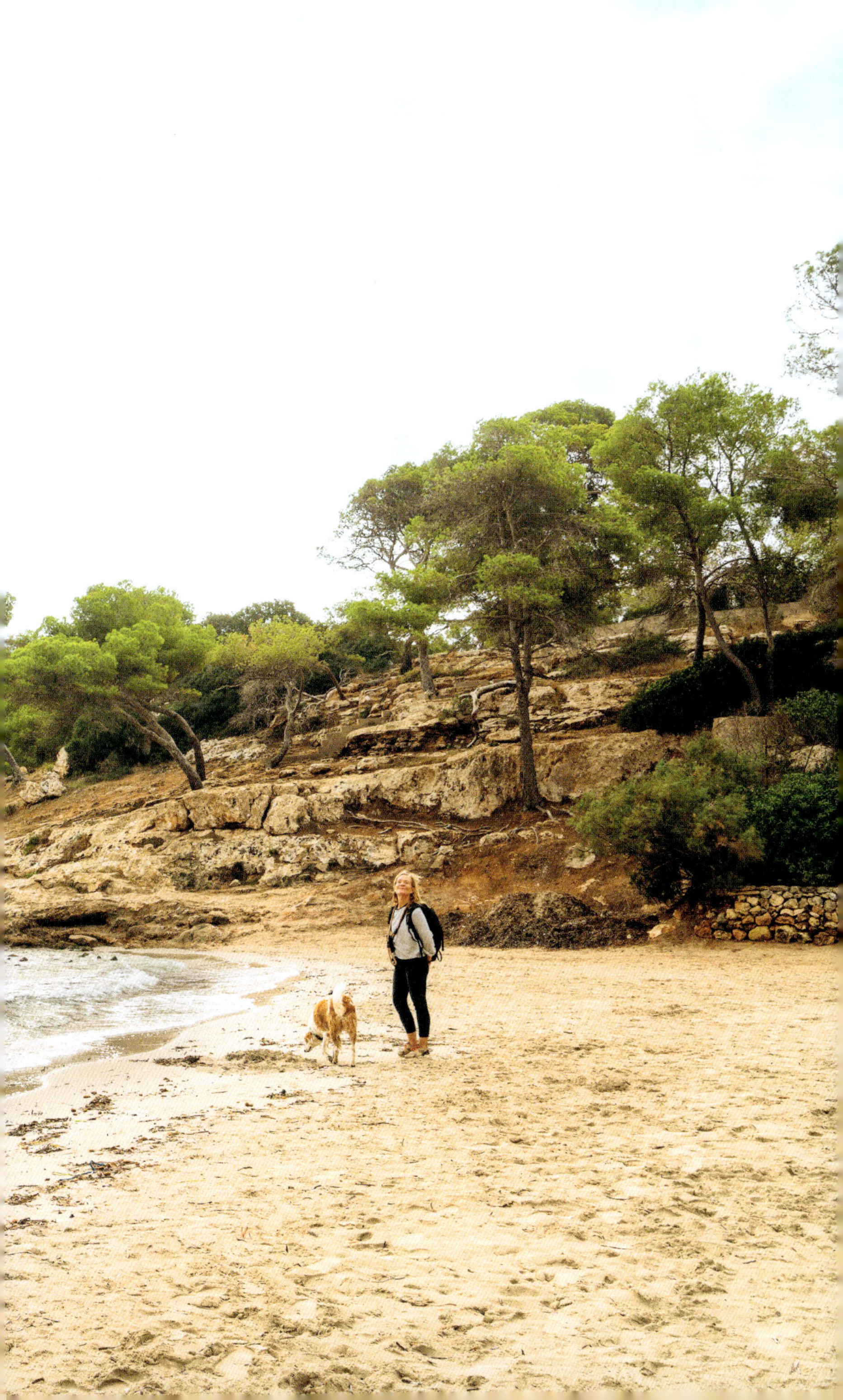

Ab und an sieht man unten ein kleines Boot, das hier Anker geworfen hat. Ein guter Platz für eine Rast, um etwas zu trinken und tief durchzuatmen, bevor es auf den nächsten Hügel geht.

Der Weg führt hinauf zu einer Schotterstraße, wo dich Kakteen und große Vertreter der Aloe vera willkommen heißen. Nun geht es in Richtung Leuchtturm: Schon bald ist er zwischen den Kiefern auszumachen. Nach wenigen Hundert Metern stößt du an eine kleine Mauer. Gehe um sie herum und folge dem Weg entlang einer asphaltierten Straße bis zum Leuchtturm. Der 45 m hohe Faro de Cala Figuera wurde 1860 direkt am Meer erbaut. Wegen seiner niedrigen Lage kam es vor, dass Schiffe bei den Klippen auf Grund liefen und dabei den Leuchtturm beschädigten. Um weitere Schiffsunglücke zu vermeiden, wurde in den 1960er-Jahren die Leuchtkraft verstärkt, der Turm selbst um 10 m aufgestockt und schwarz-weiß bemalt, damit er vom Meer aus besser sichtbar ist. Lass dir deine Brotzeit schmecken und genieße den Ausblick, bevor du dich frisch gestärkt wieder auf den Rückweg machst.

Der 45 m hohe Faro de Cala Figuera wurde 1860 direkt am Meer erbaut.

EINKEHR

Genieße einen Kaffee, einen Drink oder ein Essen im gemütlichen Restaurante El Mago am Strand Playa de Mago, wo die Wanderung beginnt und endet.

BESONDERES VOR ORT

Der luxuriöse Jachthafen Port Adriano, knapp 10 km von der Playa del Mago entfernt, wurde von dem französischen Industriedesigner Philippe Starck entworfen. Hier lässt sich der Tag mit einem guten Essen oder einem Drink in einem der Cafés oder Restaurants abschließen.

Der Bus 123 braucht etwa 35 Minuten von Portals Vells nach Port Adriano.

Im Abenteuerpark Jungle Parc bei Santa Ponsa kann man seinen Mut im Hochseilgarten mit Ziplines beweisen. Die Entfernung zwischen Portals Vells und Santa Ponsa beträgt etwa 6 km. Am einfachsten erreicht man den Park mit dem Taxi.
www.jungleparc.es

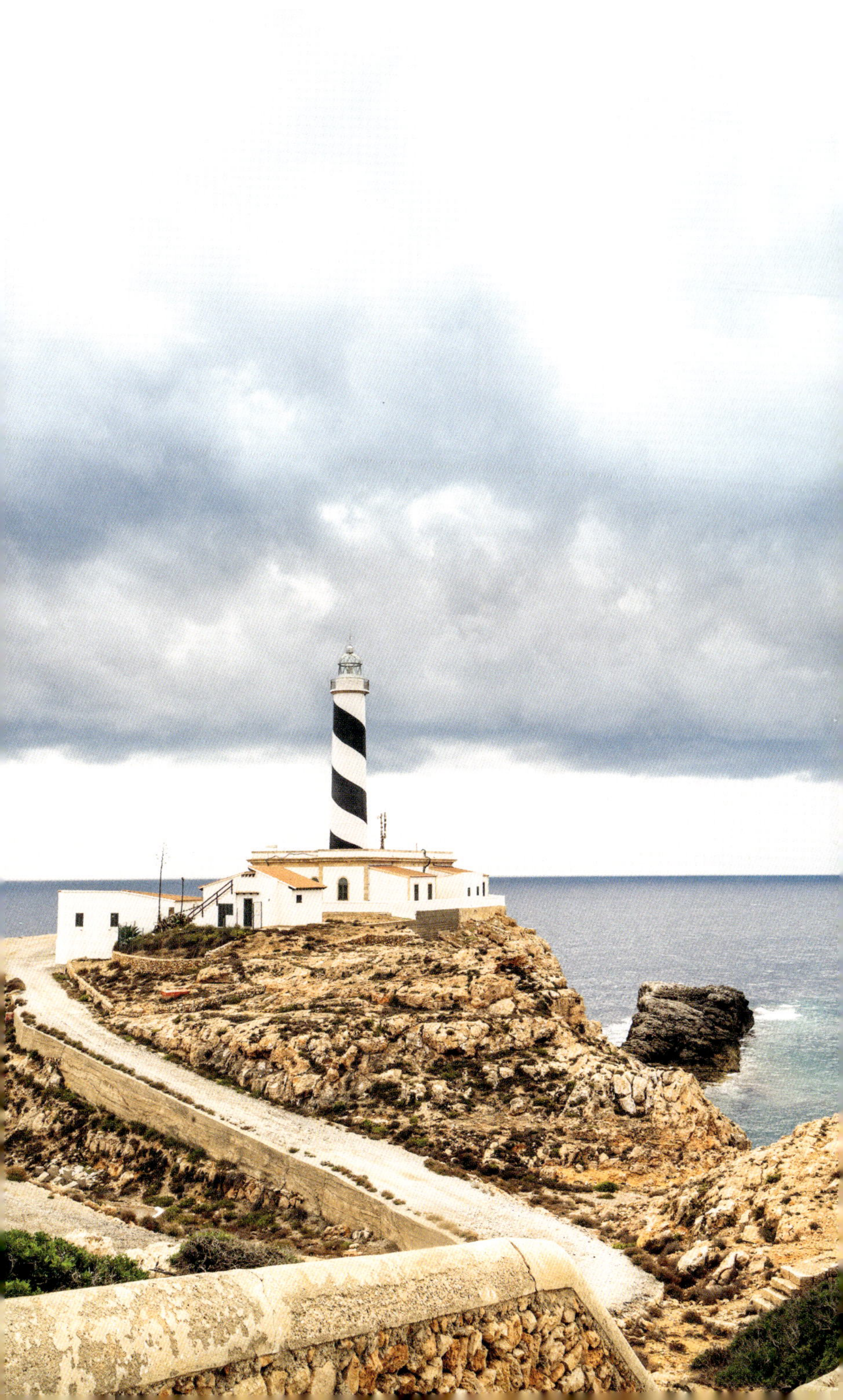

5. CAMÍ DE S'ESCOLTA

Panoramablick über den Hafen von Valldemossa

Diese Wanderung ist besonders zum Sonnenuntergang von magischer Schönheit. Man spaziert zwischen Feldern und durch Wälder zu einem Aussichtspunkt: Von dort sieht man die Sonne hinter dem Hafen Port de Valldemossa im Meer versinken. Lass den Tag nach einem Besuch von Valldemossa hier ausklingen oder setze den Sonnenuntergang als »Sahnehäubchen« an den Schluss einer Tageswanderung in der Gegend rund um Deià, Sóller und Valldemossa. Mache dich im Netz schlau, wann die Sonne untergeht, und starte die Wanderung circa 1,5 Stunden vorher, sodass du für den magischen Augenblick

Die Wanderung ist eine echte »Sahnehäubchen«-Tour!

START: Parkplatz kurz vor dem Restaurant Can Costa
HÖHENUNTERSCHIED: 154 m
WEGLÄNGE: 5 km
DAUER: 75–90 Minuten
SCHWIERIGKEITSGRAD: leicht
BESTE WANDERZEIT: je nach Wetter zu jeder Jahreszeit
ENTFERNUNG VON PALMA: 34 km (Auto: ca. 30 Minuten)
ANREISE: Am einfachsten mit dem Auto zu erreichen. Man kann auch den Bus 203 nach Valldemossa nehmen und an der Haltestelle Ermita de la Trinitat aussteigen.

Scanne den QR-Code mit dem Smartphone.

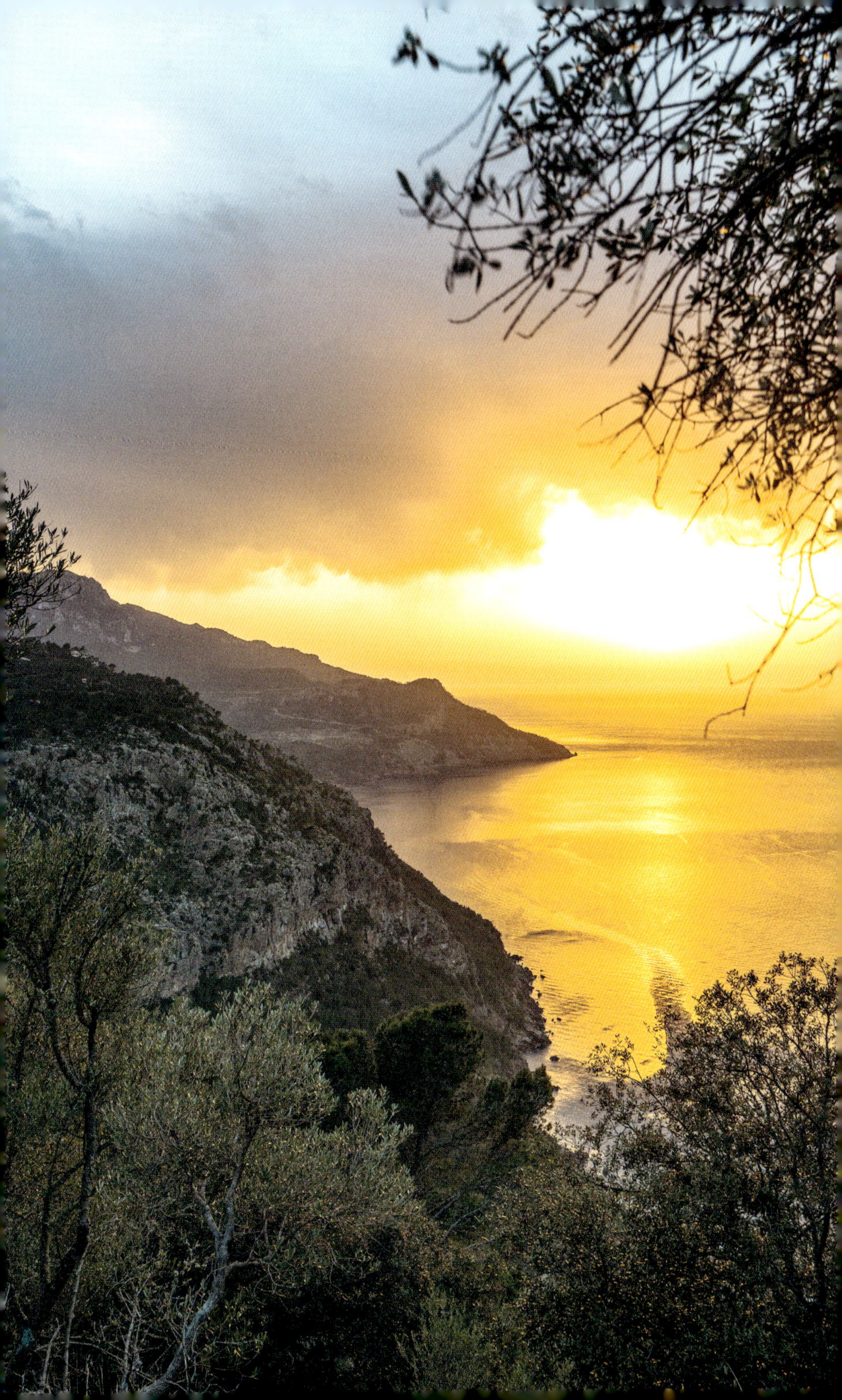

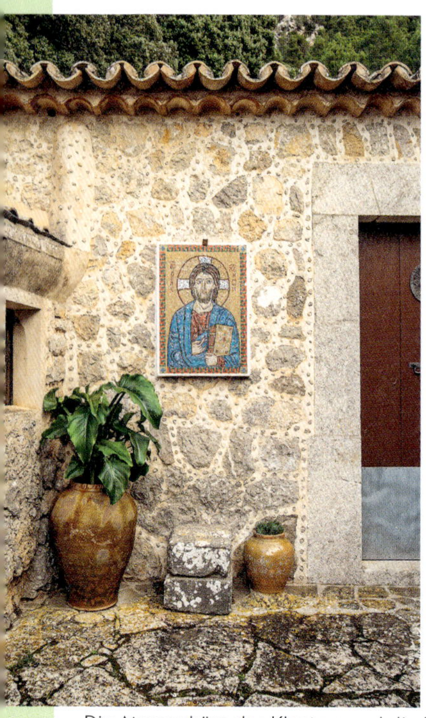
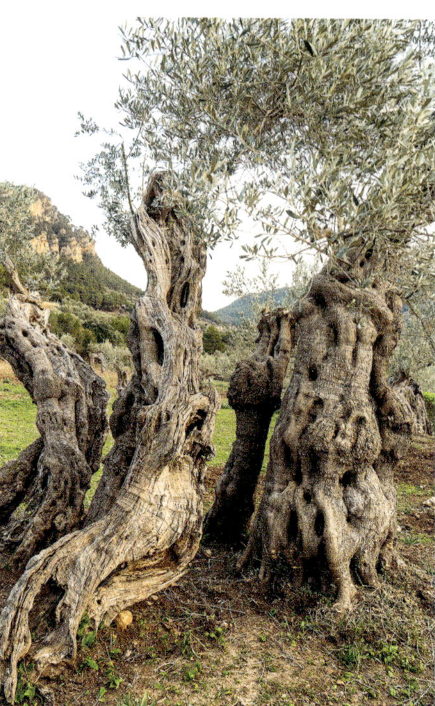
Die Atmosphäre des Klosters und die Kunstwerke der Natur sind ein Erlebnis.

rechtzeitig am Aussichtspunkt bist. Du solltest dich auf den Rückweg machen, sobald die Sonne am Horizont verschwunden ist. Andernfalls musst du in der Dunhelheit zum Parkplatz zurücklaufen. Solltest du es nicht schaffen, kannst du den letzten Abschnitt des Weges mit der Handytaschenlampe oder einer normalen Taschenlampe ausleuchten.

»Man versteht schnell, dass dieser friedliche Ort Menschen anzog, denen Meditation und Kontemplation wichtig waren.«

BESCHREIBUNG

Wer mit dem Auto aus Valldemossa kommt, hält am Parkplatz kurz vor dem Restaurantschild (Can Costa). Von Deià aus kommend, liegt der Parkplatz kurz nach dem Schild. Überquere die Straße in Richtung Baumplantage und Berge. Tritt durch die Öffnung in der Mauer: Links verläuft entlang der Mauer ein Weg, dem du bis zu der Straße folgst, die zur Ermita de la Trinitat führt, einem Kloster aus dem 13. Jahrhundert. Hierher kamen über Jahrhunderte Eremiten, um ein Leben abseits der Zivilisation zu führen. Die Zeit scheint hier stehen geblieben zu sein. Man versteht schnell, dass dieser friedliche Ort Menschen anzog, denen Meditation und Kontemplation wichtig waren.

Wer per Auto anreist, kommt an der Bushaltestelle vorbei. Wer mit dem Bus aus Palma kommt, steigt hier aus und spaziert bergauf Richtung Kloster. Ein Schotterweg führt zu einer asphaltierten Straße. Hier läuft man entlang schöner Häuser bis zur Klostermauer. Du solltest nicht versäumen, den Klostergarten anzusehen.

Nun geht es auf demselben Weg zurück zum Parkplatz und noch weiter, das Kloster im Rücken. Nach etwa 100 m führt ein Pfad rechts ab Richtung Meer. Anfangs ist er sehr schmal. Links wird er von einer großen Feigenplantage gesäumt, rechts steht ein kleines weißes Privathaus. Sobald der Weg zwischen den Bäumen verläuft, siehst du kurz das Haus hinter dem Zaun, bevor der Pfad nach links abbiegt.

Der Weg führt etwa 500 m weiter durch einen schönen Kiefern- und Wacholderwald und verläuft schließlich parallel

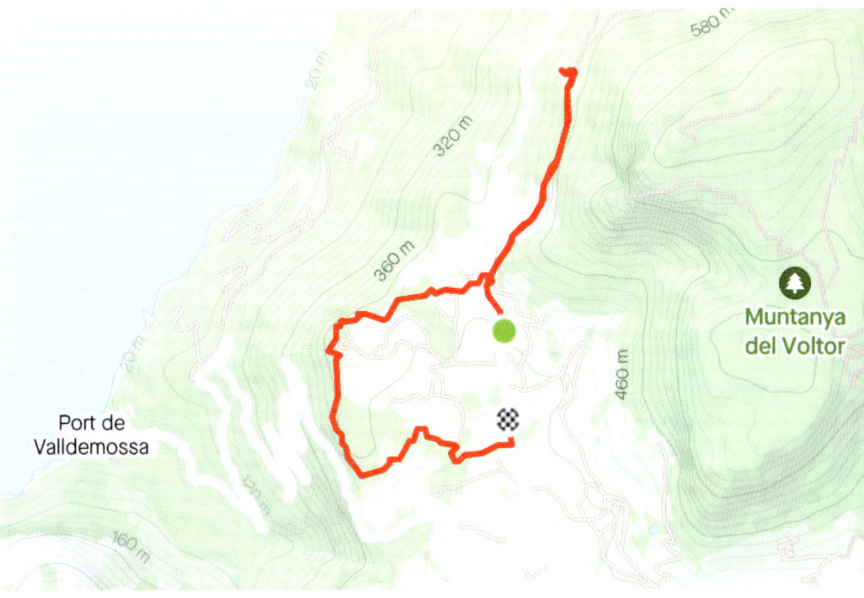

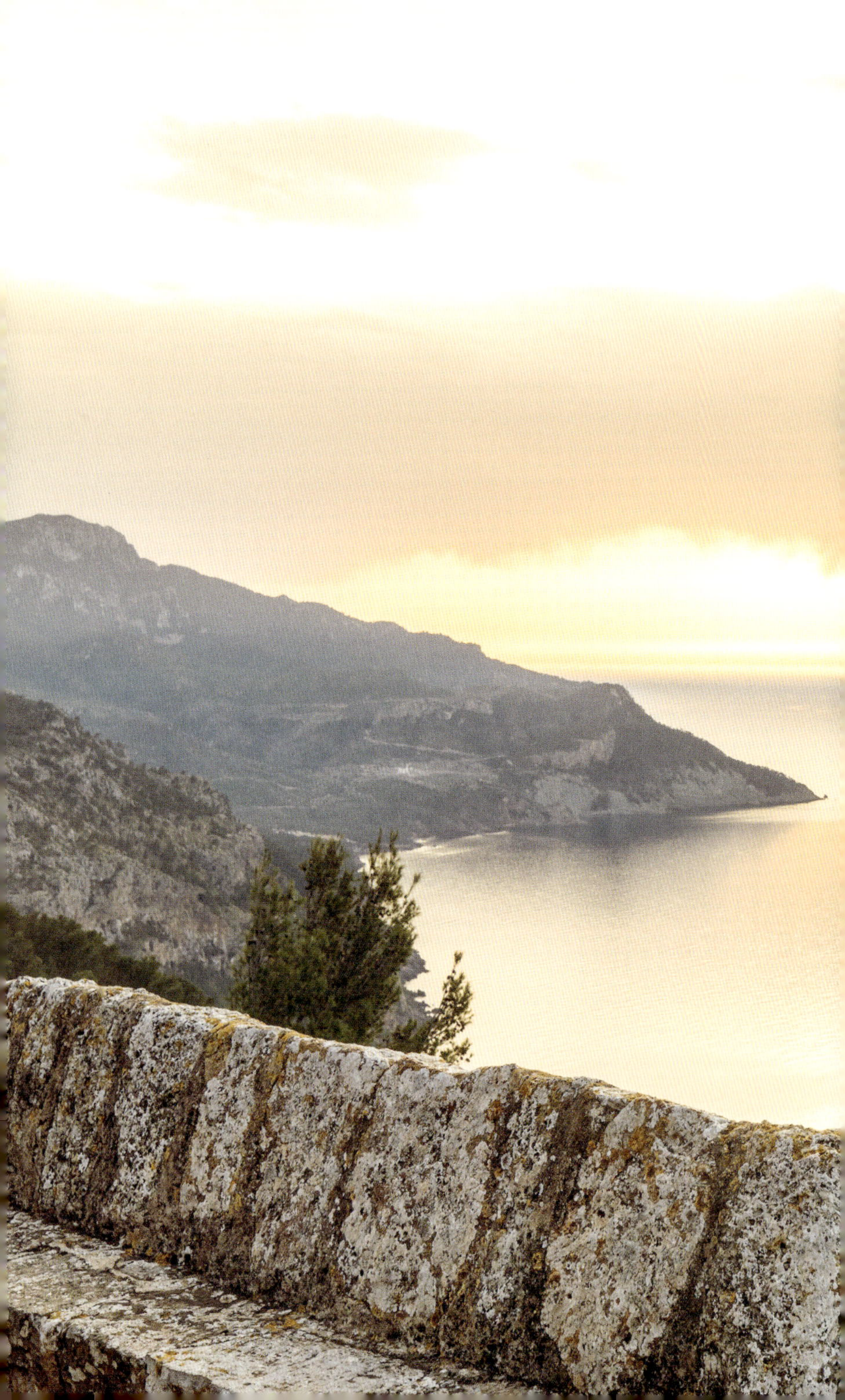

zum Meer. Zur Rechten begleitet dich eine niedrige Mauer. Du bleibst weiterhin auf dem Pfad, der sich unter Koniferen und Trauerweiden hindurchschlängelt. Hier und da stehen Skulpturen und Sitzbänke, die dir zuzuflüstern scheinen: »Verweile ein bisschen und genieße den Moment, während du tief einatmest und das Leben in dir spürst.«

Sobald du auf eine gepflasterte Plattform triffst, bist du am Ziel angekommen. Hier umgibt dich die Serra de Tramuntana, und links unter dir liegt der Hafen von Valldemossa. Lass dich nieder und beobachte, wie die Sonne langsam dem Horizont entgegensinkt.

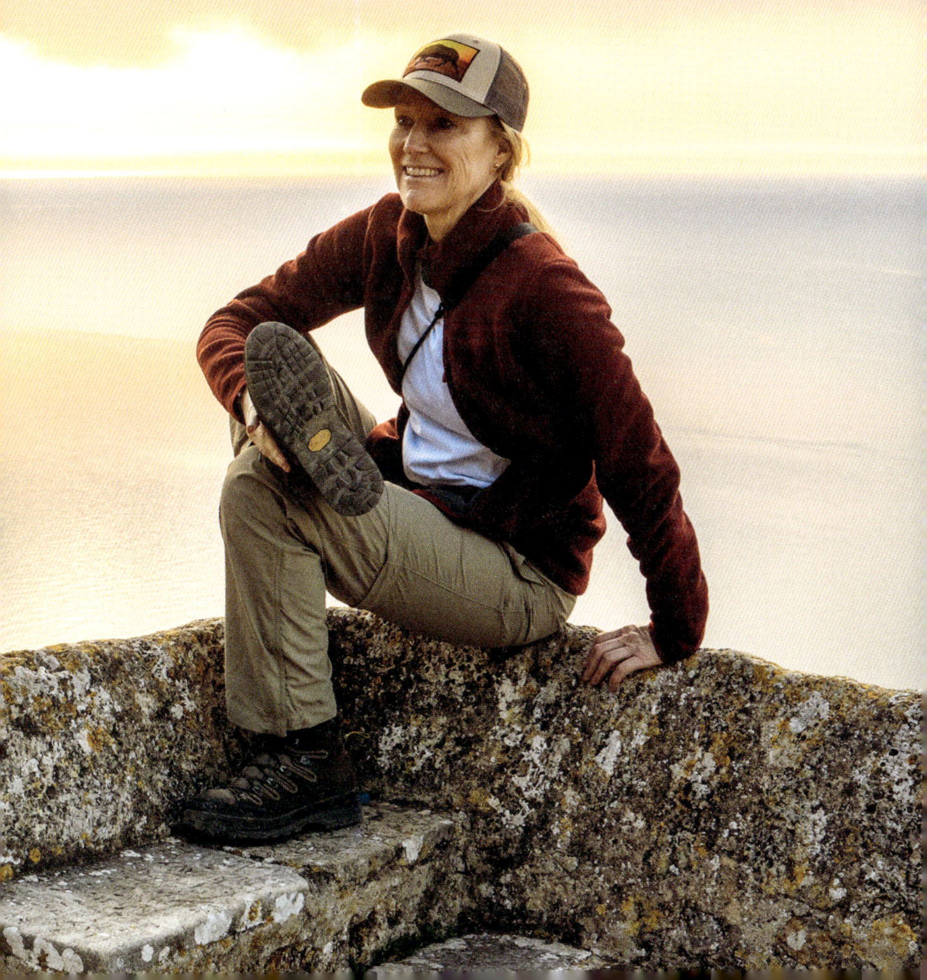

Sobald die Sonne fast am Horizont verschwunden ist, wird es Zeit, den Rückweg anzutreten. Halte dich hinter der Plattform links auf einem Weg durch den Wald. Der Weg führt weiter zwischen Wiesen und Plantagen. Bleibe ruhig und entspannt, falls eine Ziege oder ein Schaf sich nähert und dich begrüßen will. Der Weg führt schließlich auf die Hauptstraße. Hier wendest du dich nach links, sodass die Straße zu deiner Rechten liegt, bis du wieder am Parkplatz ankommst. ⊕

EINKEHR

Im Es Roquissar, einer Perle an der Plaça Cartoixa in Valldemossa, kannst du einen Happen essen und etwas trinken. Es liegt sieben Autominuten vom Parkplatz in Can Costa entfernt, unweit des Kartäuserklosters Real Cartuja (siehe unten).

BESONDERES VOR ORT

Empfehlenswert ist der Hafen Port Valldemossa, um dort zu baden oder im Restaurant Es Port de Valldemossa eine Kleinigkeit zu essen.

Das Kartäuserkloster Real Cartuja (14. Jahrhundert) in Valldemossa ist einen Besuch wert. Ursprünglich war es eine königliche Residenz. Von 1400 bis 1835 wurde es als Mönchskloster geführt. Seine heutige Berühmtheit verdankt es der Tatsache, dass zwei Super-Promis ihrer Zeit den Winter 1838/39 hier verbrachten – der Komponist Frédéric Chopin und die Schriftstellerin George Sand (Aurore Dupin). In dem Kloster komponierte Chopin u.a. seine *Préludes*, und George Sand schrieb hier *Ein Winter auf Mallorca*.

Das Kloster kann besichtigt werden. Ein Museum zeigt Ausstellungsstücke zum Aufenthalt des Künstlerpaars. Außerdem gibt es eine aufregende Kunstsammlung mit Werken aus der Zeit von 1500 bis 2000.
https://cartoixadevalldemossa.com

Ebenso lohnend ist ein Besuch im Kloster Monestir de Miramar, das für seinen schönen Kreuzgang und den einzigartigen astrologischen Garten bekannt ist. Es wurde während der Herrschaft von König Jaume von Aragón errichtet und 1276 vollendet. Heute befindet sich das Kloster im Besitz der Familie Vives, die sich auch um den fantastischen Garten kümmert, der nach der sogenannten agrarastrologischen Theorie angelegt wurde. Diese landwirtschaftliche Theorie ist über tausend Jahre alt und stammt aus dem alten Ägypten: Sie basiert auf der Vorstellung, dass Pflanzen und Sterne in einer einzigartigen Verbindung stehen, weshalb Anbau und Ernte mit den Mondphasen abgestimmt werden.
https://sonmarroig.com

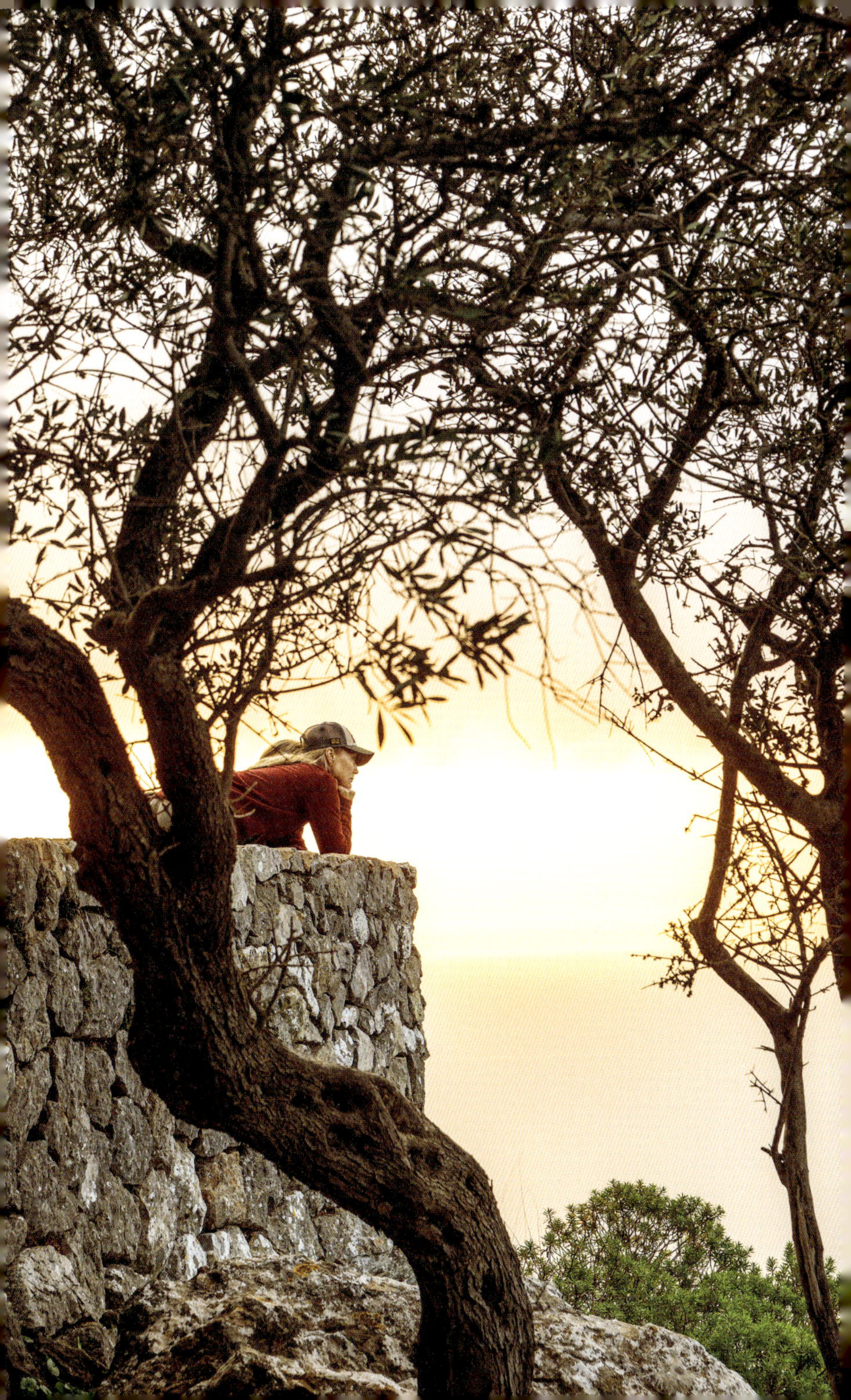

6. DER GIPFEL BEI SANT ELM

Pulsbeschleuniger mit grandioser Aussicht

Paradiesische Inseln blicken oftmals auf eine dramatische Geschichte zurück – so auch Mallorca. Die Insel liegt direkt an den Handelsrouten zwischen Europa und Afrika. Schiffe ankerten in den Buchten, um andernorts gemachte Beute in den Bergen zu verstecken. Viele kamen hierher, um die strategisch günstig gelegene Insel zu plündern, und zwar lange vor Beginn der Aufzeichnungen Ende des 8. Jahrhunderts, als die Mauren Mallorca besetzten. Die Mauren machten Palma zu ihrer Hauptstadt. In Andalusien auf dem spanischen Festland bewirkte der Einfluss der Mauren eine kulturelle Blütezeit; Mallorca wurde durch die Mauren das Zentrum einer gut organisierten Piratenflotte. Die Einheimischen griffen zu den Waffen und wurden für ihre erfolgreichen Selbstverteidigungsstrategien bekannt. Dass sie so geschickte Kletterer waren, lag weniger an ihrer Wanderlust, sondern daran, dass sie oft gezwungen waren, vor Banditen zu

»Paradiesische Inseln blicken oftmals auf eine dramatische Geschichte zurück.«

START: Parkplatz am Cementerio Municipal d'Andratx/de S'Arracó
HÖHENUNTERSCHIED: 250 m
WEGLÄNGE: 7 km
DAUER: 1,5 Stunden
SCHWIERIGKEITSGRAD: mittel
BESTE WANDERZEIT: Frühjahr, Herbst und später Winter
ENTFERNUNG VON PALMA: 28 km (Auto: ca. 30 Minuten; Bus: ca. 45 Minuten)
ANREISE: Auto, Taxi oder Bus 301 ab Palma. An der Haltestelle Cementerio Municipal d'Andratx aussteigen.

Scanne den QR-Code mit dem Smartphone.

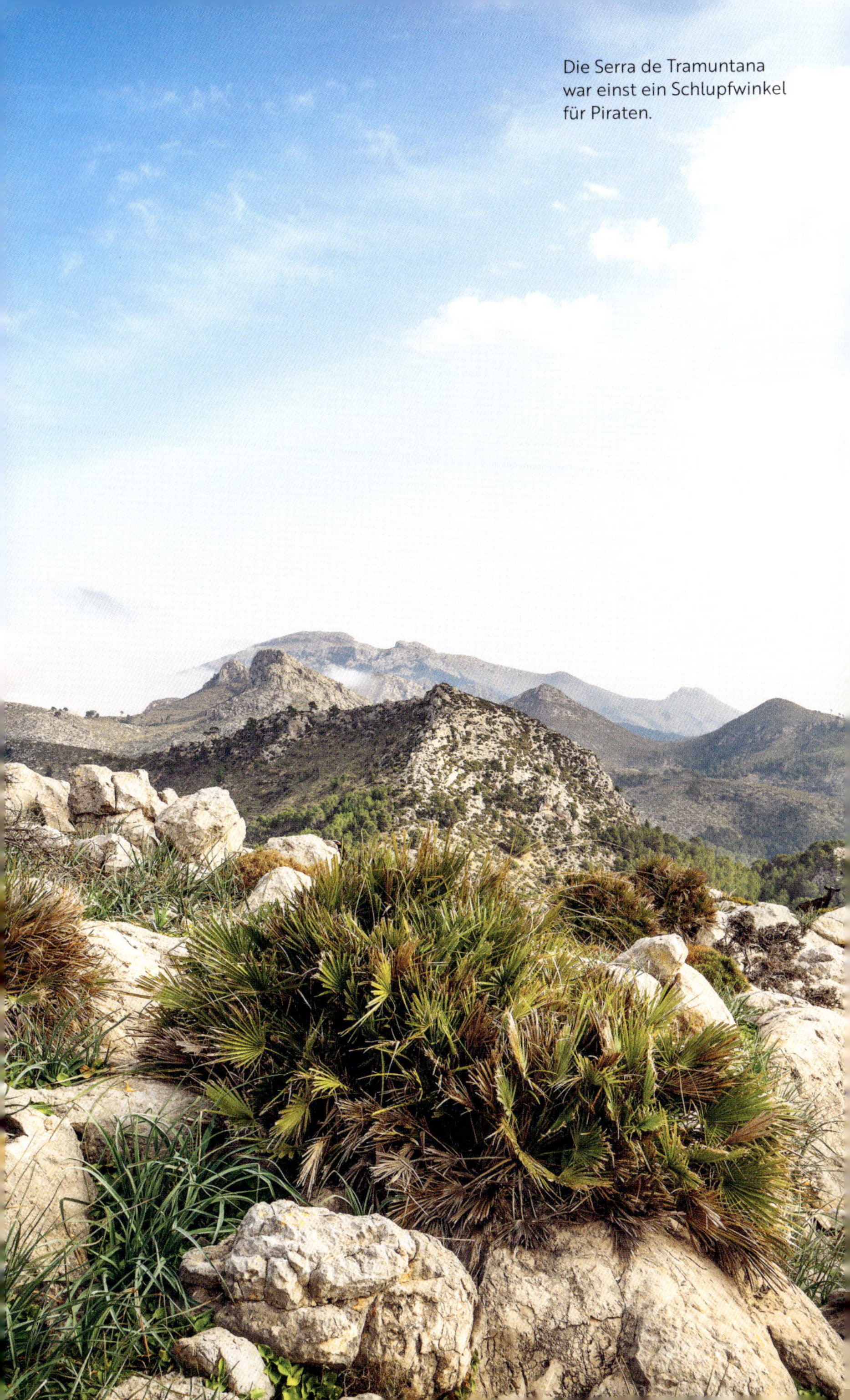

Die Serra de Tramuntana war einst ein Schlupfwinkel für Piraten.

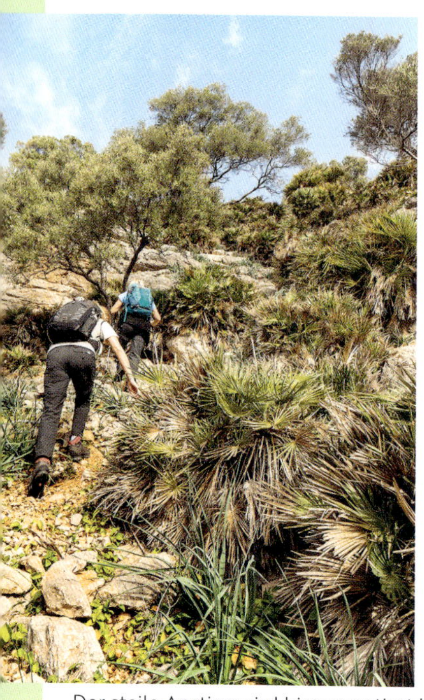
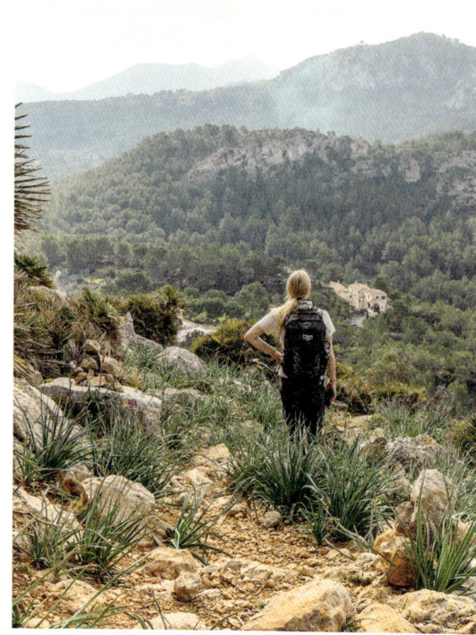
Der steile Anstieg wird hier garantiert belohnt!

fliehen. Man konnte sich gut auf Felsvorsprünge verteilen und Steine, die sich am Strand finden ließen, auf die Boote hinabwerfen, bevor man in die Berge floh. Die Balearen (Mallorca, Ibiza, Formentera und Menorca) verdanken ihren Namen vermutlich dem altgriechischen Wort für »werfen« – *bállein*. Es bezieht sich auf die in der Antike gefürchteten Krieger der Inseln, die für ihre Technik des Steinschleuderns bekannt waren. Eine Wanderung auf dem Weg Camí de sa Font dels Morers lässt die Fantasie erblühen: Der Name bedeutet »Fluchtweg vor den Mauren«.

Diesen Weg in die Berge nahmen die Dorfbewohner im Südwesten Mallorcas, wenn sie die Schiffe der Piraten erspähten. Wenn ich hier entlangwandere, tauche ich in meine Gedankenwelt und hauche der Geschichte Leben ein: Ich sehe die Dorfbewohner, wie sie Steine aufsammelten und hier hochstiegen, um sich vor den Piraten in Sicherheit zu bringen. Zeit und Raum verschwimmen zu einer einzigartigen Erfahrung, während ich die Landschaft durchquere.

»Sie versteckten sich in den Bergen und schleuderten Steine, um sich zu verteidigen.«

Dieser Trail eignet sich für alle, die Lust auf eine kurze, aber intensive Wanderung mit gelegentlichen steilen Anstiegen haben und schwindelfrei sind. Der Startpunkt liegt in den Bergen, und der Weg führt hinunter in einen üppigen Wald: Das abwechslungsreiche Gelände bietet auch kleine Kletterpartien, bis man den Gipfel mit dem Wachturm Cala en Basset erreicht. Von dort schweift der Blick über die Südküste Mallorcas bis zum Dorf Sant Elm und zur kleinen Dracheninsel, La Dragonera. Sie verdankt ihren Namen ihrer markanten Form und ihrem Reichtum an Vögeln und Fledermäusen. Wer ein Fernglas dabeihat, kann Ausschau nach den Türmen halten, die Mallorcas Küste säumen. Zu Zeiten der Maurenherrschaft zündeten die Dorfbewohner dort Zedern- und Kirschholz an, um die Bevölkerung vor der Ankunft von Piraten zu warnen.

Diese Wanderung ist morgens am schönsten, lässt sich aber auch gut kombinieren mit einer Nachmittagstour entlang der Küste, z.B. in der Nähe von Peguera.

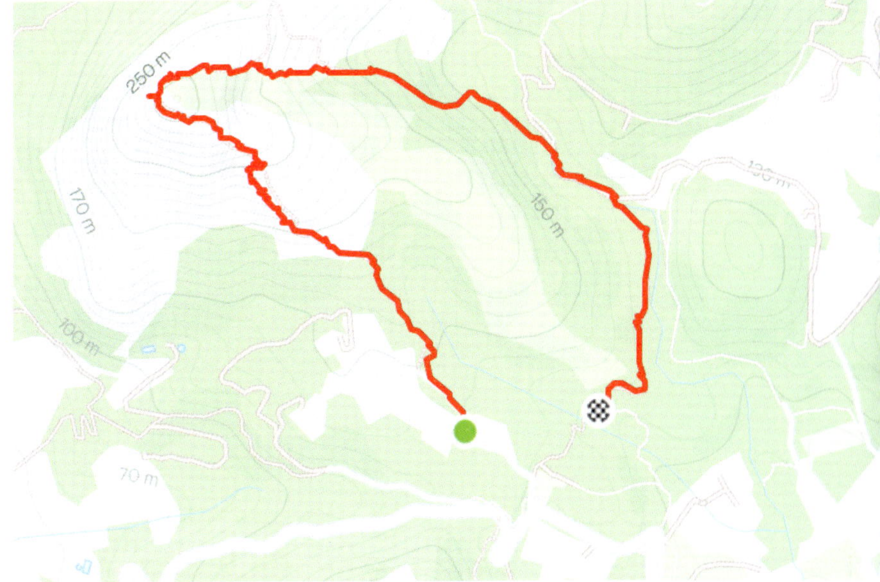

BESCHREIBUNG

Los geht's am Parkplatz des Friedhofs: Auf der asphaltierten Straße gehst du nach links, sodass der Friedhof zu deiner Rechten liegt. Nach etwa 100 m steigt links ein Weg an in einen Wald. Danach geht es zwischen Koniferen und Büschen steil bergauf. Der Schotterweg ist mit Wurzeln durchsetzt – achte also darauf, wohin du deinen Fuß setzt. Nach ein paar Minuten biegt der Pfad nach links ab, die Vegetation wird dichter, und es geht weiterhin bergauf. Auf der rechten Seite taucht bald ein hoher, felsiger Hügel auf. Halte Ausschau nach angehäuften rot angemalten Steinen, die als Wegweiser fungieren. Folge dem Weg, bis du direkt vor dem Hügel bzw. Berg stehst. Hier verlaufen mehrere Wege parallel, die sich auch manchmal überschneiden. Es ist egal, welchen Weg du wählst, solange du Richtung Berg läufst, und zwar auf der dem Meer zugewandten Seite. Hier ist es sehr steil, und der Untergrund aus losen Steinen ist rutschig, weshalb du gut aufpassen solltest. Bis zum Plateau sind es 20–30 Minuten. Dort kannst du Rast machen und die Sicht auf eine der schönsten Küstenregionen des Mittelmeers genießen – die silbrig beigegrauen Farbtöne des Bergmassivs, das tiefblaue Meer, die grüne Vegetation, das purpurne Heidekraut und der gelb blühende

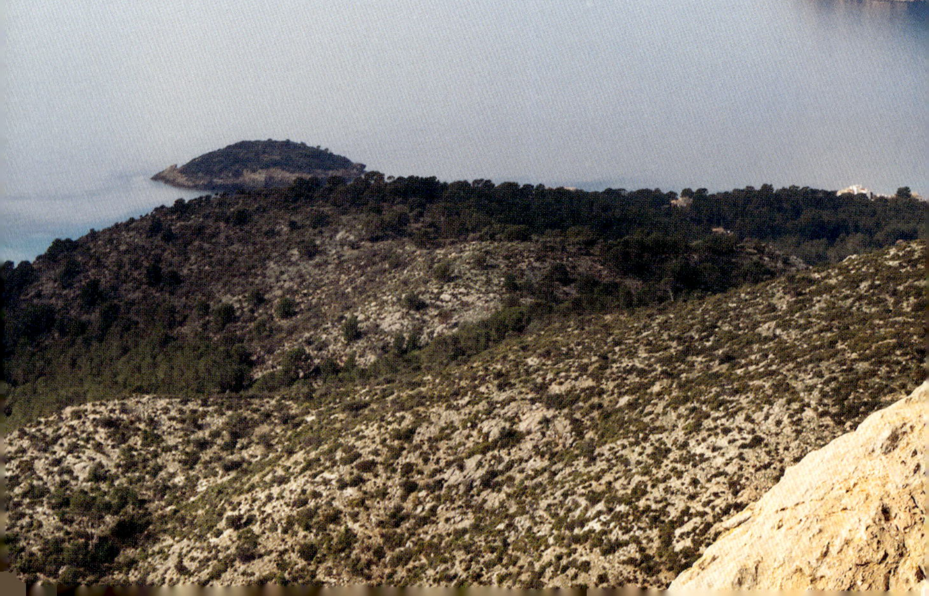

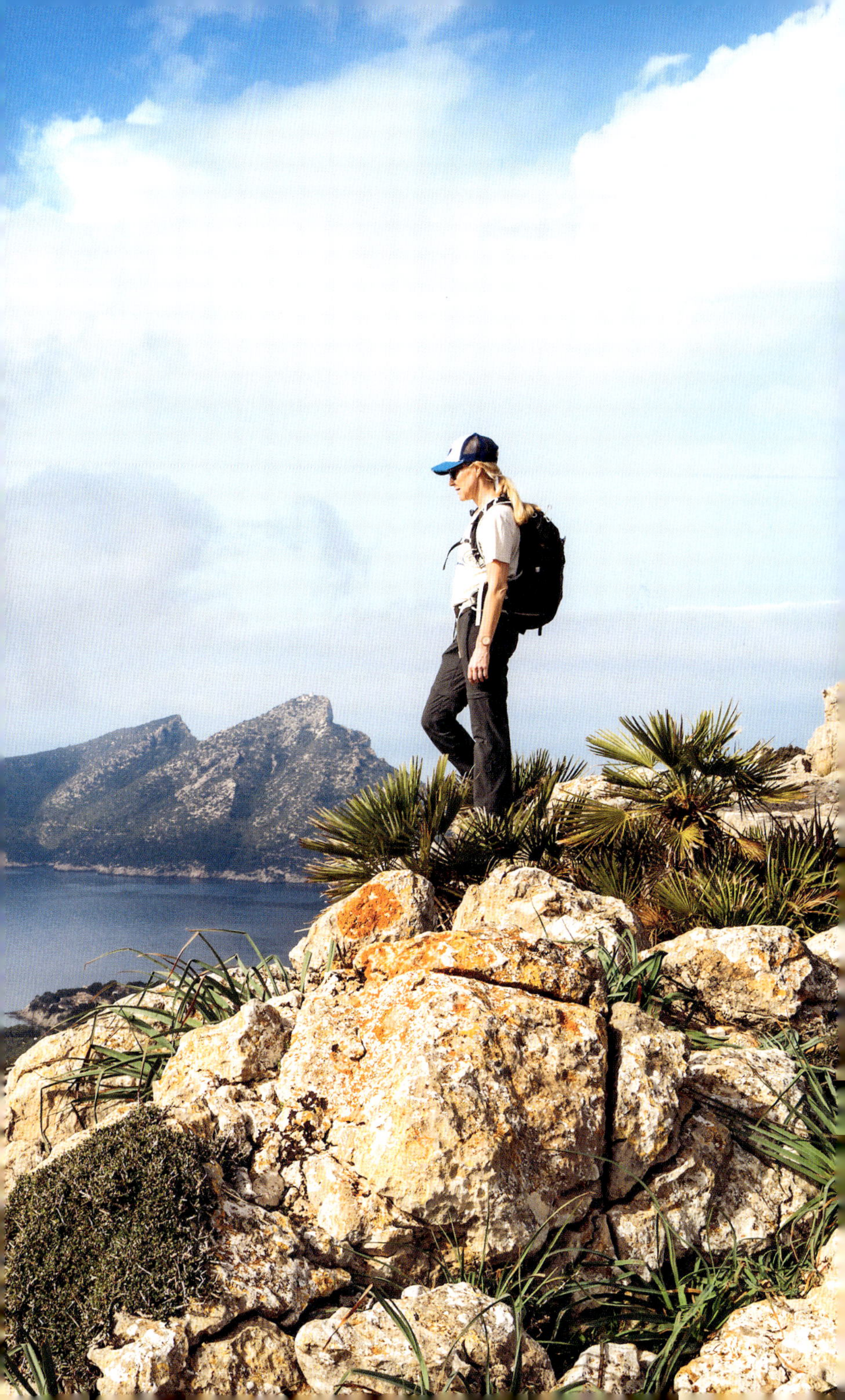

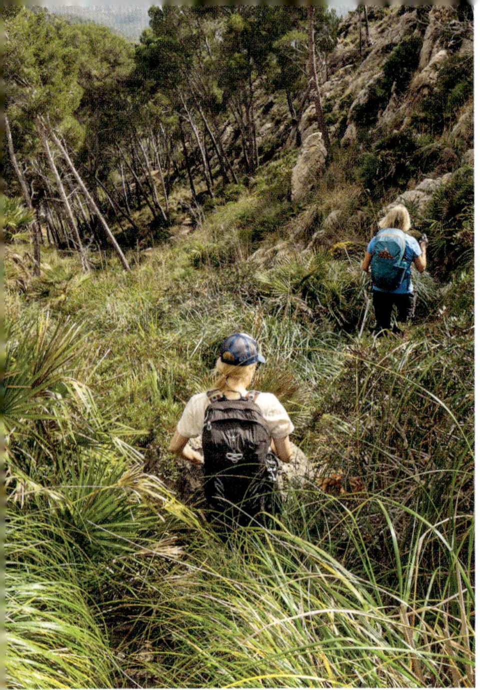
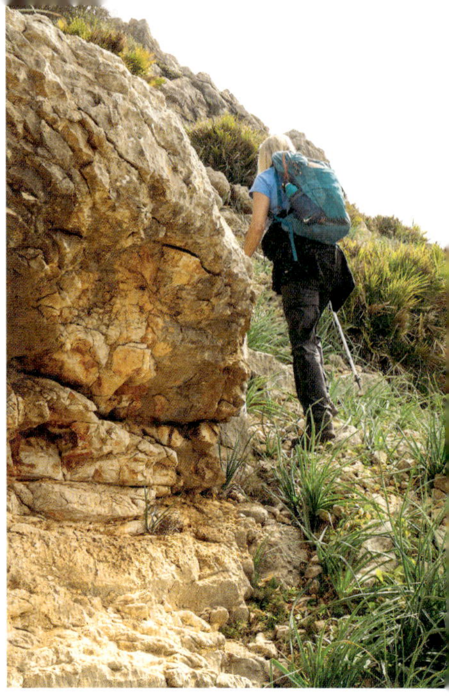

Dornginster. Der würzige Duft von Rosmarin und Kiefern wirkt wie ein Energiekick und verleiht dir beim Bergaufgehen Kraft. Denn nun kommt der 15-minütige Marsch zum Gipfel. Wundere dich nicht über neugierige Bergziegen. Bevor du den Aussichtspunkt erreichst, führt der Weg durch ein Dickicht mit Ginster. Dahinter liegt ein Felsvorsprung, der dich wie eine Treppe zum Gipfel hochführt. Oben angekommen wanderst du zwischen den Felsen am Wachturm Cala en Basset vorbei. Dort kannst du eine Trinkpause einlegen und die Aussicht bestaunen. Unten links ist Sant Elm mit seinem weißen Sandstrand zu sehen, und rechts liegt die Insel La Dragonera.

Der Weg führt durch abwechslungsreiches Gelände.

Bleibe auf diesem Weg und halte dich rechts. Schon bald kannst du im Norden die Serra de Tramuntana sehen. Nun kannst du dich an den Abstieg machen. Wenn du dich umdrehst, liegen die Berge zu deiner Linken. Nach wenigen Metern führt der Weg dann in Serpentinen 10 Minuten nach unten, bis die ersten Kiefern anzeigen, dass du die Baumgrenze erreicht hast. Hier wird der Wanderweg steiler und der Wald dichter: Koniferen weichen Farnen, Kirschbäumen und wilden Geranien. Die Luft ist frischer, und die Temperatur sinkt

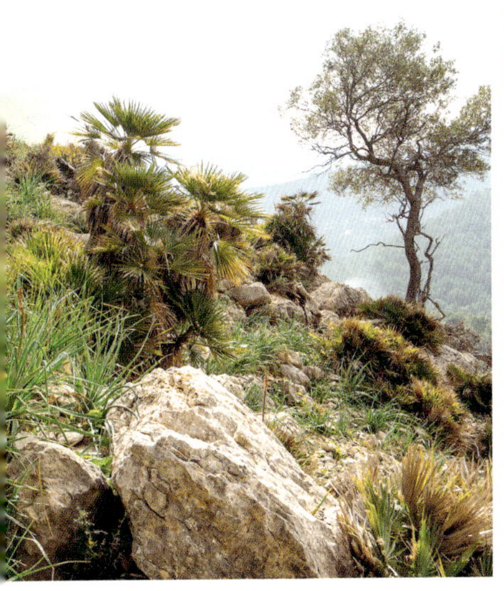

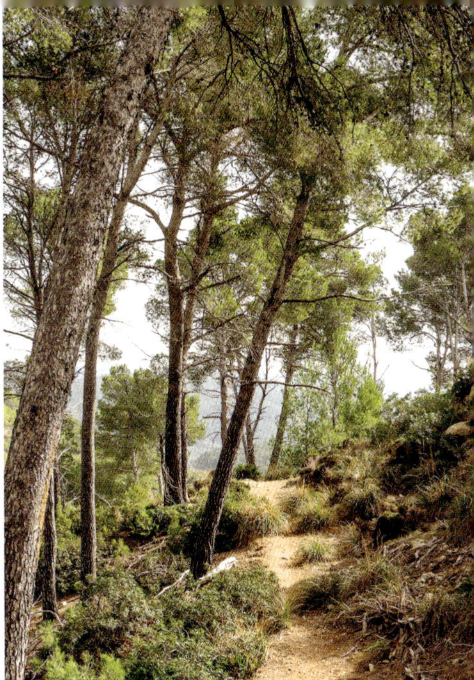

ein wenig, was recht angenehm ist nach der prallen Sonne am Gipfel. Ich mag es sehr, wenn die Temperaturen auf einer Wanderung variieren und es beim Abstieg kühler wird.

Nun führt der Weg durch dschungelartiges Gelände: Vögel zwitschern, Zikaden zirpen, und im Frühjahr wird man von zahllosen Schmetterlingen umflattert. Kräuter, Farne und andere Stauden gedeihen im dichten Grün, was kaum verwundert.

Nach 1–2 km stößt du wieder auf die asphaltierte Straße am Friedhof. Du bist am Ende der Wanderung, aber nicht deiner Kräfte. Im Gegenteil, du bist jetzt voll neuer Energie!

EINKEHR

Das Restaurant Can Babiloni Pescadería ist spezialisiert auf Fisch und Meeresfrüchte. Auf der tollen Terrasse kannst du eine Essens- oder Kaffeepause einlegen. Das Restaurant liegt an einem Kreisverkehr an der Avenida de Sant Elm, nahe dem Dorf S'Arracó. Telefonische Reservierung unter +34 628 13 60 38.

BESONDERES VOR ORT

Wer Zeit hat, kann hinunter zum Baden zum Strand von Sant Elm fahren und auch ein Eis bei Gelati Telmo essen. Das Haselnusseis ist ein Traum!
Wer sich für die Geschichte von Mallorca und für die Piraten interessiert, sollte das Militärmuseum San Carlos in Palma besuchen.
http://www.castillomuseosancarlos.com

7. RUND UM PEGUERA

Gemütliche Wanderung entlang schöner Badebuchten

Auf dieser Wanderung rund um das Städtchen Peguera startet man in urbaner Umgebung und kommt dann durch Wälder, spaziert an Stränden entlang, vorbei an Häfen und Aussichtspunkten, und das (fast) immer in Meeresnähe. Der Weg ist sandig. Unter deinen Füßen spürst du Kiefernzapfen und immer wieder mal ein paar Muscheln. Die Badebuchten und Strände auf deinem Weg geben dir reichlich Gelegenheit für ein erfrischendes Bad oder zum Sonnetanken. Diese Tour bietet eine Vielzahl an Möglichkeiten: Wandern und Picknick, Sonnenbad und Schwimmen, Sonnenauf- und -untergang. Die beste Wanderzeit ist frühmorgens oder gegen Abend. So meidest du die hohen Tagestemperaturen sowie die zahlreichen anderen Wanderer und Badegäste.

Lässt sich perfekt mit Sonne und Meer kombinieren.

START: Parkplatz gegenüber des Lidl-Supermarkts
HÖHENUNTERSCHIED: 301 m
WEGLÄNGE: 6 km
DAUER: 1 Stunde
SCHWIERIGKEITSGRAD: leicht/mittel
BESTE WANDERZEIT: Frühjahr, Herbst und Winter
ENTFERNUNG VON PALMA: 25 km (Auto: ca. 20 Minuten)
ANREISE: Taxi oder Bus 301 ab Palma bis zum Zentrum von Peguera

Scanne den QR-Code mit dem Smartphone.

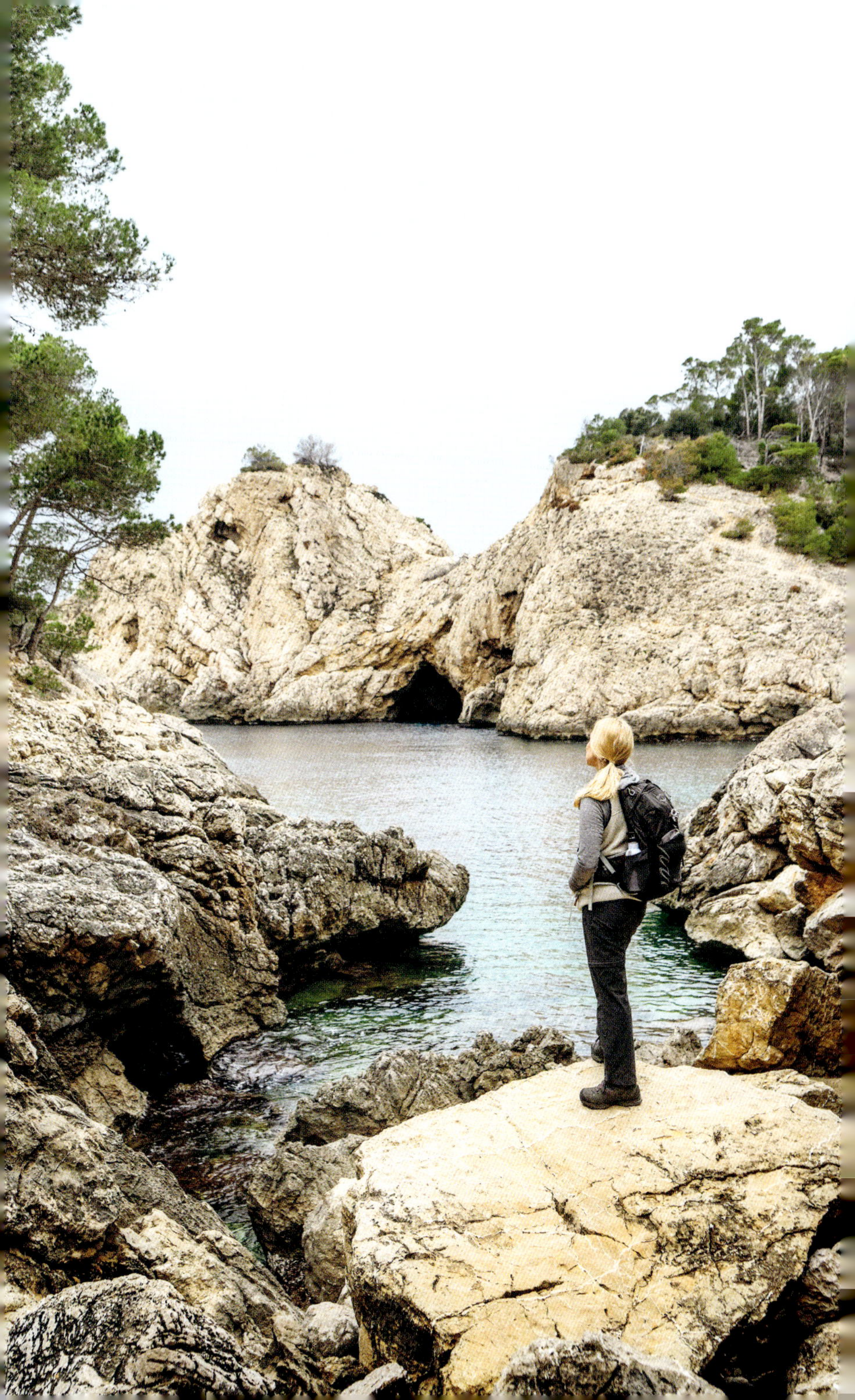

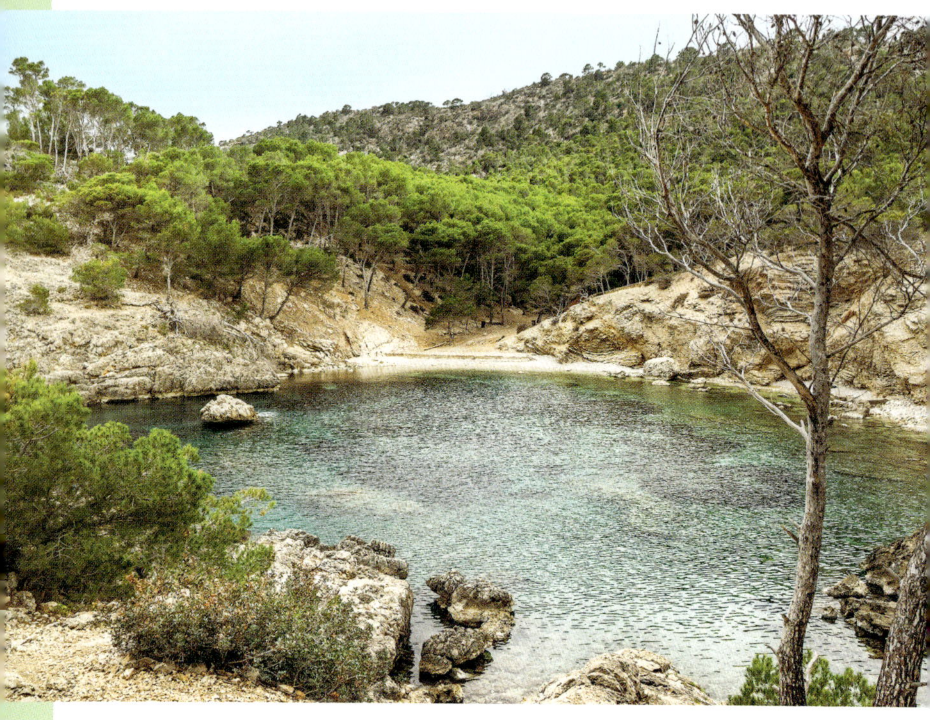

BESCHREIBUNG

Die Wanderung startet am Parkplatz gegenüber des Supermarkts. Nun folgst du dem Gehweg etwa 300 m hügelaufwärts, den Supermarkt zur Linken. Oberhalb von dir siehst du links einige Villen. Am Zebrastreifen überquerst du die Straße und folgst weiter einem Pfad, der in einen lichten Kiefernwald führt. Hier ist es recht windig: ein typischer Weg am Meer mit kleinen Wacholderbüschen, viel begangen und stark ausgetreten. Je tiefer du in den Wald hineingehst, desto stärker riechst du die salzige Meeresluft. Nach ungefähr 1 km wird der Weg breiter; hier begegnen dir auch öfter Jogger, Wanderer und andere Menschen auf dem Weg zur Badebucht Andritxol. In Meeresnähe lichten sich die Bäume. Schließlich öffnet sich der Pfad zu einem offenen Gelände mit Picknickbänken. Der Pfad führt weiter zu einem feinen Sandstrand, wo du dich im Meer erfrischen kannst. Das klare türkisblaue Wasser ist hufeisenförmig eingerahmt von Klippen. Links weist eine Treppe hinunter zum Strand.

»Unter deinen Füßen spürst du Kiefernzapfen.«

Die Wanderung führt weiter bergab zu einem ausgetrockneten Flussbett, das sich bei starkem Regen wieder mit Wasser füllen kann. Das Meer liegt nun rechts von dir. Überquere das Flussbett und folge dem Weg unter den Bäumen. Nach ein paar Minuten siehst du das Meer und die Klippen. Der Pfad verläuft circa 3 km durch einen Wald. Nach einem längeren Anstieg gelangt man an den Aussichtspunkt Cala Fornells. Auf der dahinterliegenden Halbinsel steht ein weißes Haus. Hier kannst du den Blick über die Bucht und das Städtchen Santa Ponsa schweifen lassen.

Nun biegt der Weg nach links ab. Nach ein paar Hundert Metern, das Meer ist nach wie vor rechterhand, säumen nun statt der Bäume Häuser links den Weg. Weiter geht es vorbei an windzerzausten Kiefern und stattlichen Aloe-vera-Pflanzen, bis du schließlich den Strand von Caló de Ses Llisses erreichst.

Nun ändert sich der Charakter der Wanderung: Du befindest dich nicht mehr inmitten der Natur, sondern läufst durch bebautes Gebiet. Du folgst dem Gehweg entlang der Straße bis

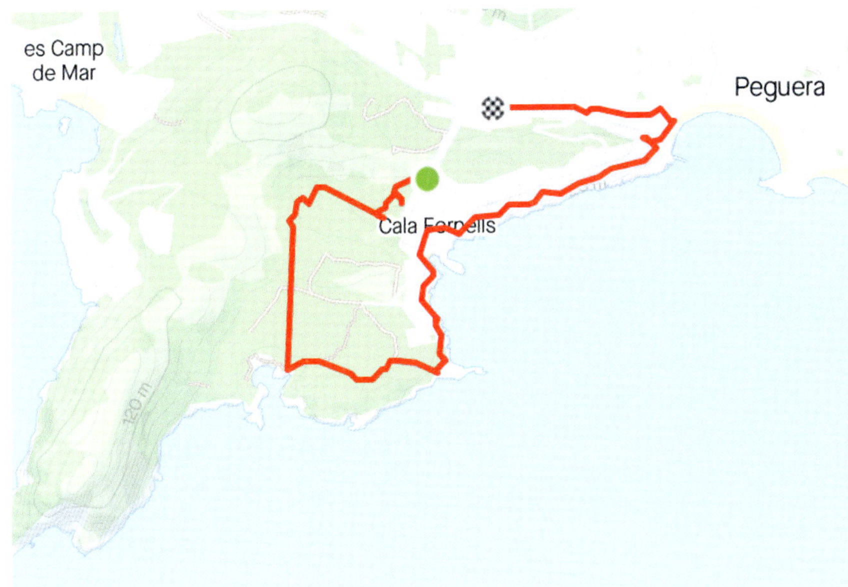

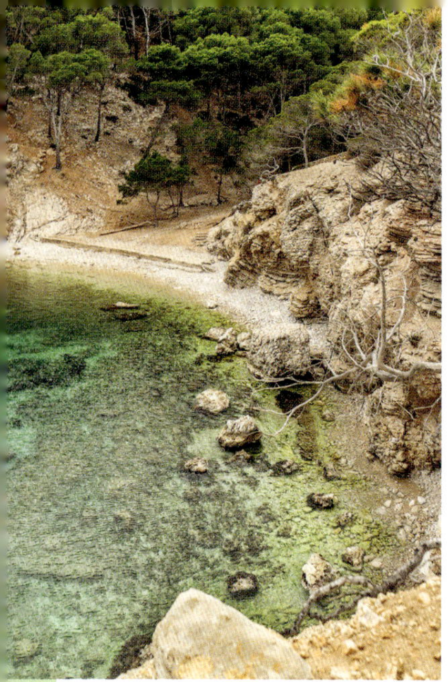

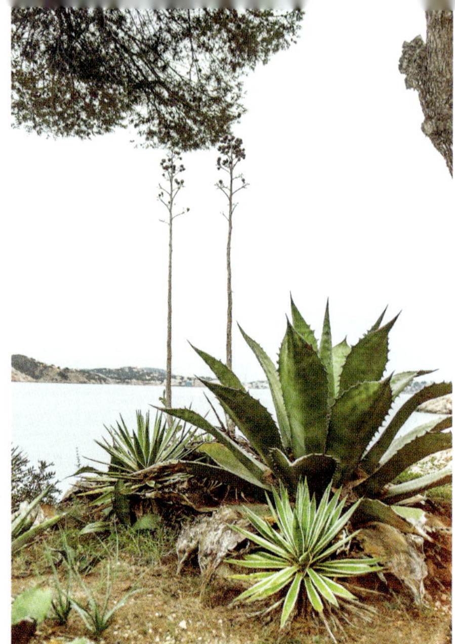

zum Seniorenparadies Costa de Fornells, wo es reichlich Apartmenthotels und kleinere Anwesen mit atemberaubendem Meerblick gibt. Kaum verwunderlich, dass so viele Leute ihren Lebensabend hier verbringen möchten.

In einer scharfen Linkskurve wird eine Treppe zum Meer sichtbar. Gehe hinunter zur Strandpromenade, nach etwa 100 m steigst du wieder hinauf zum Bulevar de Peguera. Nun sind es nur noch zehn Minuten bis zum Startpunkt der Tour. Am Bulevar gibt es reichlich Geschäfte und Restaurants. Hier fahren auch Busse und Taxis nach Palma ab.

EINKEHR

Am Strand von Peguera kannst du schwimmen oder dich im Café Jerome am Bulevar de Peguera stärken.

BESONDERES VOR ORT

Dienstag ist Markttag in Peguera: Verkauft werden regionale Produkte, Antiquitäten, Kleidung und Krimskrams.

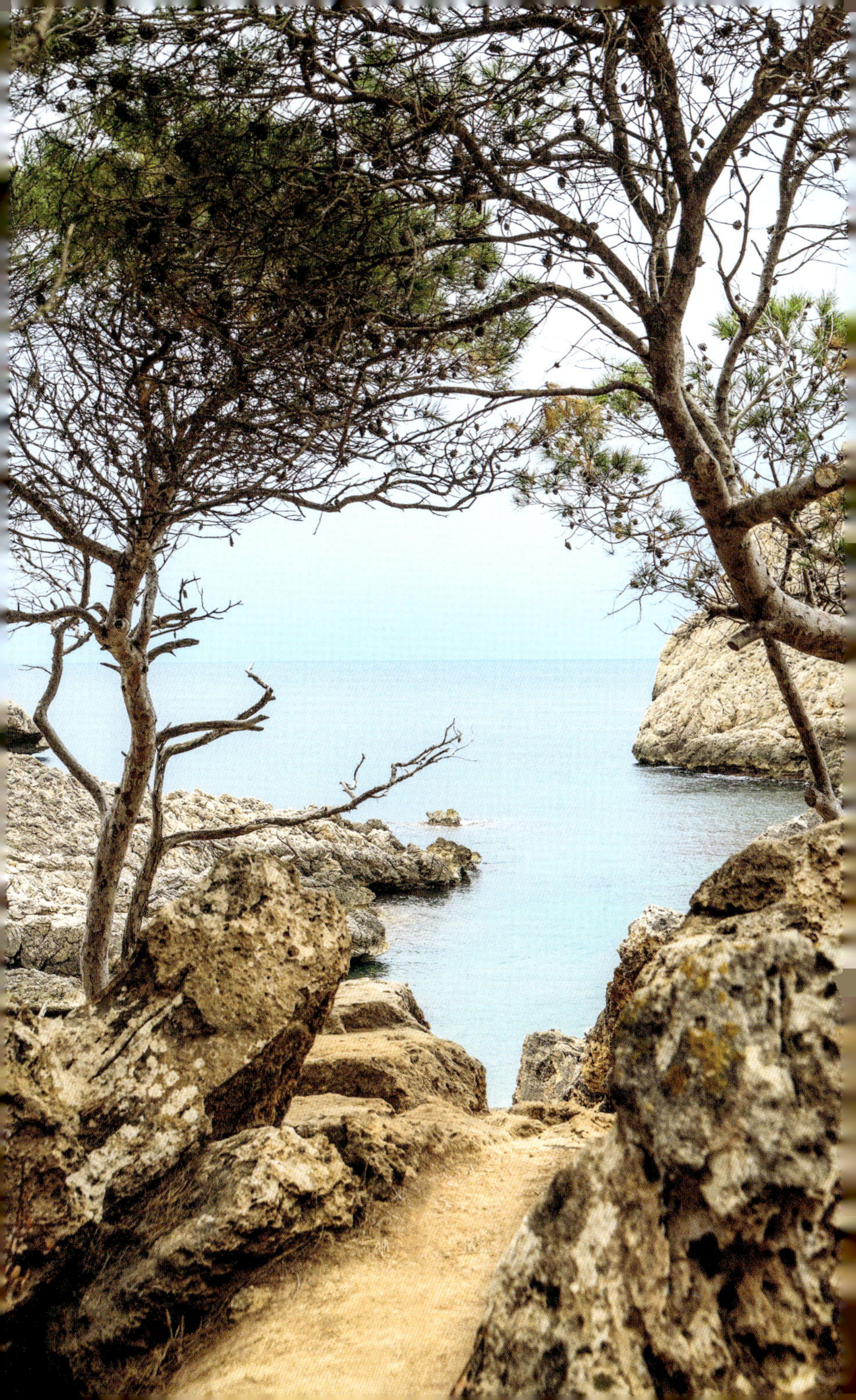

8. VON DEIÀ NACH SÓLLER

Zwischen Wolken, Meer und herrlichen Olivenhainen

Auf dieser Wanderung mit ihren vielen grandiosen Ausblicken fühlt man sich gleich dem Himmel näher. Die Strecke verläuft auf Pfaden entlang des Meeres, vorbei an Zitrusbäumen, Kiefern und Palmen. Mächtige Felsformationen wechseln sich ab mit idyllischen Buchten, wobei einen der Kontrast zwischen blauem Meer, grauen Klippen, üppiger grüner Vegetation und azurblauem Himmel schon mal überwältigen kann. Die Tour endet schließlich in einem Tal mit weidenden Schafen, hübschen Häusern und jahrhundertealten Oliven- und Mandelbäumen.

START: Parkplatz bei S'Empeltada in Deià
HÖHENUNTERSCHIED: 390 m
WEGLÄNGE: 13 km
DAUER: 3,5 Stunden
SCHWIERIGKEITSGRAD: mittel
BESTE WANDERZEIT: Frühjahr, Herbst und Winter
ENTFERNUNG VON PALMA: 34 km (Auto: ca. 50 Minuten; Bus: ca. 70 Minuten)
ANREISE: Mit dem Auto fährt man direkt zum Startpunkt an der Casa de Robert Graves. Am Ziel der Wanderung nimmt man den Bus ab Sóller zurück zum Auto. Oder man fährt mit dem Bus 203 von Palma nach Deià und steigt an der Haltestelle S'Empeltada oder in Deià aus. Von dort aus gelangt man zu Fuß in 5–7 Minuten zur Casa de Robert Graves, dem Startpunkt der Tour.

Scanne den QR-Code mit dem Smartphone.

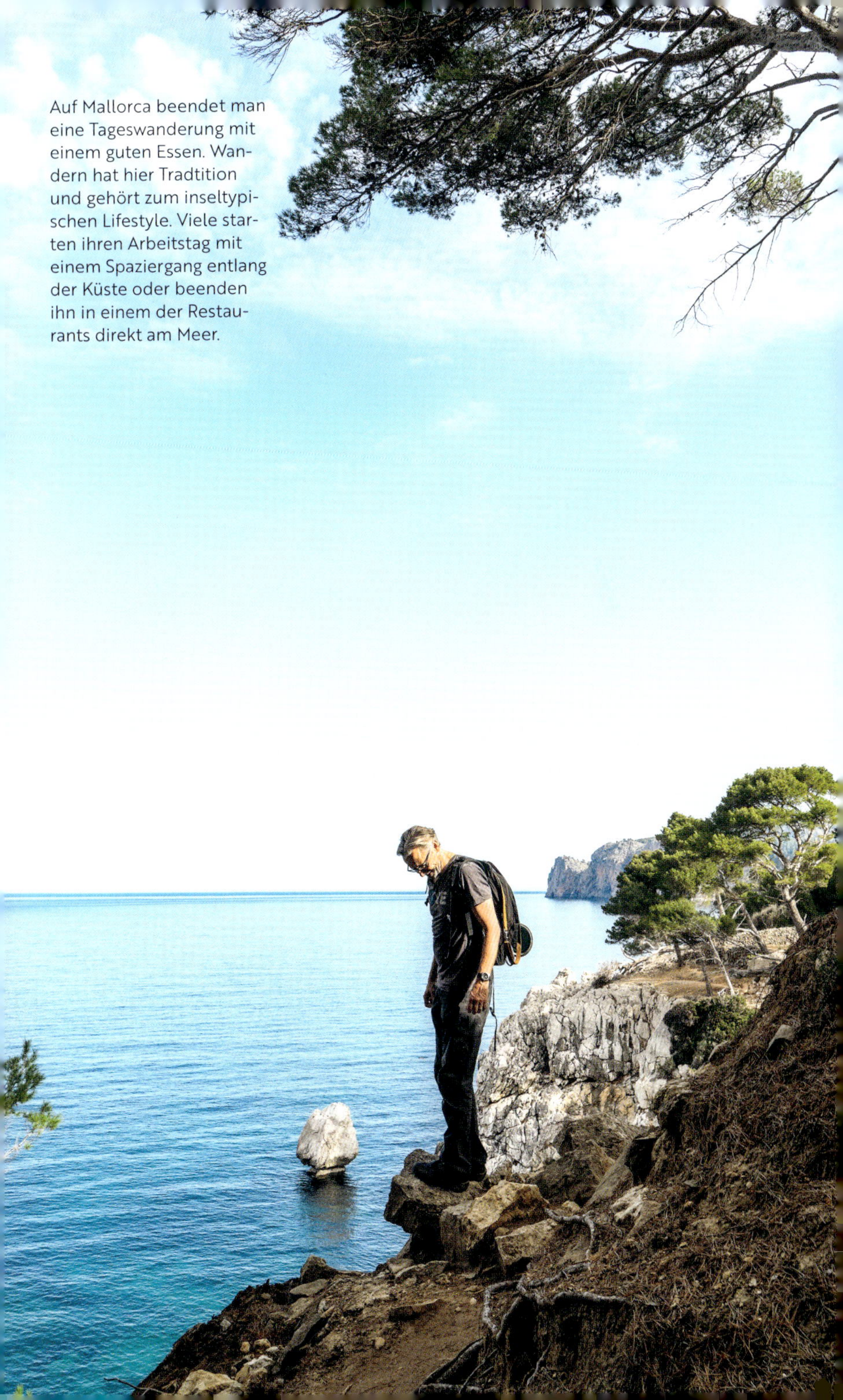

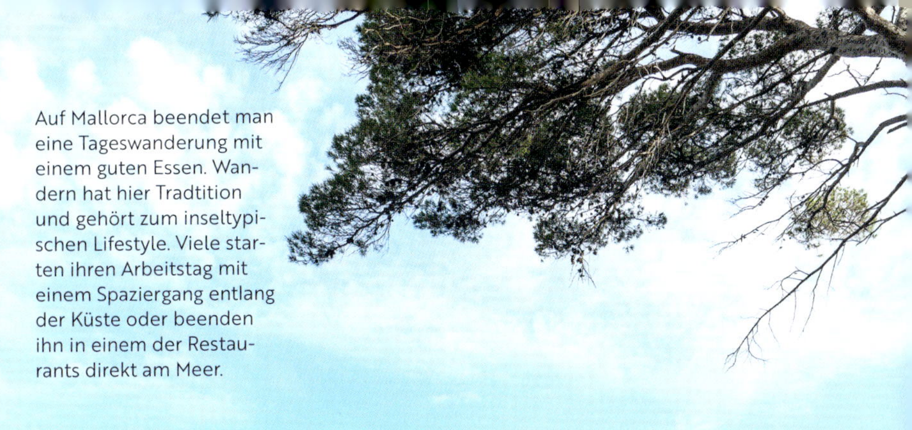

Auf Mallorca beendet man eine Tageswanderung mit einem guten Essen. Wandern hat hier Tradtition und gehört zum inseltypischen Lifestyle. Viele starten ihren Arbeitstag mit einem Spaziergang entlang der Küste oder beenden ihn in einem der Restaurants direkt am Meer.

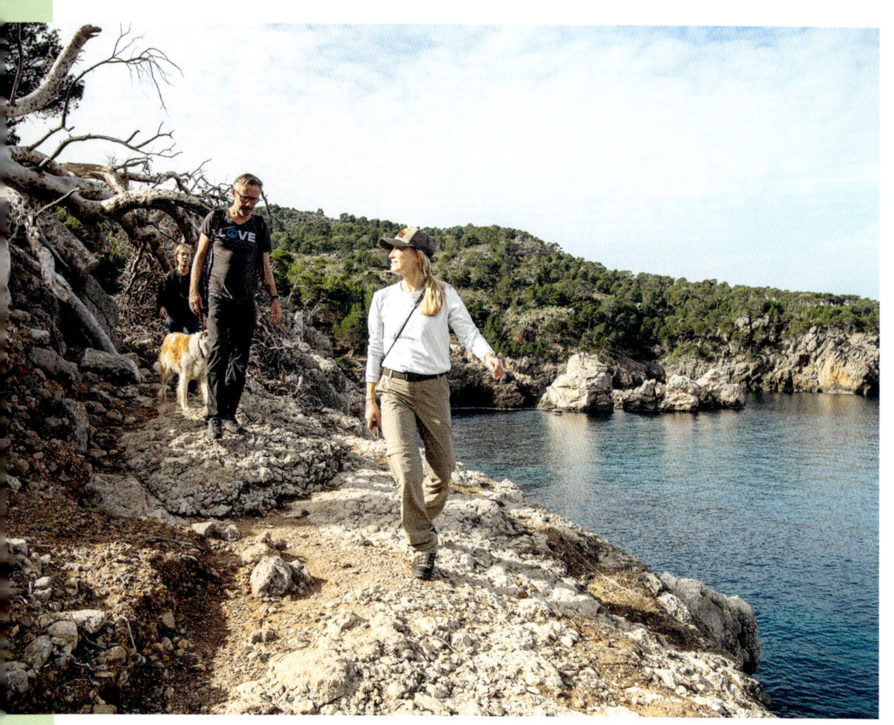

Der Wanderweg verläuft auf der alten Straße zwischen den Dörfern Deià und Sóller, einer historischen Handelsroute. Heute gehört er zum GR221, der sogenannten La Ruta de Pedra en Sec. In den vergangenen Jahren wurde er von der Kommune an einigen Stellen restauriert, sodass gefährliche Stellen nun durch ein Geländer gesichert sind. Auch der Weg selbst wurde ausgebessert. Zwischen Deià und Sóller gibt es zwei Wegverbindungen. Unsere Route wird unterer Weg genannt. Der obere Weg ist bekannter und wird von vielen bevorzugt, weil er Teil des GR221 ist, also des Wanderwegs über die Serra de Tramuntana. Der untere Weg ist weniger stark begangen und liegt näher am Meer – was ich bevorzuge, da hier die Ausblicke auf die Landschaft mit ihren Mauern, Brücken, Wiesen und Buchten spektakulär sind.

Die Wanderung mag erst mal leicht erscheinen, sie bietet aber auch hügelige Teilstrecken – für alle, die die Abwechslung lieben.

BESCHREIBUNG

Wandern mit Freunden tut so richtig gut: Du kannst dich in Ruhe austauschen über die Dinge, die dich im Leben gerade bewegen, und über deine Gefühle sprechen. In der Natur entspannt man sich automatisch und redet offener miteinander, da man nicht vom Alltagsgeschehen abgelenkt wird.

Ich starte gern im friedlichen Bergdorf Deià und laufe hinunter zum Strand ins lebhaftere Sóller, denn dort wartet am Ende meiner Wanderung eine Einkehr mit Mittagessen und Kaffee. Du kannst natürlich auch andersherum laufen, wenn du willst.

Nimm in Palma den Bus nach Port de Sóller und steige an der Casa de Robert Graves am Dorfrand aus. Hier, an dem ehemaligen Haus des britischen Literaten Robert Graves, geht die Wanderung los. Der Weg führt hinunter bis zum Meer. Nach etwa 70 m siehst du an einem hölzernen Zauntritt rechts ein Schild, das den Weg nach Sóller anzeigt. Klettere über den Zauntritt und gehe hoch Richtung Wald. Du stehst auf einer Schaf- und Ziegenweide, und wahrscheinlich siehst oder hörst du auch einige ihrer Bewohner. Nach drei gemütlich ansteigenden Kilometern lichten sich die Bäume, und du erreichst ein Plateau, von wo aus du das Meer siehst. Das Dorf Deià liegt

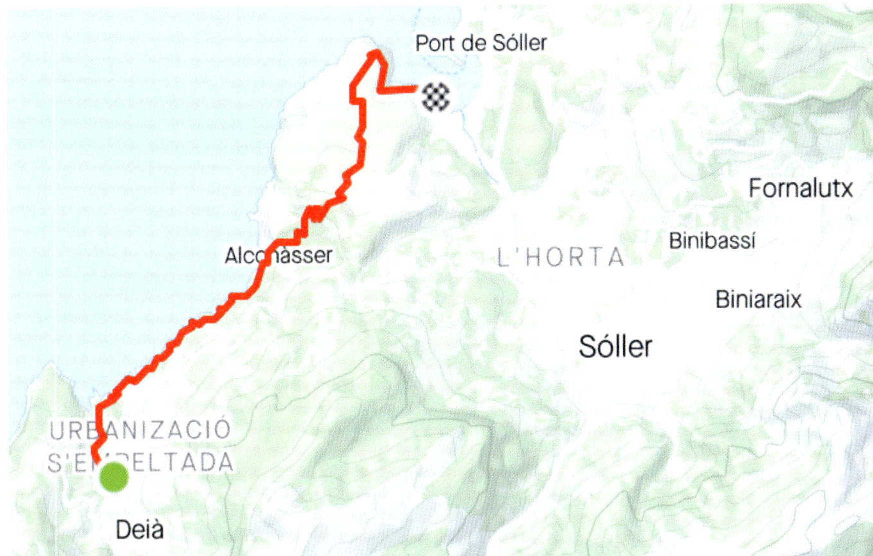

links unten. Ab hier verläuft der Weg parallel zum Meer, in 50 m Höhe. Rechts siehst du die Wälder der Serra de Tramuntana. Wenn du dich umdrehst, kannst du im Norden den Gipfel des Puig Major (1436 m) erkennen.

Nun geht es rund 30 Minuten am Meer entlang, mit den Bergen zur Rechten und den teils steil abfallenden Klippen zur Linken. Anschließend biegt der Weg landeinwärts Richtung Berge ab – hier passiert man einige Stellen, die steil zum Meer hin abfallen. Sie sind allerdings mit einem Geländer gut gesichert. Weiter geht es durch ein Waldgebiet und dann über einen spärlich bewachsenen Bergrücken an der Bucht von Alconàsser. Rechts siehst du eine hohe Mauer, die eine große Finca umschließt. Der Pfad biegt nun scharf nach links auf einen Fußweg. Dieser führt hinunter zum Meer. Die Einwohner von Alconàsser kommen gern zum Schwimmen an diesen Ort. Man kann sogar mit einem kleinen Boot hier ankern. Über eine Strecke von 1 km verläuft der Pfad erneut bergauf.

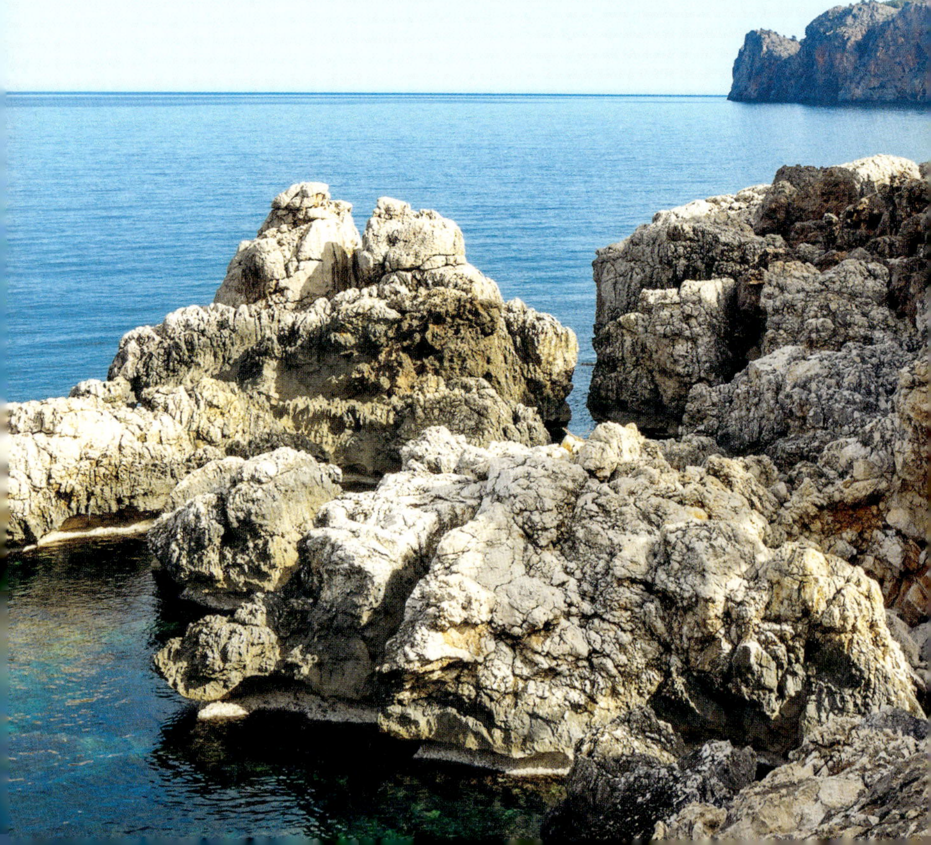

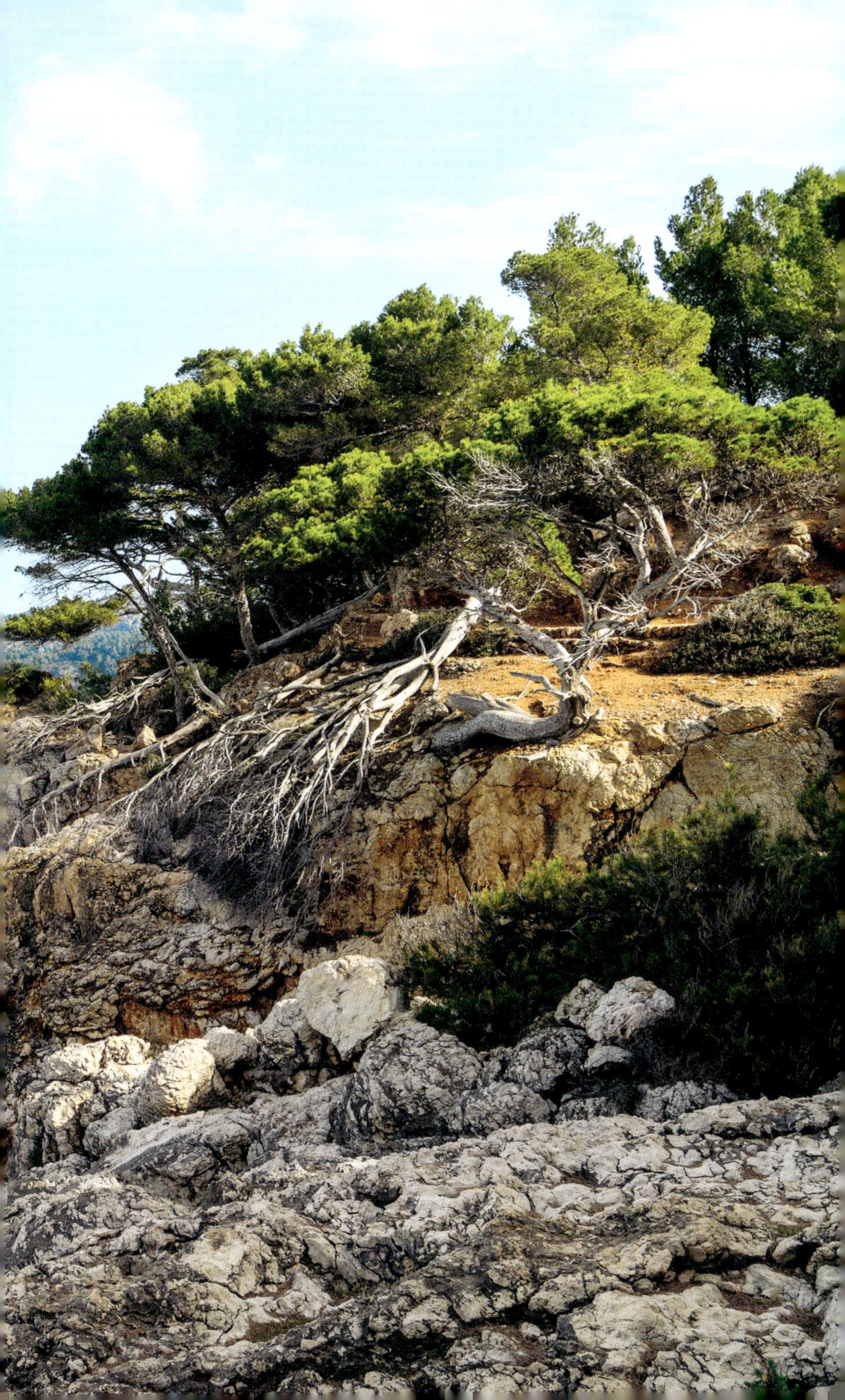

Plötzlich steht man in einem Tal mit Schafweiden, Olivenhainen und Feldern beidseits des Weges. Hier wirst du ein paar fantastische Anwesen entdecken. Nach 1 oder 2 km siehst du einen Wegweiser zum Refugi de Muleta. Dort kannst du dich mit einer kleinen Brotzeit oder einem Kaffee stärken. Diese Berghütte bietet auch Übernachtungsmöglichkeiten für bis zu 30 Wanderer (im Voraus reservieren). Zur Linken liegen nun Weiden mit Kühen, Schafen und Ziegen. Der von Rosmarin- und Salbeisträuchern, Johanniskrautpflanzen, Kreuzdornbüschen und Mandelbäumen gesäumte Weg führt bergauf. Mit etwas Glück entdeckst du auch eine Orchidee.

Nach rund 4 km erreichst du das Refugi de Muleta, ein 1912 vom Militär errichtetes Steingebäude, das bis 1956 als Telegrafenstation genutzt wurde. Später wurde es von der Kommune restauriert, um Wanderern auf dem GR221 eine Unterkunft zu bieten. Es empfiehlt sich, hier eine Pause einzulegen, denn es gibt u. a. fantastischen frisch gepressten Orangensaft.

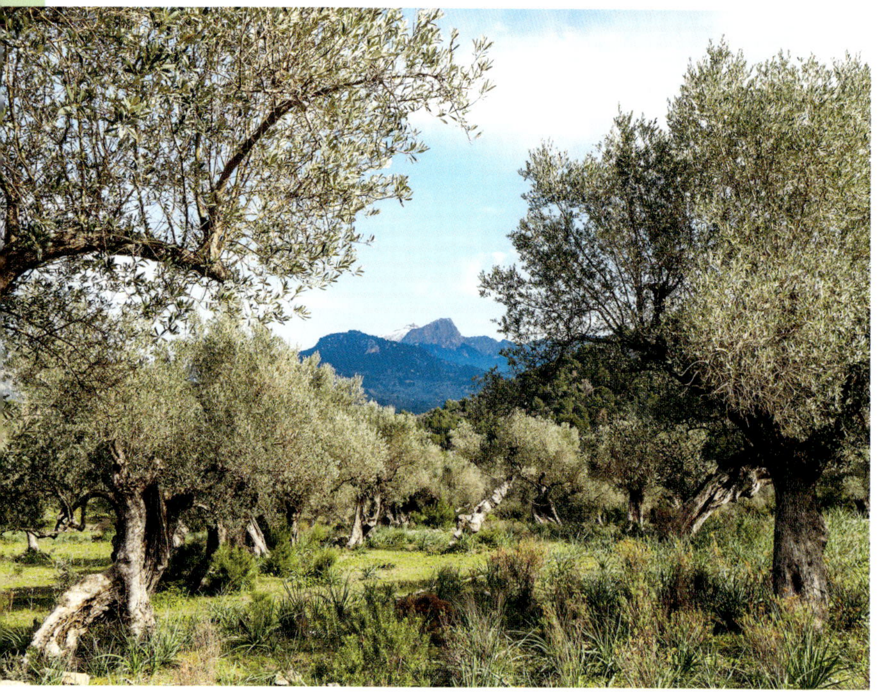

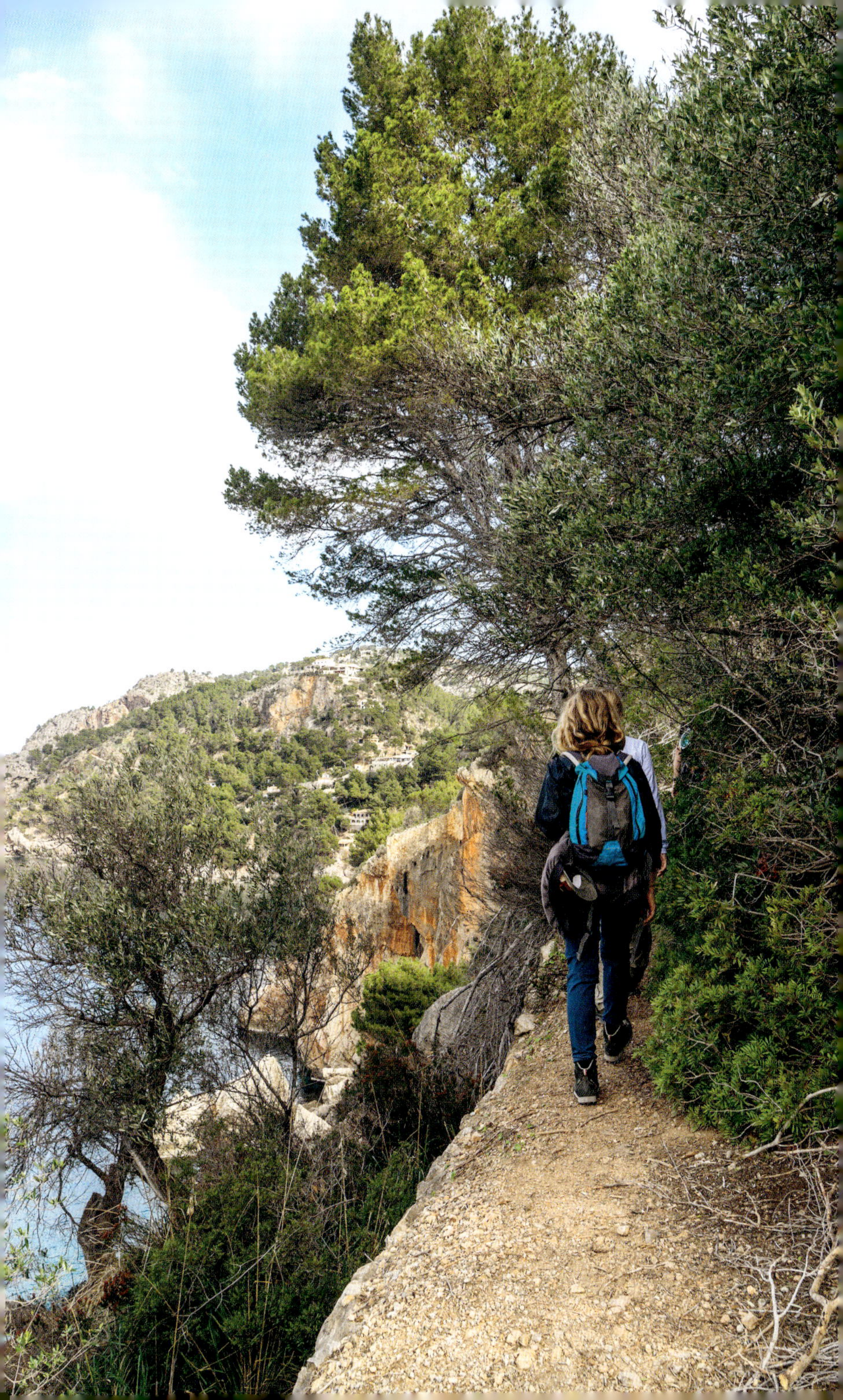

Ab hier windet sich der Pfad über 500 m bergab bis nach Port de Sóller. Ab dem Leuchtturm Far del Cap Gros (zur Linken) verläuft der Weg wieder eben. Gehe noch 200 m weiter bis zur asphaltierten Straße, die durch eine Mauer vom Meer getrennt wird. Es bietet sich ein toller Ausblick auf den Strand des Dorfes Port de Sóller, während im Hintergrund die Berge der Tramuntana aufragen. Auf dem schmalen Gehweg neben der Straße führt die Wanderung vorbei an Häusern, Restaurants und Geschäften. Nach rund 1 km erreichst du den Strand, wo du deine Wanderschuhe ausziehen und barfuß durch den Sand laufen oder die Füße ins Meer tauchen kannst. ⊕

EINKEHR

Lass dir zum Abschluss im beliebten Restaurant Patiki Beach am Rand der Bucht von Port de Sóller ein Mittagessen schmecken. Patiki verwendet nur ausgewählte lokale Produkte und serviert die Gerichte liebevoll angerichtet. Farm to Table – direkt am Strand!
www.patikibeach.com

BESONDERES VOR ORT

Fet a Sóller produziert fantastisches Eis aus regionalen Zutaten.
www.fetasoller.com

Fahre mit dem berühmten Holzzug vom Strand hoch in das Bergdorf Sóller und schlendere durch den Ort. Du kannst dort auch das Museum Sala Picasso y Sala Miró besuchen, wo die Künstlerfreunde Joan Miró und Pablo Picasso im Sommer gemeinsam malten.

Wer exklusiver dinieren möchte, hat es nicht weit zum Sternerestaurant Béns d'Avall. Einen Tisch muss man allerdings lang im Voraus reservieren.
www.bensdavall.com

Wenn du dich für Geschichte interessierst, solltest du Son Marroig, die Residenz des Erzherzogs, besichtigen (Informationen S. 104 – Der Reitweg des Erzherzogs). Das Herrenhaus ist ein Museum; es steht ca. 15 km von Sóller entfernt, Richtung Deià. Auf der Terrasse kann man einen Drink nehmen.
www.sonmarroig.com

Fusion Food aus Sri Lanka und Spanien gibt es im Nama, einem meiner Lieblingsrestaurants in Deià. Um den unglaublichen Ausblick genießen zu können, solltest du einen Tisch reservieren.
www.restaurantnama.com

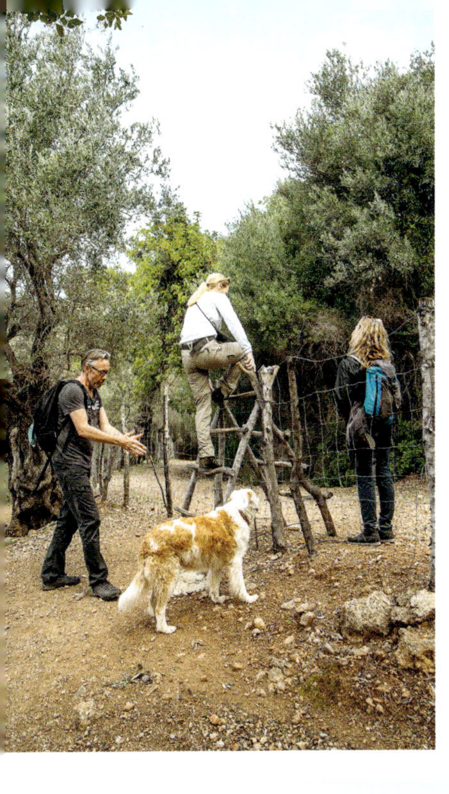

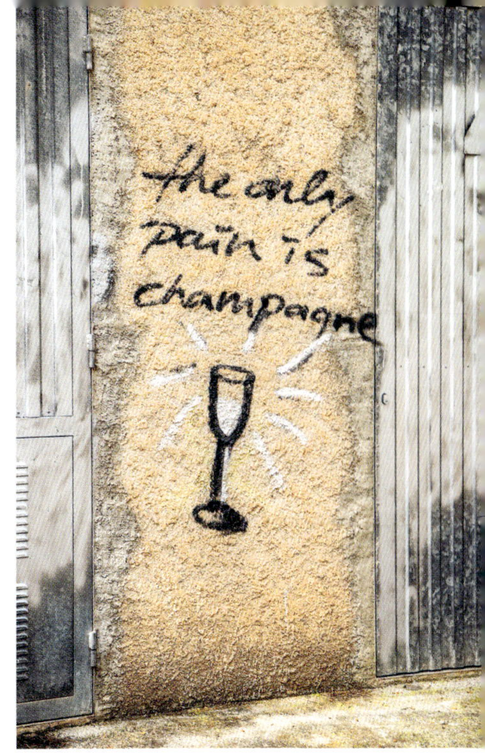
the only
pain is
champagne

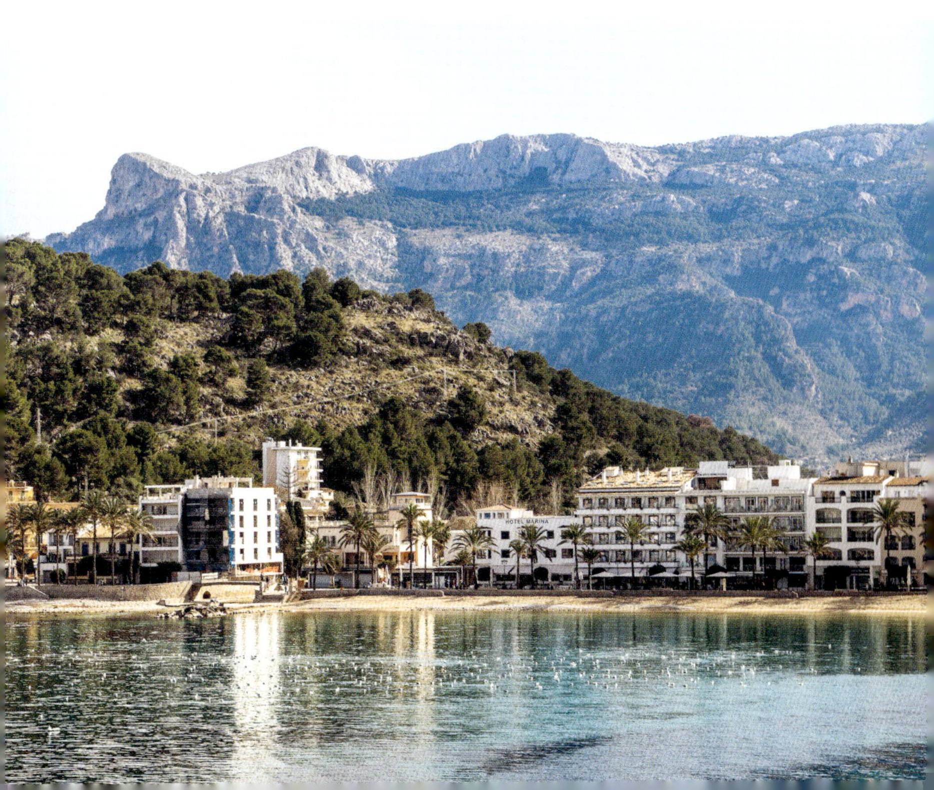

DIE SERRA DE TRAMUNTANA

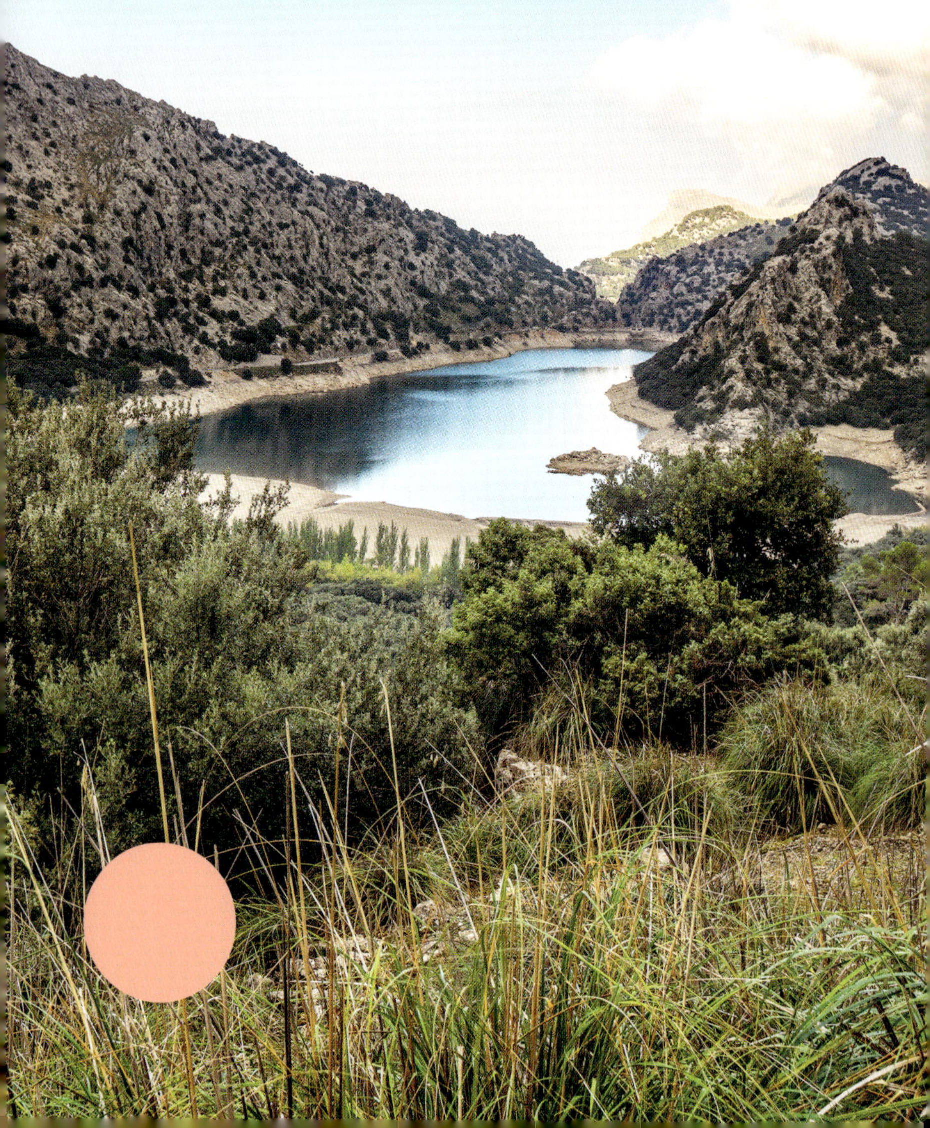

Eine Wanderung der Spitzenklasse durch Mallorcas Welterbestätte

OBWOHL MALLORCA EINE INSEL IST, gibt es hier viele abwechslungsreiche Wanderrouten. Die spektakulärsten Trails führen durch die Serra de Tramuntana bei Palma. Die Berge ziehen rund ums Jahr Tausende von Wanderern an, während die Serpentinen ein Eldorado für Radfahrer sind: Die legendären Steigungen stehen auf der To-do-Liste jedes Radsportlers, der was auf sich hält. Viele Nationalteams trainieren hier im Frühling, Herbst und Winter, weshalb du damit rechnen musst, öfter überholt zu werden.

Mit ihrem Farben- und Formenreichtum, den zerklüfteten Gipfeln, den sich scheinbar der Schwerkraft widersetzenden Felsvorsprüngen und den surrealen Karstformationen beherrscht die Bergkette die Nordküste der Insel. Die Serra ist ein majestätisches Bergreich mit Kiefern, Zypressen, Steineichen, Olivenbäumen und einer Blumenpracht, die ihren Höhepunkt im späten Winter und zeitigen Frühjahr hat. Eine Vielzahl der Wege in der Tramuntana stammt bereits aus dem Mittelalter, als das Land in große Anwesen aufgeteilt war. Sie waren den Adligen nach der Vertreibung der Mauren geschenkt worden. In den Bergen wurden früher Holzkohlemeiler und Kalköfen errichtet, sommers ließ man hier das Vieh weiden, und in Kriegs- und Notzeiten dienten die Berge als Rückzugsgebiet. Piraten und Schmuggler zogen im Dunkel der Nacht auf einem Netzwerk an Küstenpfaden entlang, um den Steuern und Abgaben zu entkommen, die erst der Adel und später die Regierung erhoben. Dieses Wegenetzwerk heißt heute GR221: Es beginnt südlich von Port d'Andratx und endet im Norden der Stadt Pollença. Die Strecke beträgt 135 km. Um sie ganz zu erwandern, braucht man 7–8 Tage.

Die UNESCO zeichnete die Serra de Tramuntana aufgrund ihrer Einzigartigkeit als Welterbestätte aus.

9. VON ESPORLES BIS BANYALBUFAR

Mittelalterlichen Postboten auf der Spur

Der Camí des Correu, so die Bezeichnung des alten Postwegs auf Mallorca, ist ein beliebter Abschnitt des GR221. Der Name rührt aus dem Mittelalter, als Händler und Postboten auf ihm bequem zwischen den Dörfern Banyalbufar an der Küste und Esporles in den Bergen reisen konnten. In einem Reiseblog erzählt ein Wanderer, dass er auf diesem Weg immer an das Buch *Ardiente*

START: La Granja bei Esporles
HÖHENUNTERSCHIED: 450 m
WEGLÄNGE: 8 km
DAUER: 2,5 Stunden
SCHWIERIGKEITSGRAD: leicht
BESTE WANDERZEIT: Frühjahr, Frühsommer und Herbst
ENTFERNUNG VON PALMA: 21,5 km (Auto: 25 Minuten; Bus: 35 Minuten)
ANREISE: Per Auto, Taxi oder Bus 202 ab Palma. Der Bus verkehrt unregelmäßig: Abfahrtszeiten vorher prüfen. Oder nimm in Banyalbufar ein Taxi zurück nach Palma. Es ist schwieriger, ein Taxi in Esporles zu bekommen, weshalb es sinnvoll ist, Richtung Banyalbufar zu wandern.

Scanne den QR-Code mit dem Smartphone.

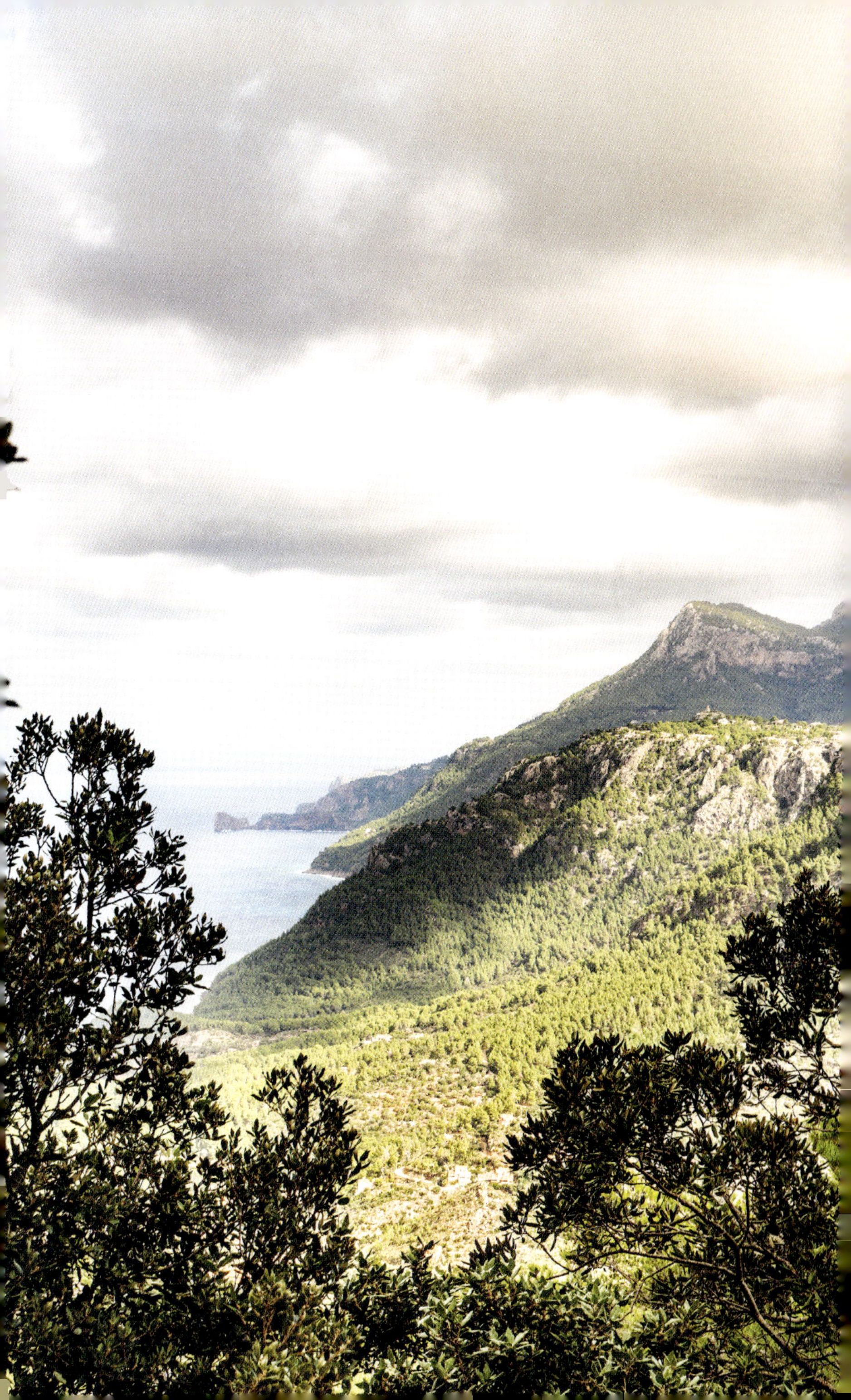

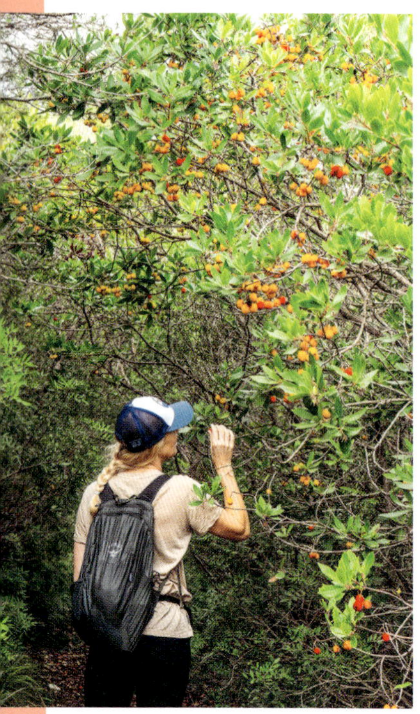

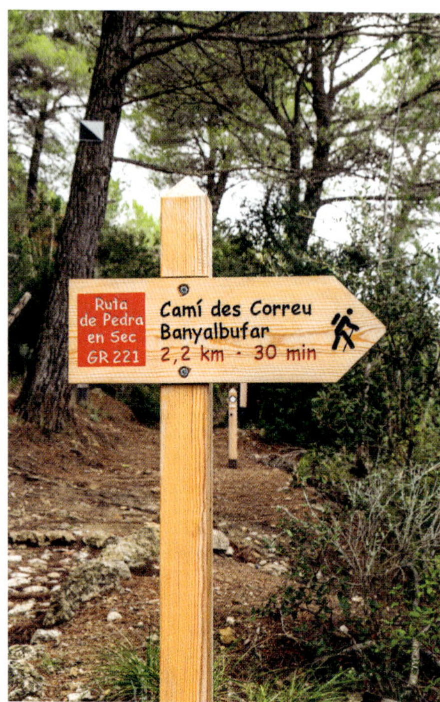

Paciencia (Mit brennender Geduld) des chilenischen Autors Antonio Skármeta denken müsse. Das Buch handelt von der Freundschaft zwischen einem jungen Briefträger und dem Dichter Pablo Neruda. Es erzählt, wie der junge Mann eine kurvenreiche Straße, die zum abgelegenen Haus von Neruda führt, bewältigen muss, um diesem die Briefe seiner dankbaren Leserschaft zu bringen. Im Gegenzug weiht ihn der berühmte Dichter in die Geheimnisse der Poesie ein, die der junge Mann dann erfolgreich einsetzt, um das Herz seiner Angebeteten zu erobern.

Der Camí des Correu kann in beide Richtungen begangen werden, wobei ich lieber in Esporles starte und nach Banyalbufar an der Küste wandere. Der einfache Wanderweg führt durch Eichenwälder an alten Steinmauern entlang und vorbei an Stellen, an denen früher Holzkohlemeiler standen. Hie und da lichtet sich die Vegetation und erlaubt einen Blick über die Serra de Tramuntana und die terrassierten Hänge. Entlang der Straße stehen Erdbeerbäume. Sie sind nicht sehr hoch gewachsen und ähneln eher großen Büschen mit weißen Blüten und Früchten, die anfangs gelb sind, dann orange und sich schließlich rot färben. Die Früchte sind recht empfindlich und werden deshalb kaum in den Läden verkauft. Solltest du welche entdecken, dann probiere sie auf jeden Fall!

BESCHREIBUNG

Die Wanderung beginnt am Parkplatz von La Granja, einem großen Anwesen. Das Landgut stammt aus dem 10. Jahrhundert und war der private Wohnsitz eines Grafen, später ein Mönchskloster und Wohnsitz verschiedener Händlerfamilien, bis es der heutige Besitzer Cristóbal Seguí Colom mit seiner Familie im Jahre 1968 kaufte und in ein Freilichtmuseum umwandelte. Die Idee dazu kam ihm nach einem Besuch des Freilichtmuseums Skansen in Stockholm. Das Anwesen liegt ziemlich abgeschieden, ist nicht sehr bekannt und kann besichtigt werden.

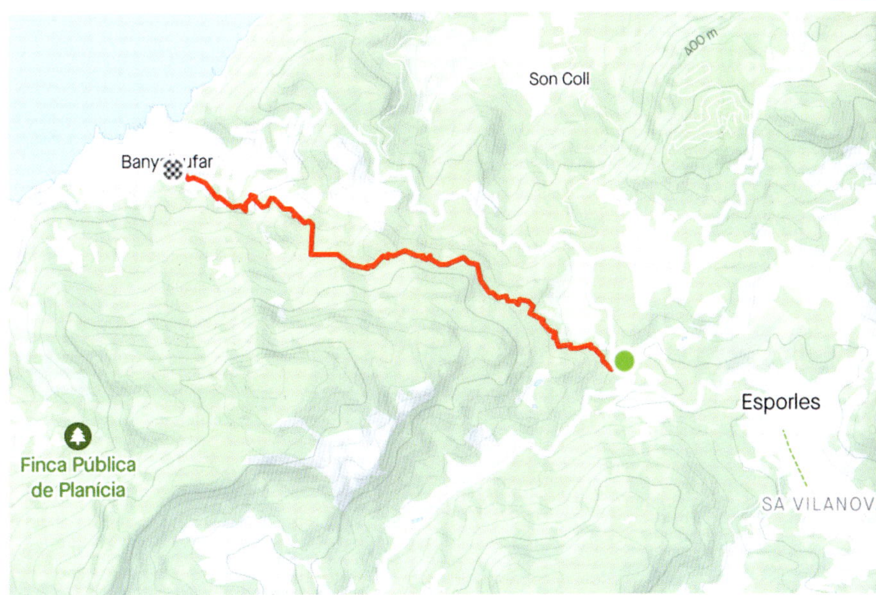

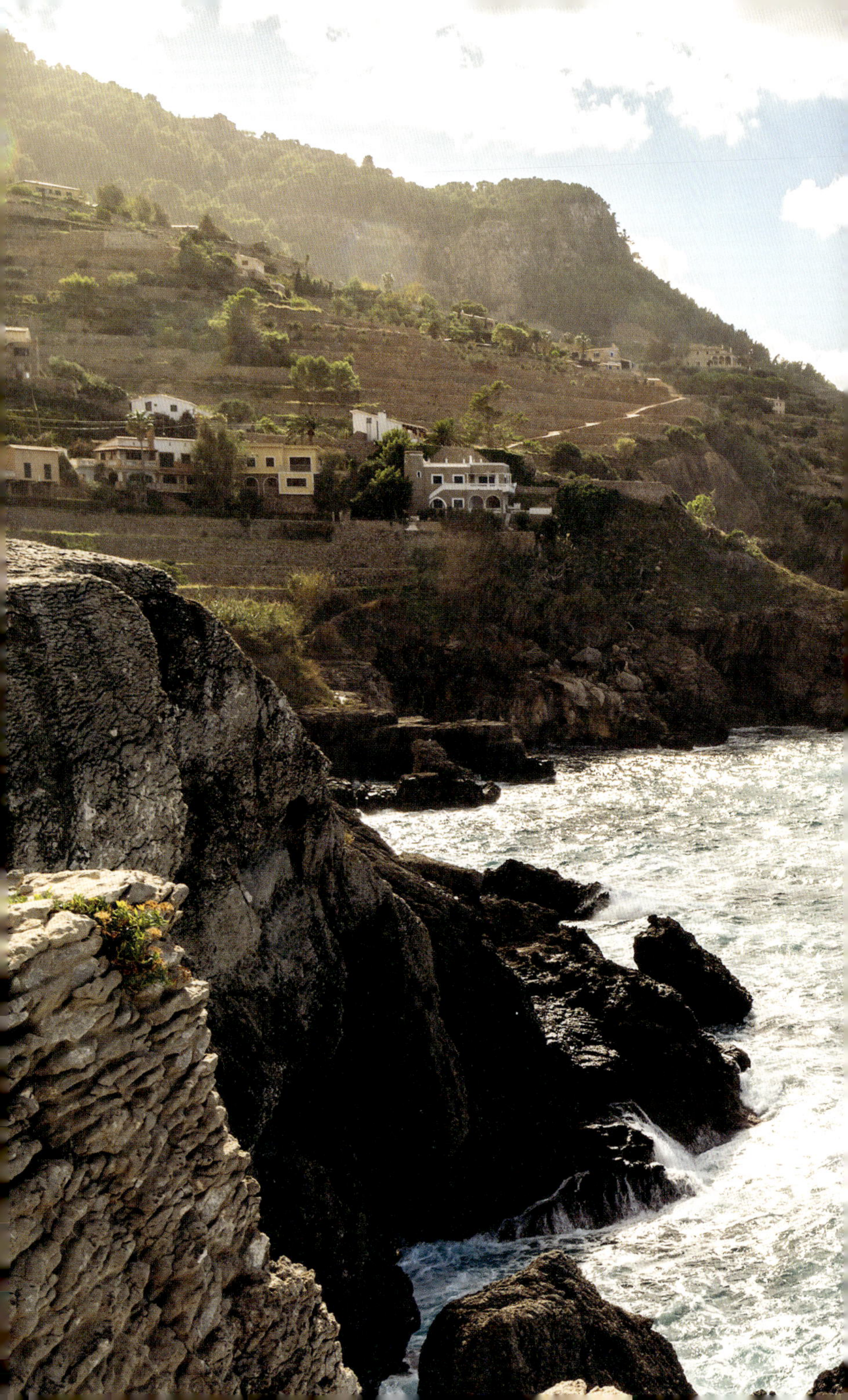

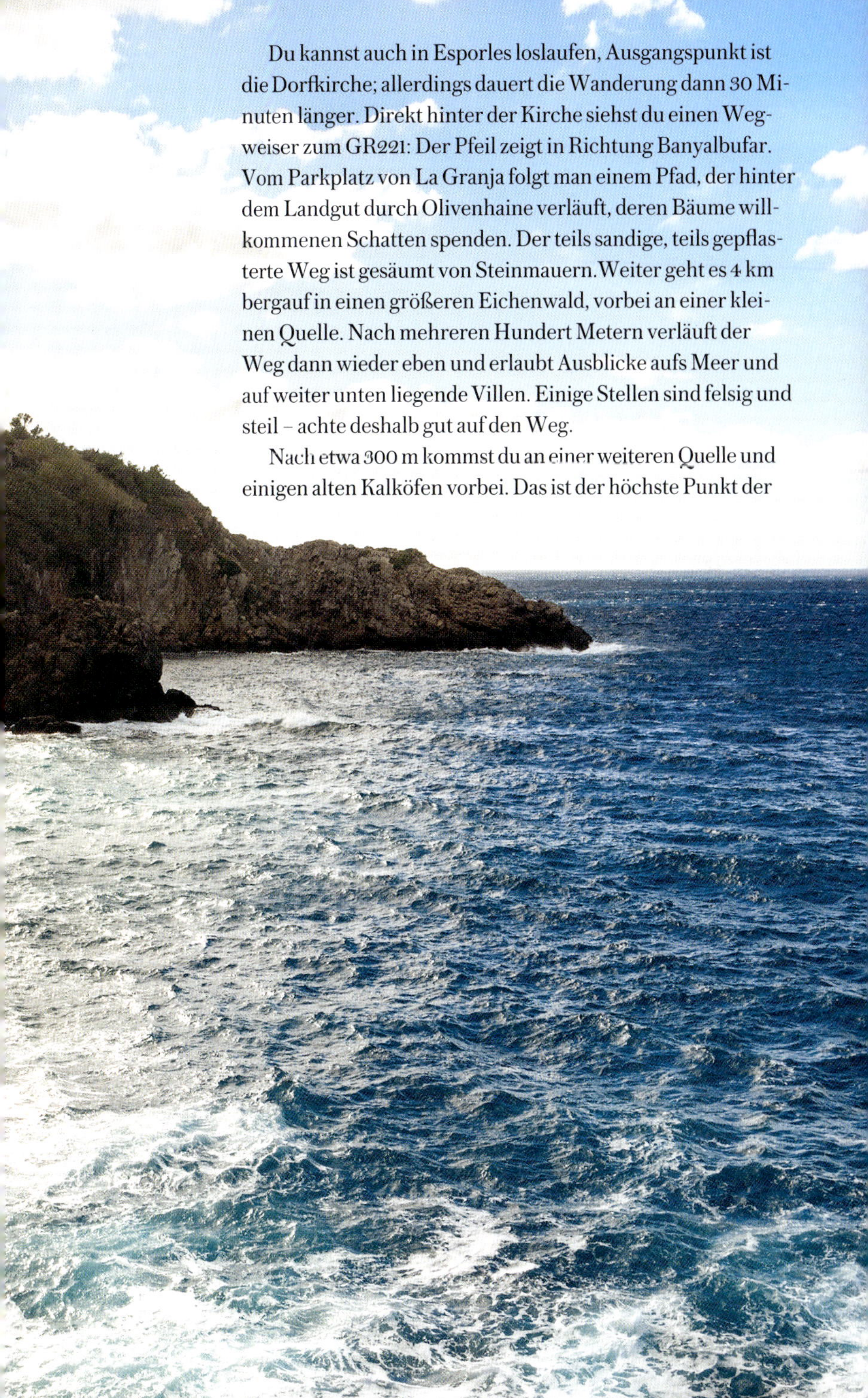

Du kannst auch in Esporles loslaufen, Ausgangspunkt ist die Dorfkirche; allerdings dauert die Wanderung dann 30 Minuten länger. Direkt hinter der Kirche siehst du einen Wegweiser zum GR221: Der Pfeil zeigt in Richtung Banyalbufar. Vom Parkplatz von La Granja folgt man einem Pfad, der hinter dem Landgut durch Olivenhaine verläuft, deren Bäume willkommenen Schatten spenden. Der teils sandige, teils gepflasterte Weg ist gesäumt von Steinmauern. Weiter geht es 4 km bergauf in einen größeren Eichenwald, vorbei an einer kleinen Quelle. Nach mehreren Hundert Metern verläuft der Weg dann wieder eben und erlaubt Ausblicke aufs Meer und auf weiter unten liegende Villen. Einige Stellen sind felsig und steil – achte deshalb gut auf den Weg.

Nach etwa 300 m kommst du an einer weiteren Quelle und einigen alten Kalköfen vorbei. Das ist der höchste Punkt der

Wanderung. Ich mache hier meist eine kurze Pause für ein paar Dehnübungen und zum Trinken. Wenn du noch 1 km weitergehst, hast du einen guten Blick auf die umliegenden Anbauterrassen mit ihrem beeindruckenden, von den Mauren angelegten Bewässerungssystem, das immer noch in Gebrauch ist. Zusammen mit den natürlichen Quellen hier sorgt es dafür, dass dieser Teil der Insel »die grüne Region« genannt wird. Aufgrund der Bewässerungsmöglichkeit finden sich in hier viele erfolgreiche Weinproduzenten. Nun führt der Weg bergab, und nach wenigen Kilometern bist du schon fast an der Küste in Banyalbufar. Das Wort *banyalbufar* ist halb katalanisch und halb maurisch und bedeutet »nahe dem Meer gegründet«. Die Wanderung endet am Rathaus von Banyalbufar neben der Kirche Santa María de Banyalbufar und – wie passend – der Post. Wer Lust hat, kann weitere zehn Minuten bis zum Meer spazieren, was ich dir wärmstens empfehle!

EINKEHR

Im Café Heladería La Mandinga gibt es hervorragenden Kaffee und köstliches Eis.
Carrer Comte de Sallent 18, Banyalbufar

Die Restaurants Son Tomàs an der Hauptstraße und Can Paco in einer Seitenstraße sind authentisch und sehr hübsch. Wenn du vom Parkplatz bei La Granja ins Dorf hinuntergehst, findest du weitere gute Restaurants, wie z. B. das Mesón La Villa. Die Hauptstraße ist von zahlreichen Bars, Restaurants und Cafés gesäumt.

BESONDERES VOR ORT

Vom Wachturm La Torre des Verger, der recht dramatisch am Rand einer Klippe thront, hat man einen fantastischen Blick aufs Meer. Ursprünglich wurde der Turm gebaut, um Ausschau nach Piraten zu halten. Er war Teil eines Netzwerks von Türmen, die rund um die Insel standen. Allein an der Küste der Tramuntana gab es über 20 davon. Wer keine Höhenangst hat, kann auf einer Leiter nach oben klettern und einen noch besseren Blick genießen.

In La Granja bekommt man eine Vorstellung davon, wie der Alltag auf dem Land in früheren Zeiten aussah. Schafswolle wird traditionell verarbeitet und gefärbt. Butter und Käse werden hergestellt wie früher, und Kunsthandwerker erschaffen Produkte ganz so, wie es ihre Ahnen taten. Es gibt auch einen Brunnen. Besucher können regionale Weine mit dem typisch mallorquinischen Snack *buñuelos* verkosten.
https://www.seemallorca.com/sights/houses/la-granja-esporles

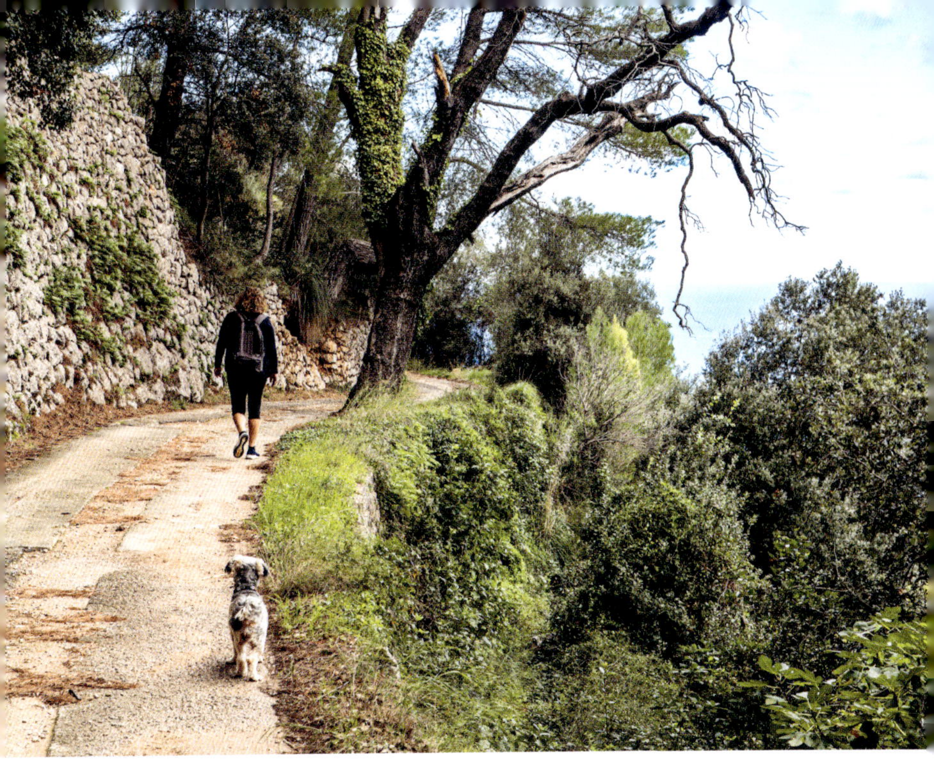

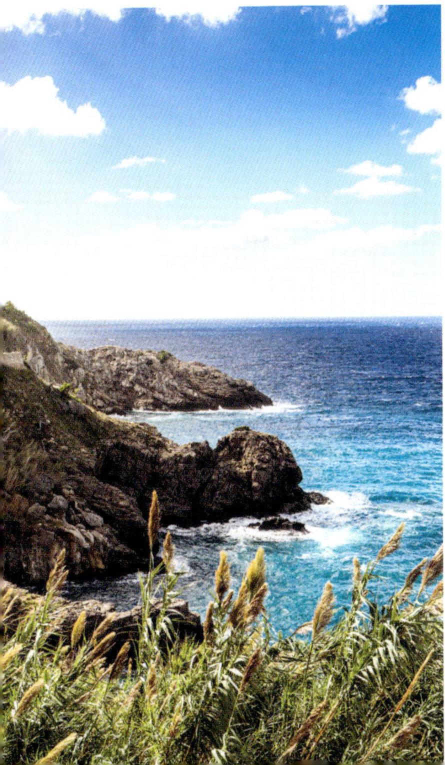

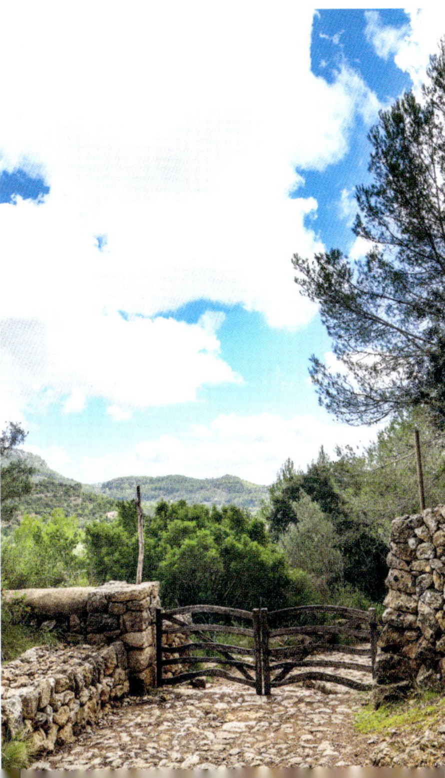

10. DER REITWEG DES ERZHERZOGS

Schwindelerregende Wanderung auf dem Lieblingsweg des Adligen

Der Reitweg des Erzherzogs, der Camí de s'Arxiduc, bietet eine spektakuläre Tour oberhalb des Dorfes Valldemossa. Laut UNESCO zählt Valldemossa zu den schönsten Dörfern Europas. Der Weg verdankt seinen Namen dem Erzherzog Ludwig Salvator von Österreich-Toskana, einem adligen Naturforscher, der ihn im 19. Jahrhundert anlegen ließ. Der Erzherzog verliebte sich in die Insel und verbrachte viele Jahre hier, während derer er die Tierwelt der Insel erforschte. Er war unbestritten ein Pionier, der die Insel auch außerhalb ihrer Grenzen bekannt machte. Auf

---

START: Valldemossa
HÖHENUNTERSCHIED: 832 m
WEGLÄNGE: 13 km
DAUER: 4–4,5 Stunden
SCHWIERIGKEITSGRAD: mittel
BESTE WANDERZEIT: Frühjahr, Frühsommer und Herbst
ENTFERNUNG VON PALMA: 21,5 km (ca. 25 Minuten)
ANREISE: Taxi oder Bus 301 ab Palma. Die Busse fahren regelmäßig an der Plaza de España in Palma ab. Autofahrer parken auf einem der Parkplätze des Dorfes oder auf der Straße Carrer de les Oliveres. Die Straße endet in einer Sackgasse. Hier beginnt der Weg, der zum Startpunkt der Wanderung führt.

Scanne den QR-Code mit dem Smartphone.

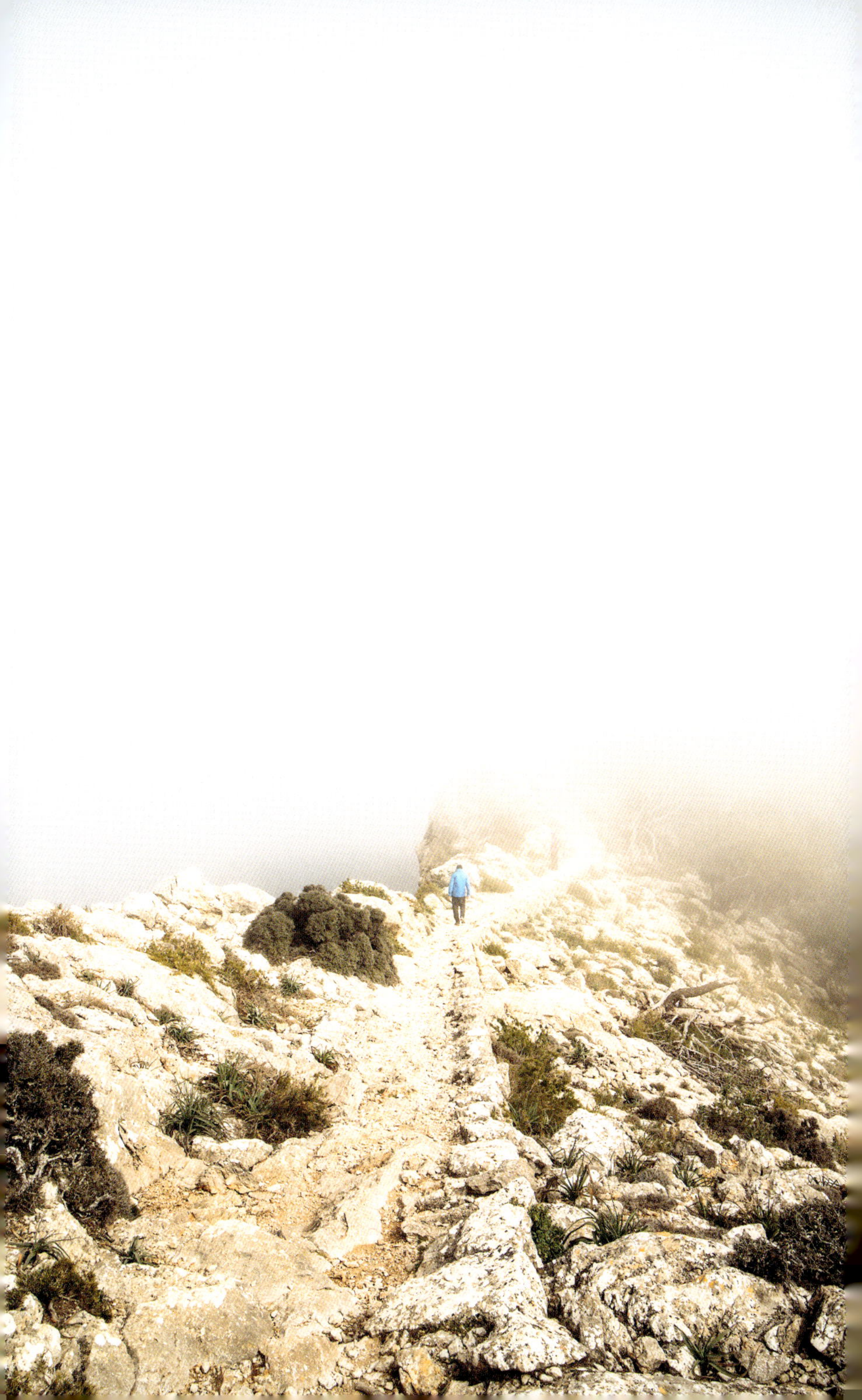

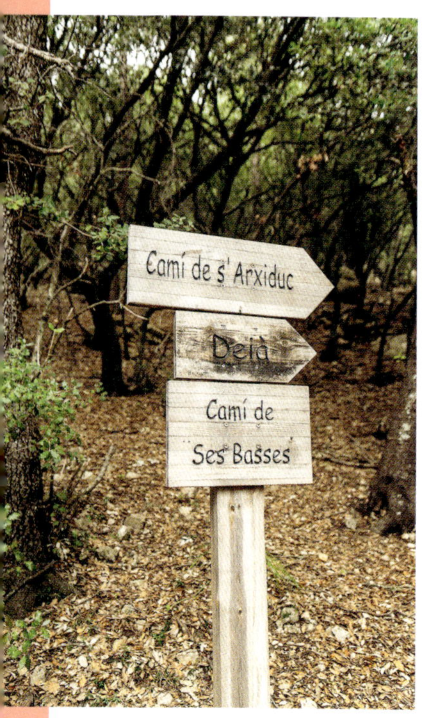

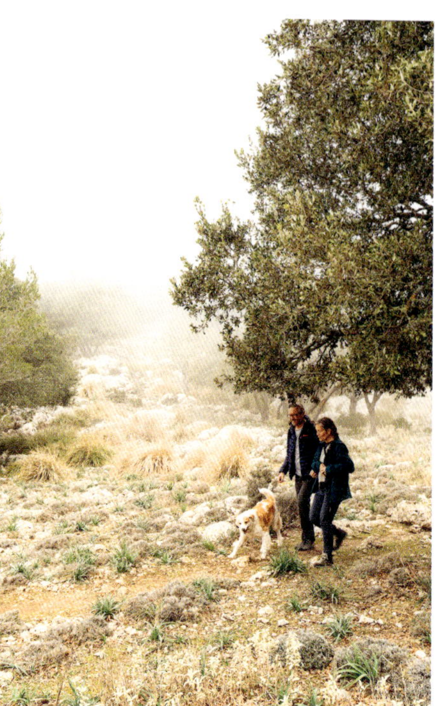

Mallorca ist er eine geschätzte historische Persönlichkeit, die vielerorts ihren Einfluss zur Geltung brachte. Die Fauna auf dieser Strecke ist sehr beeindruckend – Olivenbäume, hohe Kiefern und Mandelbäume, die sich ineinanderschlingen, Steineichen –, daneben ein gut erhaltener Kalkofen und hübsche Steinmauern. Am allerschönsten ist der Ausblick auf Meer, Berge und Täler.

Für diesen Rundweg gibt es mehrere Startpunkte. Ich habe mich für Valldemossa entschieden, da dieser am einfachsten zu erreichen ist. Ganz in der Nähe liegt auch die Muntanya del Voltor, das Gebirge der Geier. Die Gegend ist bekannt für die vielen Raubvögel, u. a. Geier, Adler und Falken.

Die Wanderung ist nicht immer ganz einfach zu meistern: Teils führt der schmale Weg direkt am Abgrund entlang. Deswegen sollte man nur an windstillen Tagen hier wandern. Wer nicht schwindelfrei ist oder an Höhenangst leidet, wählt besser eine andere Tour für sich.

BESCHREIBUNG

Du gehst auf dem Carrer de les Oliveres Richtung Berge. Am Ende der Straße gelangst du zu einer Treppe. Hier geht es bergauf bis zum Ende der Sackgasse, wo der Wanderweg beginnt. Folge dem Pfad rund 100 m, bis du an ein kleines Wachhäuschen kommst, das den Eingang zum Naturschutzgebiet Muntanya del Voltor markiert. Passiere das Tor und folge dem Weg 3,5 km steil bergauf, durch einen Wald aus Kiefern, Eichen und niedrigem Buschwerk sowie ein paar Kakteen und Aloe vera. Nach etwa 1 km kommst du zum Aussichtspunkt Mirador de Ses Puntes. Von hier aus blickst du auf Valldemossa und die Nordwestküste. Zur Linken erkennt man die Straße nach Palma.

»Teils führt der schmale Weg direkt am Abgrund entlang.«

Es geht weiter bergauf durch den Wald. Nach einiger Zeit wird der Weg wieder eben: Du wanderst über eine Weide und dann einige Hundert Meter bergab. Hinter einer scharfen Rechtskurve siehst du eine lange Steinmauer mit einem Gatter. Gehe durch das Gatter (und schließe es wieder) und wandere weiter bis zu einem Waldgebiet. Der Weg, der hier durch

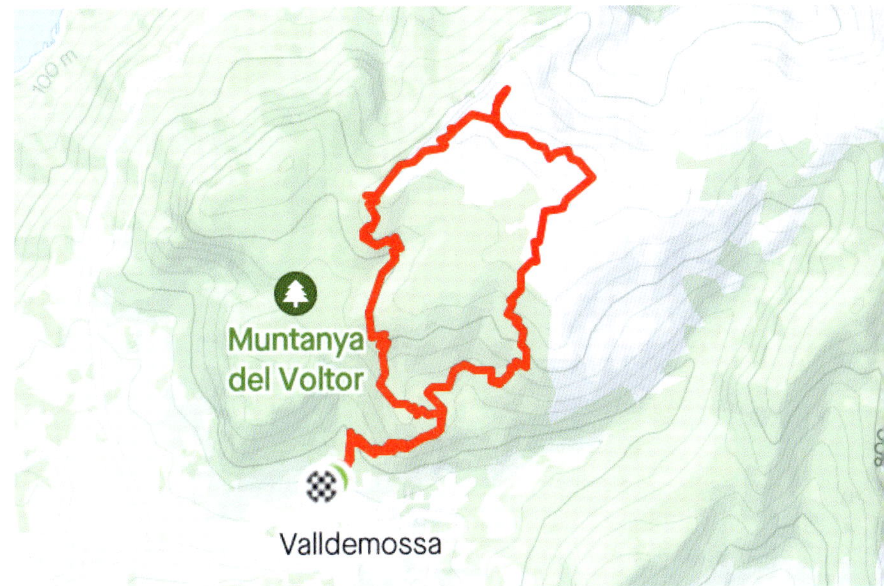

kleine Steinhaufen markiert ist, führt hier 2 km durch dichteren Wald. Nach weiteren 2 km geht es auf einem gepflasterten Pfad bergauf. Nun kommst du auf den eigentlichen Reitweg des Erzherzogs. Hier erwartet dich ein fantastischer Ausblick, u. a. auf die Burg Son Marroig und die Halbinsel Sa Foradada.

Ab hier verläuft der Trail auf dem Bergrücken und bietet weiterhin einen erstklassigen Ausblick, in einer Richtung auf die Bucht von Palma und den Berg Puig de Galatzó, in der anderen auf die Westküste mit Puerto de Sóller und Deià. Wenn du Lust hast, kannst du einen kleinen Abstecher auf dem Weg nach Deià machen, wo weitere tolle Ausblicke locken.

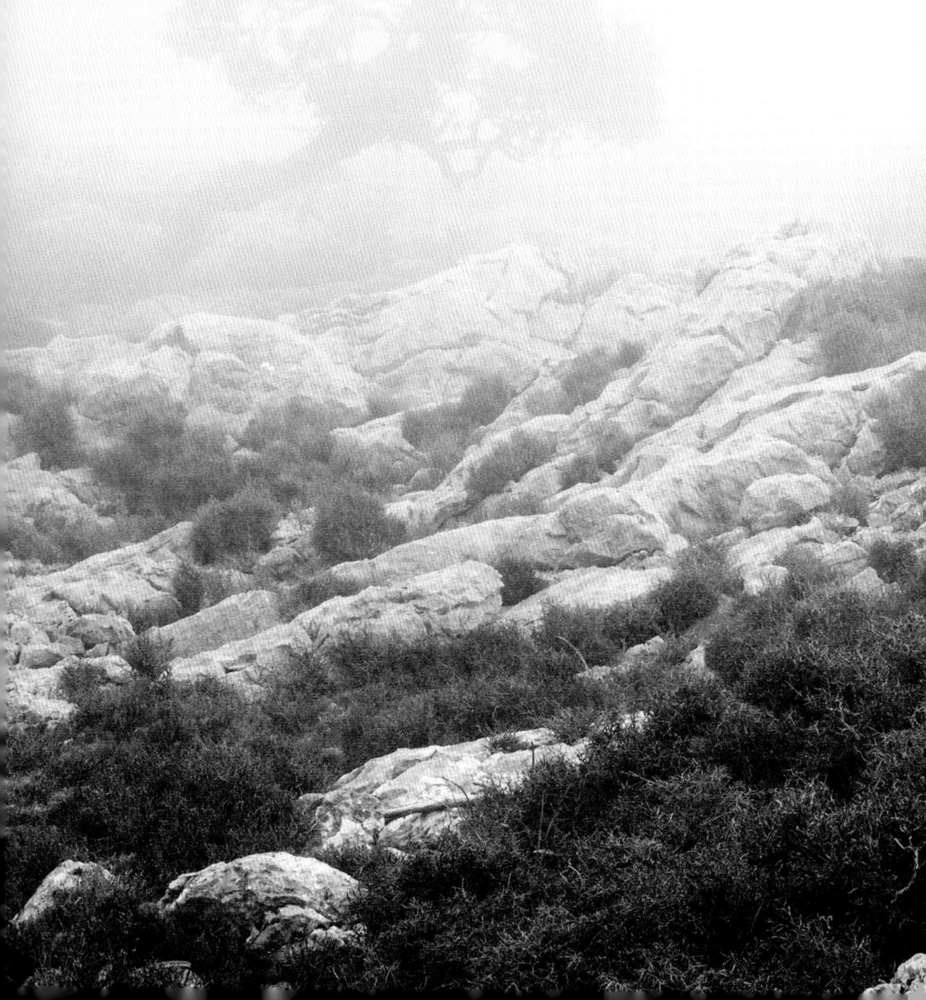

Von hier aus führt der Weg bergab bis zu einer Kreuzung, an der du dich links halten solltest. Wenn du unter dir die Straße siehst und vor dir einen hohen Berg, dann bist du auf dem richtigen Weg! Der Berg vor dir ist der Puig de Teix und ist mit 1064 m die höchste Erhebung in dieser Gegend. Du läufst nun weiter bergab durch ein Waldgebiet, das eigentlich eine Ziegenweide ist. Wundere dich nicht, wenn du von den Tieren dort neugierig beäugt wirst. Die Ziegen halten meist Abstand und stolzieren um dich herum. Manche Zicklein hüpfen auch mal näher an die Besucher heran.

Du verlässt die Weide durch ein Gatter und folgst dem Schotterweg zu einer Höhle auf der linken Seite, nahe einer anderen Weide. Die Höhle ist begehbar. Im 19. Jahrhundert

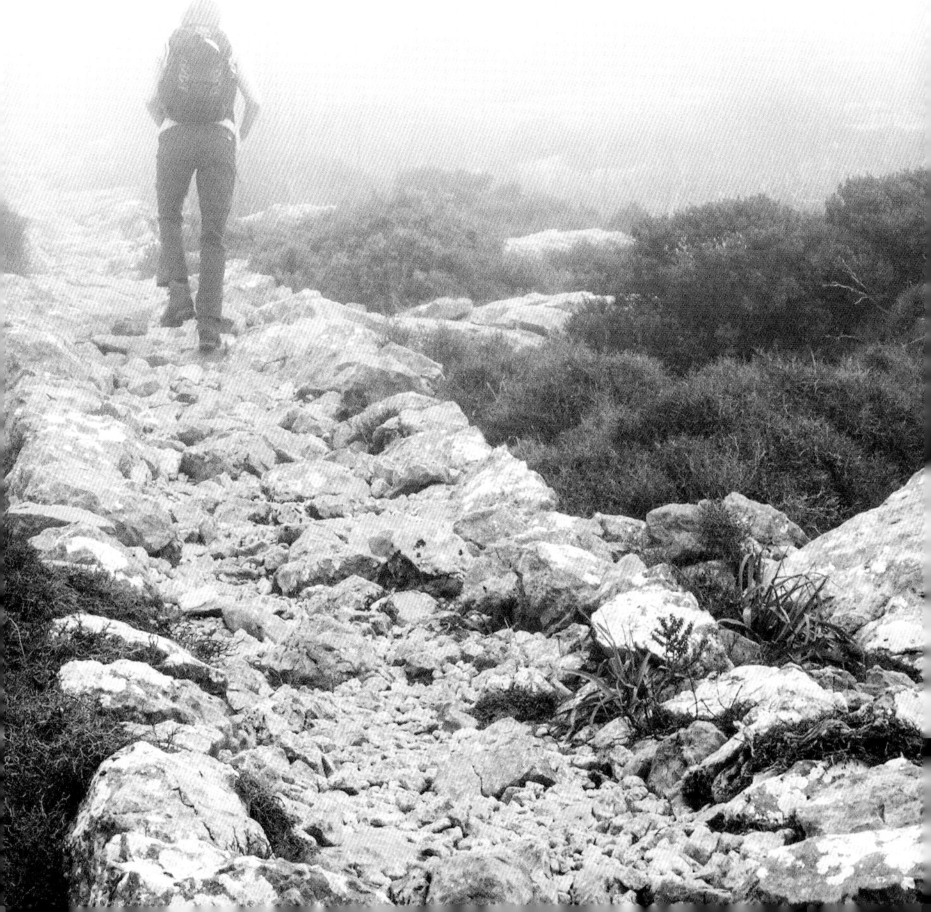

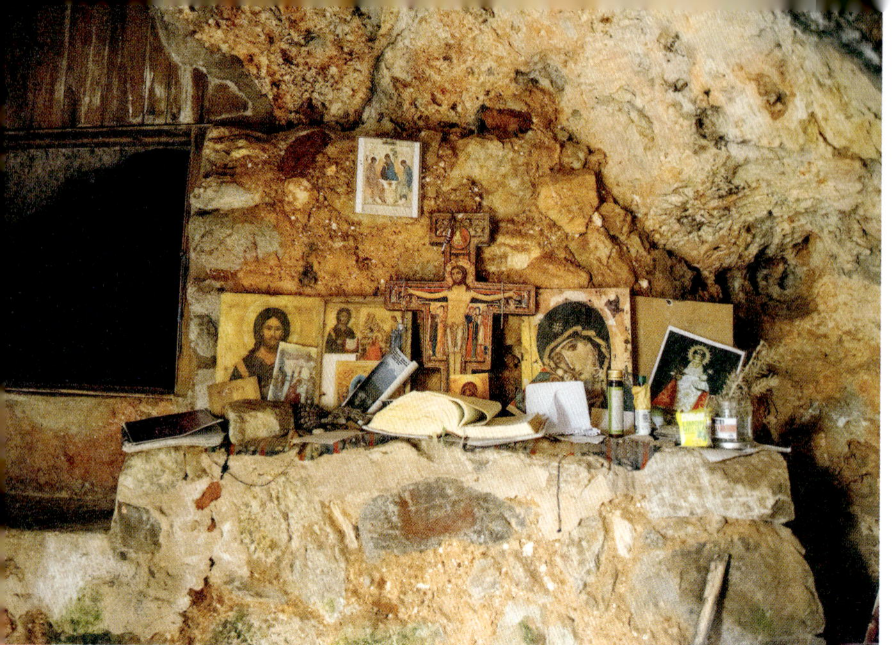

lebten hier zeitweise Eremiten, von deren Aufenthalt noch immer Jesusbilder, Kreuze und Wasserkrüge zeugen.

Der Weg führt nun noch ein Stück durch den Wald bis zum Rastplatz bei Font des Polls, wo der angeblich besterhaltene Kalkofen Mallorcas steht. Diese Art von Öfen findet man in der Tramuntana öfter. Sie wurden auch zum Kochen genutzt. Nach etwa 200 m gelangst du an ein Eisentor, an dem du rechts vorbeiläufst.

Die letzten 3 km mit Ausblick auf Valldemossa geht es geradeaus. Schließlich triffst du auf eine asphaltierte Straße, die nach einigen Hundert Metern zurück ins Dorf führt.

EINKEHR

Genieße als krönenden Abschluss einen Kaffee im Café Aromas in der Carrer de la Rosa. Dort gibt es außerdem wunderbares Gebäck, fantastischen Sangría und köstliche Tapas. Die Bedienungen sind sehr freundlich.

BESONDERES VOR ORT

In Valldemossa solltest du unbedingt den verführerischen Feinkostladen Son Moragues besuchen. Dort gibt es köstliches Olivenöl, Oliven, regionalen Gin, Orangenmarmelade und viele andere regionale Produkte.

www.sonmoragues.com

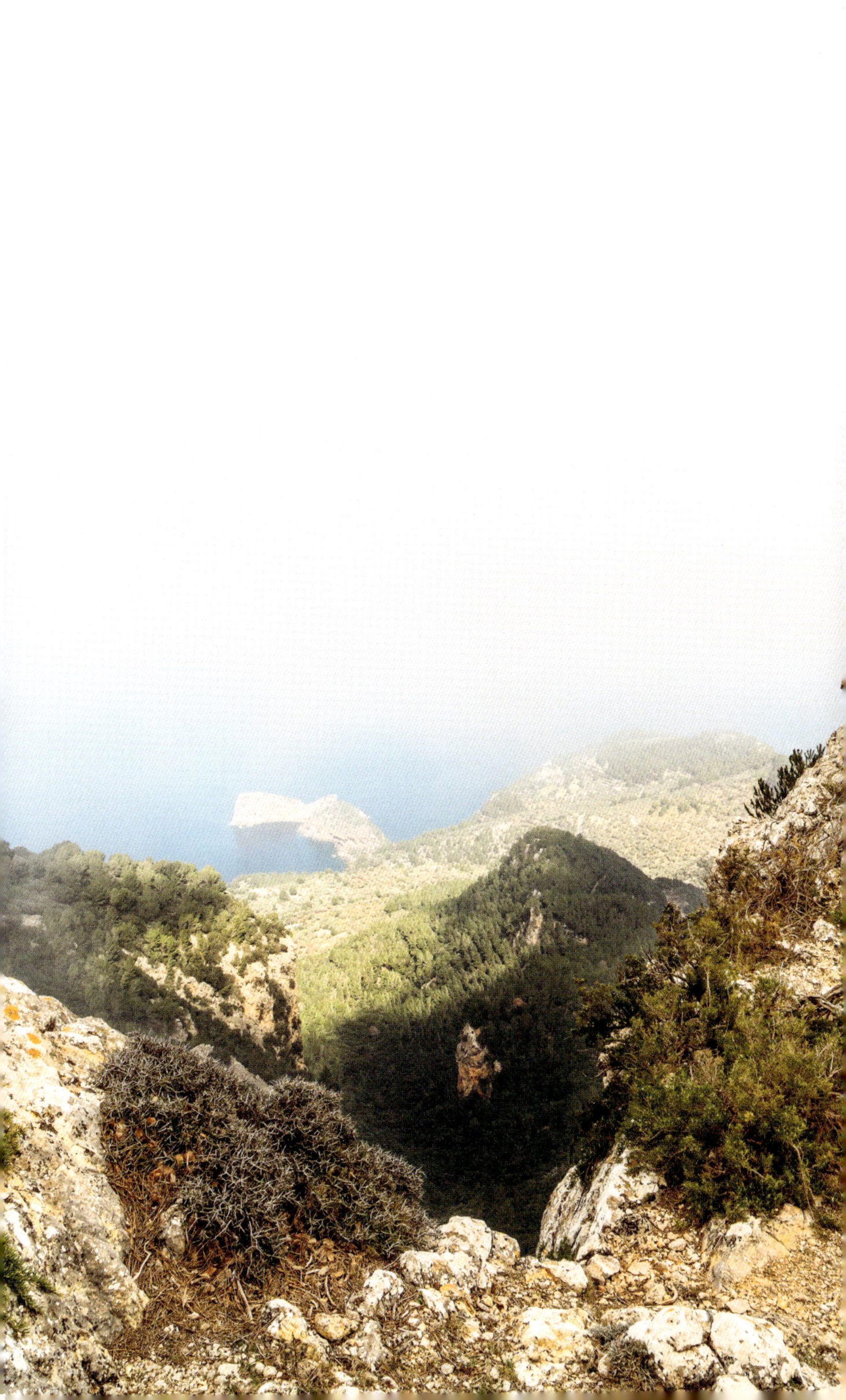

11. VON CÚBER NACH BINIARAIX

Wanderung am Fuß des Puig Major

Der Carrer de Sant Joseph, einst ein Pilgerweg zu Ehren des heiligen Josefs, beginnt am Ufer des Speichersees von Cúber und führt hoch in das hübsche Bergdorf Biniaraix. Der Weg ist Teil des Abschnitts 4 des GR221. Er windet sich durch eine zerklüftete Berglandschaft mit dichten Wäldern. Mit etwas Glück erblickst du hier seltene Vögel wie den Mönchsgeier oder den Eleonorenfalken.

Der Speichersee von Cúber liegt zwischen dem Puig Major, Mallorcas höchstem Gipfel (1436 M), und der Serra de Cúber (979 m). Zusammen mit dem etwas weiter nördlich gelegenen

START: Parkplatz am Speichersee Embassament de Cúber
HÖHENUNTERSCHIED: 200 m
WEGLÄNGE: 14 km
DAUER: 3,5 Stunden
SCHWIERIGKEITSGRAD: mittel
BESTE WANDERZEIT: Frühjahr, Frühsommer und Herbst
ENTFERNUNG VON PALMA: 47 km (ca. 1 Stunde)
ANREISE: Auto oder Bus 301 von Palma nach Sóller. An der Haltestelle Cúber 2 aussteigen.

Scanne den QR-Code mit dem Smartphone.

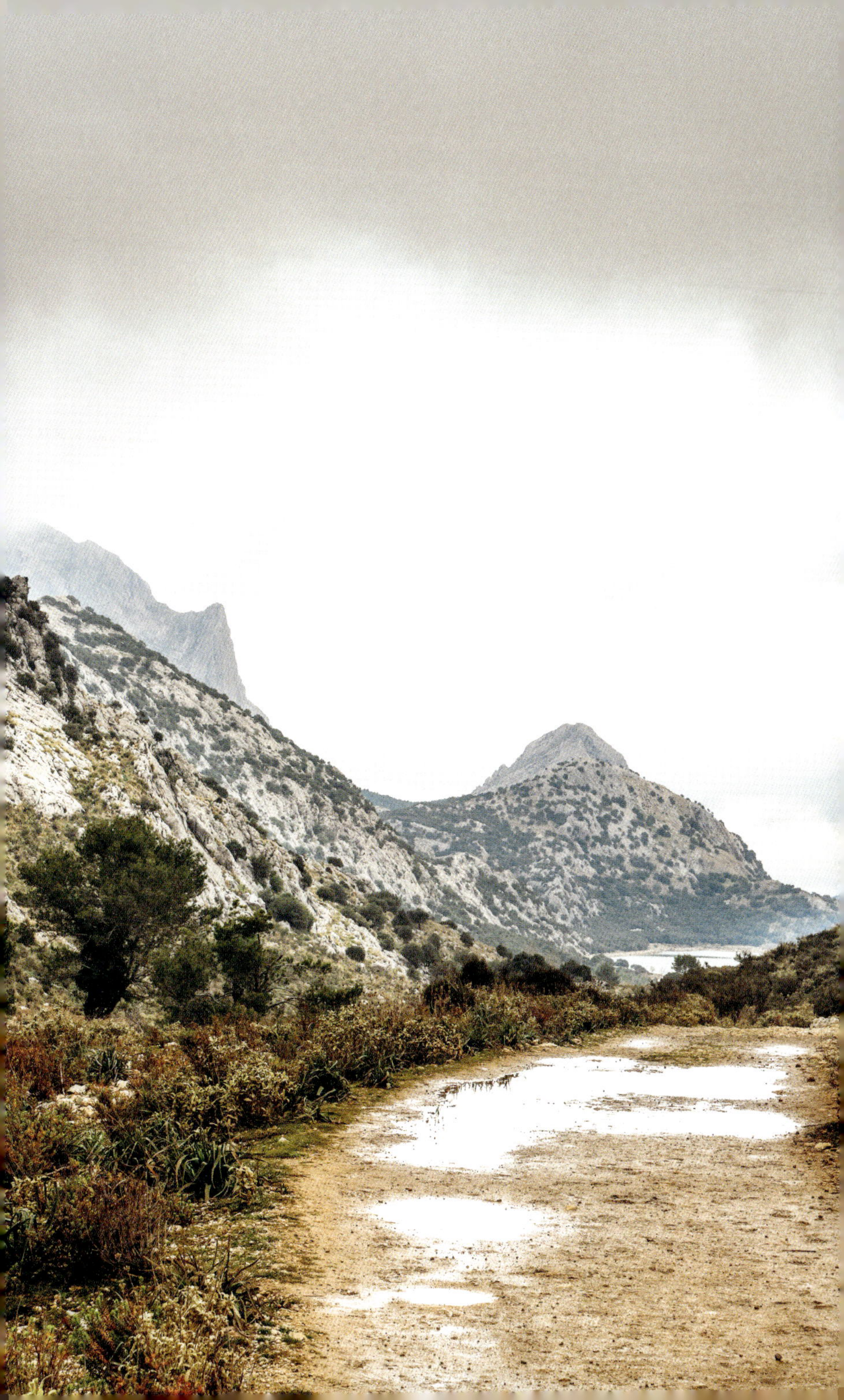

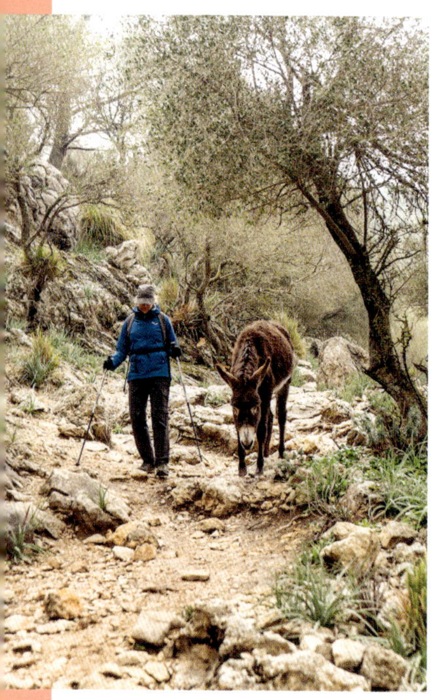

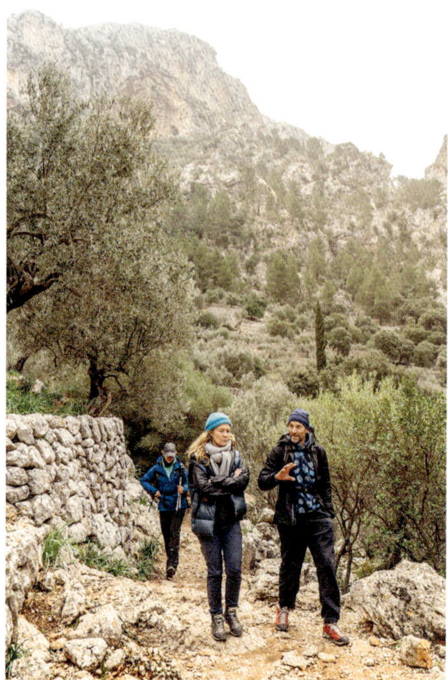

Speichersee Gorg Blau versorgt er die umliegenden Dörfer und Palma mit Frischwasser.

Biniaraix und Umgebung waren jahrhundertelang eine friedliche, landwirtschaftlich genutzte Region mit interessanter Vergangenheit: Vor 1000 Jahren befand sich hier eine Hochburg maurischer Besiedlung. Der Name Biniaraix leitet sich von *ben-arraiz* ab, »Sohn des Kapitäns«. In unmittelbarer Nähe des Dorfes liegt ein Pilgerpfad, der durch eine tiefe Schlucht zu einem von Mallorcas bekanntesten Klöstern führt, Kloster Lluc. Die traditionellen steinernen Waschhäuser am Eingang der Schlucht Barranc de Biniaraix waren noch im 20. Jahrhundert in Gebrauch.

»Mit etwas Glück erblickst du hier seltene Vögel wie den Mönchsgeier oder den Eleonorenfalken.«

Die Kirche Immaculada Concepció wurde im 16. Jahrhundert erbaut. Auf dem Platz sieht man auch noch ältere Häuser, teils mit kunstvoll bemalten Kacheln unter den Dachtraufen. Diese dienten der Geisterabwehr oder allgemein als Warnung bzw. erzählten einfach Geschichten in Bildform. Biniaraix ist heute Ausgangspunkt für viele Wanderungen in der Serra de Tramuntana.

BESCHREIBUNG

Die Wanderung startet am Parkplatz beim Speichersee: Mit dem See zu deiner Rechten gehst du los und biegst nach etwa 1 km auf dem Weg nach rechts in den Wald ab. Dort steht ein kleines Häuschen, das Refugi de Cúber, eine Schutzhütte für Wanderer.

Der Pfad führt über Baumstämme und Felsen und ab und an auch kleine Bäche, die von den Bergen hinunter zum Speichersee plätschern. Nach fast 3 km bergauf öffnet sich auf der linken Seite der Blick auf das vulkanähnliche Bergplateau L'Ofre. Hier stehen vereinzelte Bäume, und schon bald ist der Weg von Moosen und Steinen bedeckt. Die Landschaft wird offener, und mit etwas Glück kannst du einen Geier oder andere Raubvögel am Himmel erspähen. Wer Zeit hat, macht einen kurzen Abstecher hoch zum Gipfel des L'Ofre (875 m). Für den 360°-Panoramablick lohnt sich die Anstrengung allemal. Am Fuß des Berges befindest du dich bereits auf einer Höhe von 790 m. Der Gipfelaufstieg ist also nicht allzu

Die Serra de Tramuntana ist zu über 90 Prozent in Privatbesitz. Doch die meisten Wege verlaufen weit abseits der Grundstücke, sodass man dort ohne größere Probleme wandern kann.

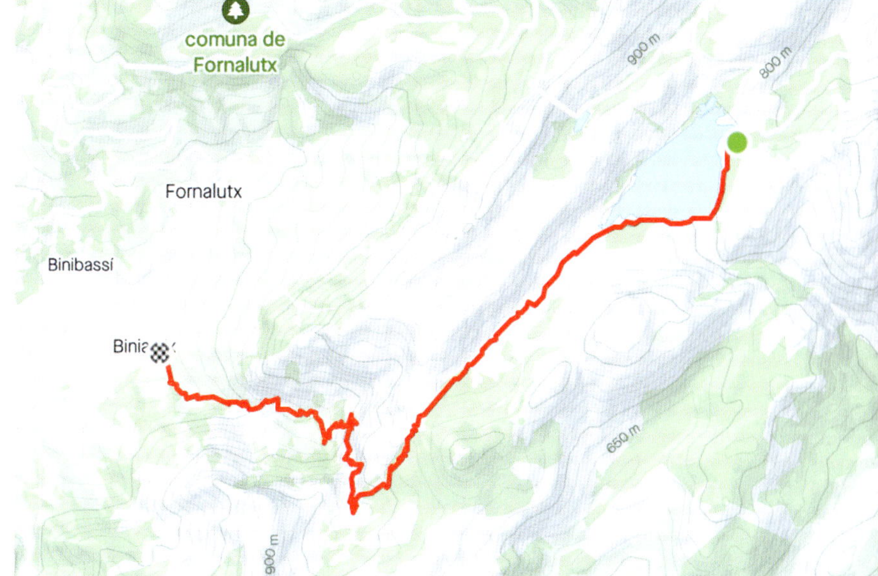

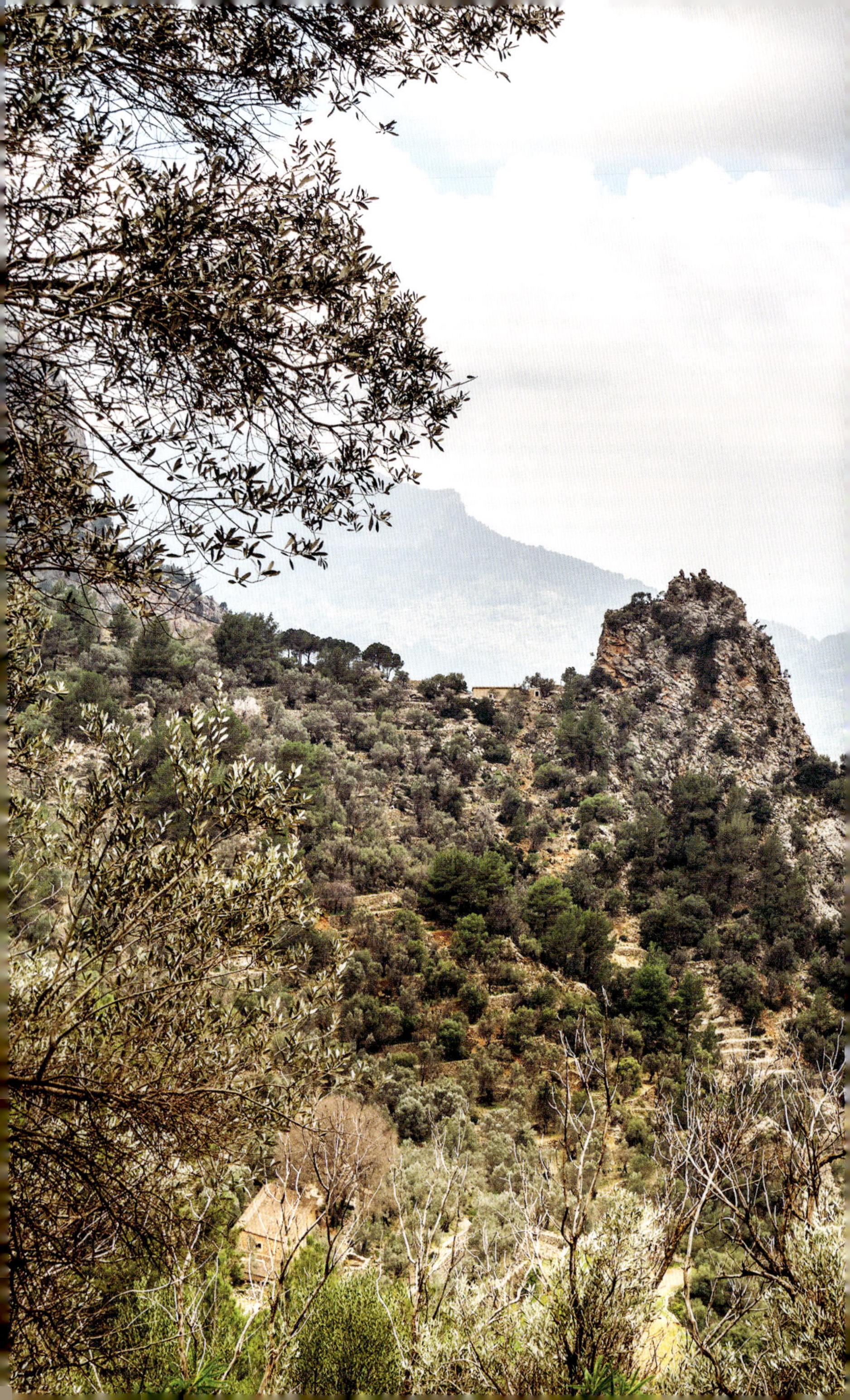

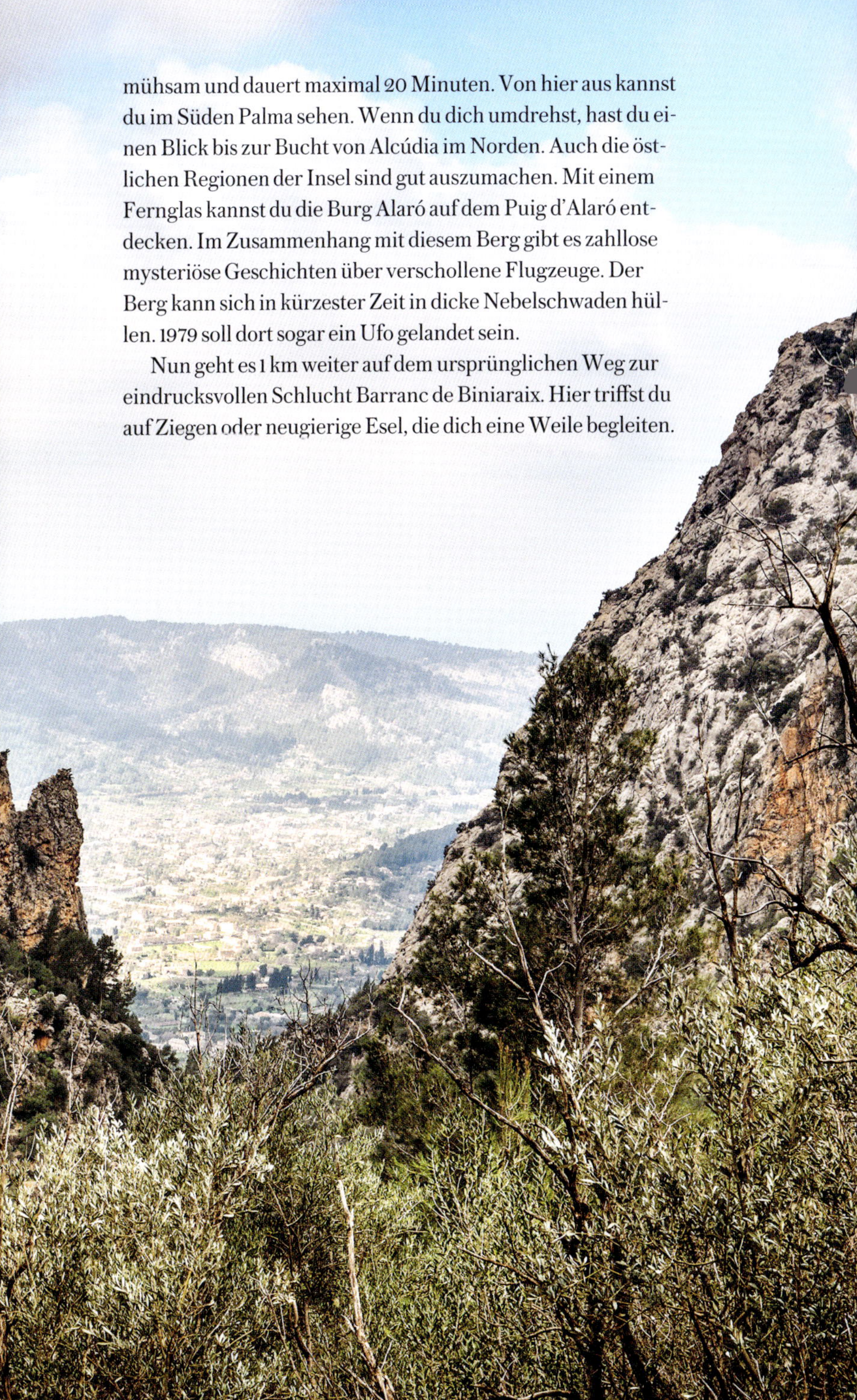

mühsam und dauert maximal 20 Minuten. Von hier aus kannst du im Süden Palma sehen. Wenn du dich umdrehst, hast du einen Blick bis zur Bucht von Alcúdia im Norden. Auch die östlichen Regionen der Insel sind gut auszumachen. Mit einem Fernglas kannst du die Burg Alaró auf dem Puig d'Alaró entdecken. Im Zusammenhang mit diesem Berg gibt es zahllose mysteriöse Geschichten über verschollene Flugzeuge. Der Berg kann sich in kürzester Zeit in dicke Nebelschwaden hüllen. 1979 soll dort sogar ein Ufo gelandet sein.

Nun geht es 1 km weiter auf dem ursprünglichen Weg zur eindrucksvollen Schlucht Barranc de Biniaraix. Hier triffst du auf Ziegen oder neugierige Esel, die dich eine Weile begleiten.

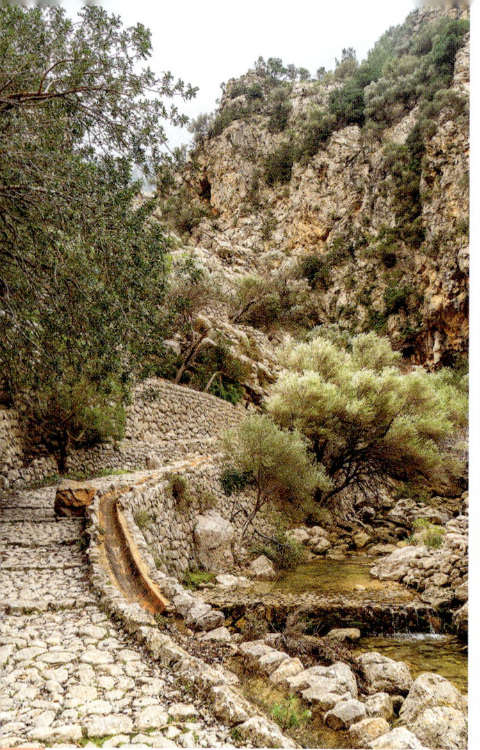

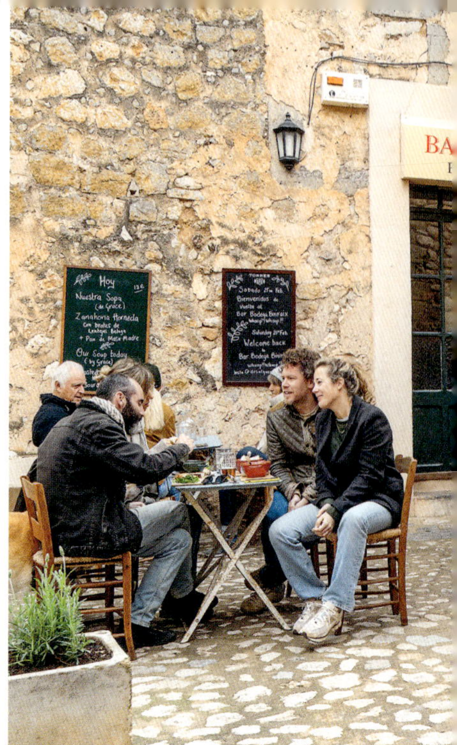

Die Bodega wird von Kate und Katja, den Dos Alquemistas, geführt, denen regional produzierte Lebensmittel am Herzen liegen.

Nach der Schlucht führt eine gepflasterte Straße, ein ehemaliger Pilgerweg aus dem 18. Jahrhundert, steil nach unten. Hier wanderst du entlang eines kleinen Baches, der unter Felsvorsprüngen vor sich hin plätschert. Die Umgebung ist geprägt von Terrassenanbau und Schafpferchen. Weiter geht es auf dem gewundenen Pfad, bis nach 4 km in der Ferne die Silhouette des Dorfes Biniaraix auftaucht. Von hier aus kann man den restlichen Weg gut erkennen.

Nach einer Brücke über einen Bach wanderst du noch einen weiteren Kilometer, bevor du an einen Durchgang kommst: Hier wird der Weg breiter, und beidseits aufragende Felsen geben dir das Gefühl, durch eine Talsenke zu wandern. Der Durchlass führt zu landwirtschaftlich genutztem Gelände und Weiden mit Schafen, Eseln und Ziegen. Bevor du Biniaraix erreichst, kommst du noch an dem alten Waschhaus vorbei. Der Trail geht in eine Straße über, die zum Dorfplatz führt, wo du dich bei einer Einkehr stärken kannst. ⊕

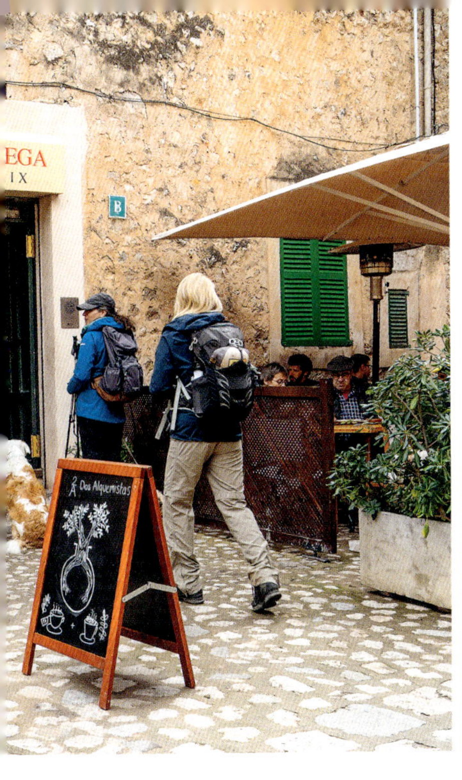

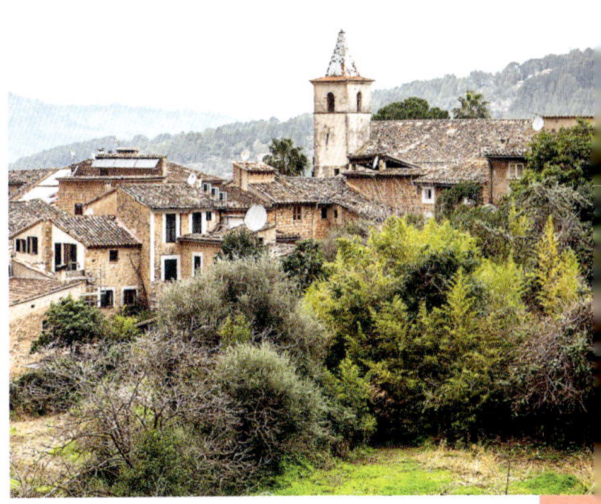

EINKEHR

Genieße in der Bodega Biniaraix auf dem malerischen Dorfplatz Kaffee oder Mittagessen. Er liegt im Zentrum von Biniaraix. Folge der Ausschilderung.
https://dosalquemistas.com

BESONDERES VOR ORT

Die Kooperative Coop Sóller verkauft regionale Produkte. Das Tal von Sóller ist bekannt für Obstanbau, vor allem von Zitrusfrüchten. Hier findest du die beste Qualität!
www.coopsoller.coop

Wer mit dem Auto unterwegs ist, kann das Santuari de Lluc besuchen. Das Kloster war vom 13. Jahrhundert bis ins Spätmittelalter Ziel vieler Pilger und ist auch heute noch ein wichtiges religiöses Zentrum. Neben der Kirche gibt es einen Laden, ein Restaurant und ein Museum. Man kann in den alten Mönchszellen auch übernachten.
https://www.lluc.net/en/

12. PUIG DES TOSSALS VERDS

Über Stock und Stein hinauf zum Gipfel des Tossals Verds

Dies ist die richtige Wanderung für alle Kletterziegen. Hier kraxelst du in abwechslungsreichem Gelände und kommst dabei auch schon mal ins Schwitzen. Belohnt wirst du mit üppiger Flora, tiefen Schluchten und kahlen Felsen, mit Bächen und Seen, immergrünen Eichen und grandiosen Ausblicken. Der Rundweg startet am Parkplatz der Carretera Ma-10 bei der Quelle Font des Noguer und führt dich auf eine Höhe von circa 1000 m auf den Puig des Tossals Verds.

»Dies ist die richtige Wanderung für alle Kletterziegen.«

Der Trail ist dank seiner guten Ausschilderung problemlos zu finden. Für diese Wanderung sollte man körperlich fit sein, gutes Schuhwerk tragen und reichlich Wasser dabeihaben. Ich mag diese Strecke sehr, da sie so abwechslungsreich ist: der schmale Weg in der Schlucht des Torrent d'Almadrà, die Pfade im Schatten alter Olivenbäume und kugeliger Steineichen (*Quercus ilex*; robuste, langsam wachsende Bäume,

---

START: Parkplatz an der Carretera Ma-10 bei der Quelle Font des Noguer
HÖHENUNTERSCHIED: 500 m
WEGLÄNGE: 14 km
DAUER: 3,5–4 Stunden
SCHWIERIGKEITSGRAD: schwer
BESTE WANDERZEIT: Frühjahr, Frühsommer und Herbst
ENTFERNUNG VON PALMA: 48 km (Auto: ca. 50 Minuten; Bus: 1–2 Stunden)
ANREISE: Auto oder Bus 204 und 301 ab Palma (Bahnhof Estació Intermodal) Richtung Port de Sóller. An der Haltestelle Font des Noguer aussteigen.

Scanne den QR-Code mit dem Smartphone.

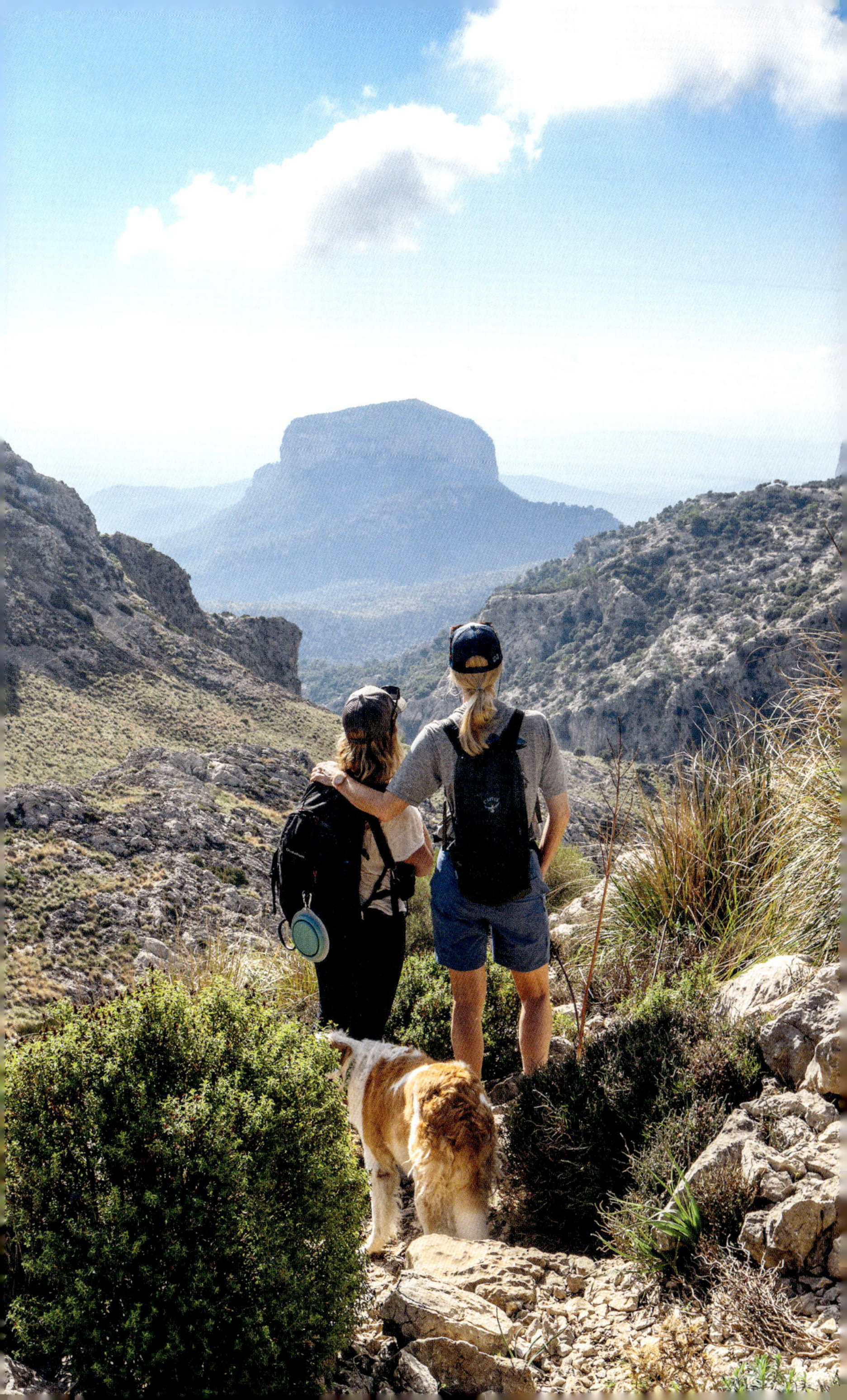

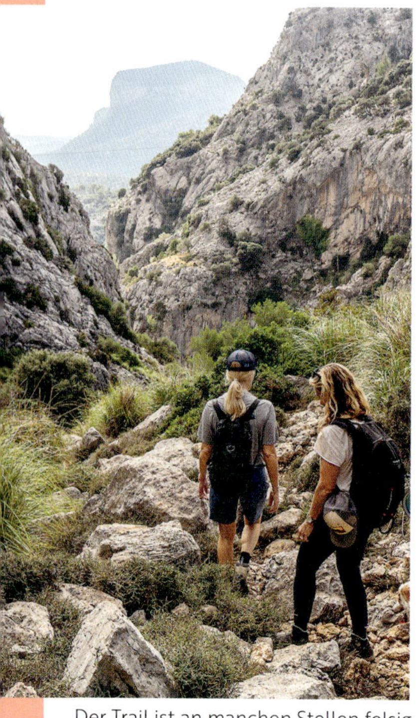

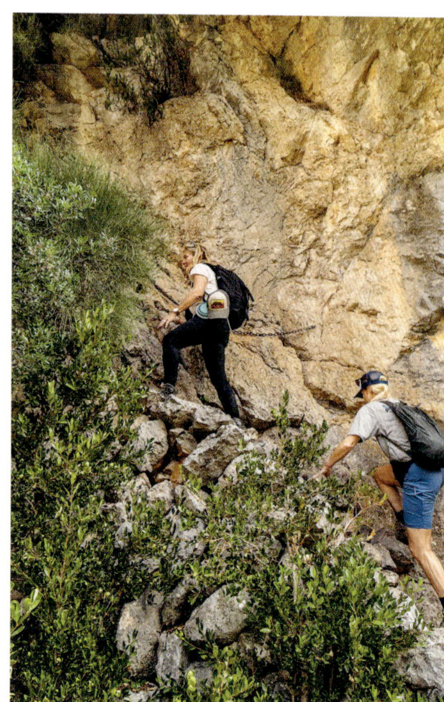

Der Trail ist an manchen Stellen felsig, sodass man schon mal klettern muss.

die im Mittelmeerraum beheimatet sind), die Täler, in denen oft eine angenehme Brise weht, und die Anhöhen, die zu atemberaubenden Aussichtspunkten führen. Bei den Mallorquinern ist der Weg für seine gute Energie bekannt – er gilt als *muy potente*.

Die Landschaft ist einzigartig, sie mutet geradezu fantastisch an – so muss sich Alice im Wunderland gefühlt haben.

Eine Wanderung durch die Tramuntana zeugt auch von der Geschichte der Insel: Man entdeckt Zeugnisse der ursprünglichen Siedler der Talayot-Kultur aus der Bronzezeit: Spuren von gepflasterten Wegen, Tempel und Opferstätten. Die Berge der Insel dienten als Schutz und als Wohnstätte.

Diese Wanderung ist eine intensive Erfahrung. Nach den körperlichen Anforderungen wirst du wohlig ausgepowert sein.

»Die Landschaft wirkt einzigartig, ja geradezu fantastisch.«

BESCHREIBUNG

Die Tour startet am Parkplatz der Carretera Ma-10 bei der Quelle Font des Noguer. Mit dem Blick Richtung Straße gehst du links auf einen Zauntritt zu. Dort findest du eine Informationstafel mit einer ausführlichen Wanderkarte der Wege rund um den Puig des Tossals Verds. Klettere über den Zauntritt und folge dem Weg durch die mit hohem Gras bewachsenen Weiden. Nach etwa 200 m macht der Pfad eine Linksbiegung und windet sich steil bergan, was deinen Puls in die Höhe treiben wird. Zu deiner Rechten siehst du nun den Speichersee Embassament de Cúber. Nach weiteren 150 m bergan erreichst du ein kleines Hochplateau, wo du bei einer Verschnaufpause den Blick über die Täler und das umliegende Bergmassiv schweifen lassen kannst. Der Puig Major, mit 1426 m der höchste Berg Mallorcas, ragt wie eine Pyramide empor. Er ist auf einigen in diesem Buch beschriebenen Touren zu sehen. Auf seinem Gipfel kann man, wenn man nah genug ist, einen kuppelartigen Bau ausmachen – eine militärischeRadarstation.

Mal auf, mal ab, durch grüne Wälder und entlang an rauschenden Bächen.

Die Route führt auf der anderen Seite des Berges, auf dem du gerade stehst, wieder hinunter. Achte gut auf den Weg, denn er ist recht steinig und teils mit Geröll bedeckt. Bei Regen ist diese Tour nicht zu empfehlen, da der Weg dann rutschig wird. Nach 2 km bergab folgt ein Abschnitt, der sich wie eine gemütliche Achterbahn anfühlt, da es ständig bergauf

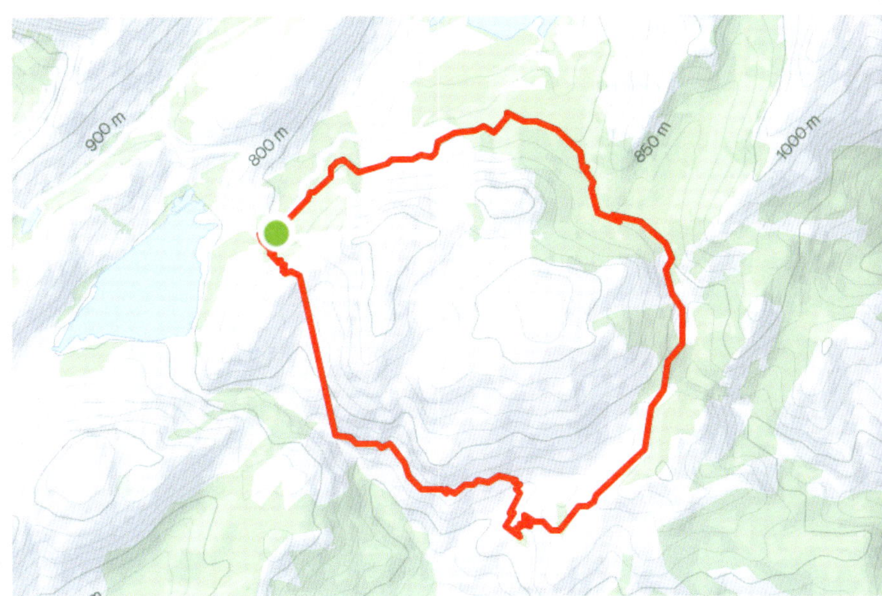

und bergab geht. Hier kann man Raubvögel am Himmel beobachten und gelegentlich Bergziegen, die leicht und elegant über die Felsen springen. Nun geht es auf dem Bergrücken 200 m bergauf, bis zu einem Gatter. Dieses passierst du und läufst weiter bis zum nächsten Plateau, dem Coll des sa Coma. Der ehemalige katalanische Verteidigungsposten bietet heute einen grandiosen Rundumblick bis zum Meer in der Ferne und den Bergen rund um Palma. Eine gut angelegte Schotterstraße führt weiter zur Hütte Refugi Tossals Verds, die sich in ein flaches Tal schmiegt. Die Hütte ist eine richtige Oase, umgeben von Olivenhainen und einem üppig grünen Garten. Hier bekommst du zum Kaffee einen köstlichen Mandelkuchen. Genieße an einem der Tische im Freien, was die Natur zu bieten hat: beeindruckene Kakteen, knorrige alte Olivenbäume und wunderschöne Azaleen. Der perfekte Ort für eine kleine Pause. Wenn du rechtzeitig reserviert hast, bekommst du hier auch ein Mittag- oder Abendessen.

Wenn du nach oben blickst, kannst du ein Stück von Mallorcas zweithöchstem Gipfel, dem Puig de Massanella, entdecken. Er ist breiter und dichter bewaldet als die umliegenden

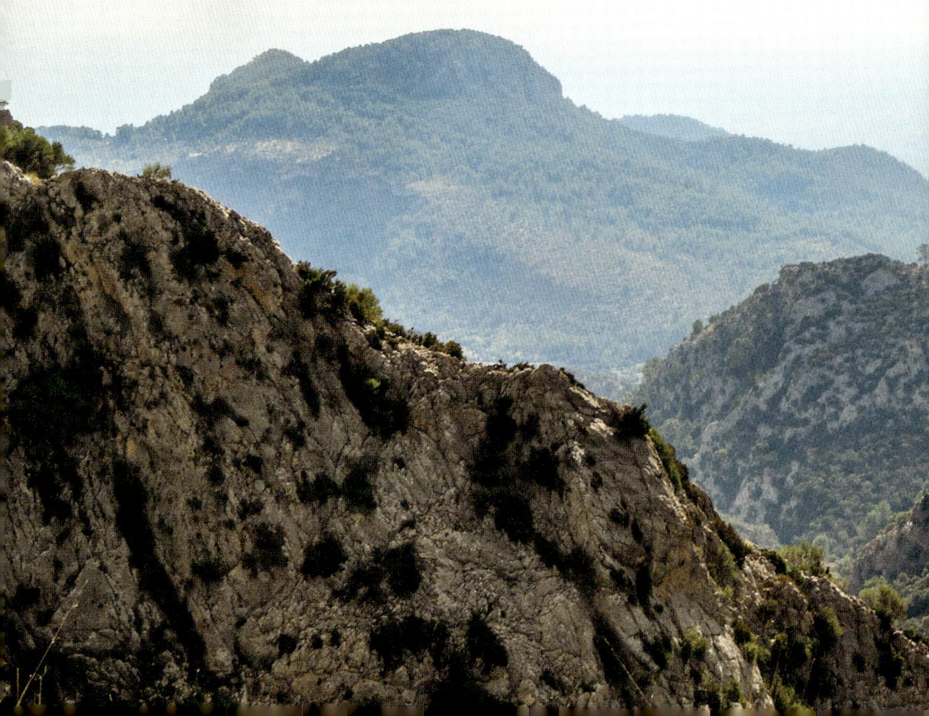

Hügel. Den Puig Major kann man nicht besteigen, da das Gelände Privatbesitz ist und der Gipfel militärisches Sperrgebiet. Der Puig de Massanella lässt sich hingegen besteigen, allerdings nur von der Ostseite aus. Vom Santuari de Lluc, wo du auch übernachten kannst, gelangt man zu einem Streckenabschnitt des GR221, der zum Gipfel führt. Falls du länger auf Mallorca bist und auch einmal außerhalb von Palma übernachten willst, ist diese Wanderung zu empfehlen.

Nach deiner Rast folgst du weiter dem Weg. Durch ein Holzgatter links von der Hütte kommst du dann auf einen gepflasterten Pfad, der beidseitig von windzerzausten Kiefern, Olivenbäumen und *alzina* genannten Steineichen gesäumt wird. Je weiter du im Schatten der Bäume und Berge nach unten kommst, desto frischer und klarer wird die Luft. An einem Bach mit einer kleinen Brücke begegnen dir wahrscheinlich Herden von weißen und braunen Schafen. Ringsumher wachsen wild die typisch mallorquinischen Eichen, die man auch in Alcúdia im Norden findet. Die Eichen sorgen für eine ruhige, friedliche Atmosphäre. Durch ein Gatter kommst du auf eine Weide mit Ziegen, Schafen und ein paar Eseln.

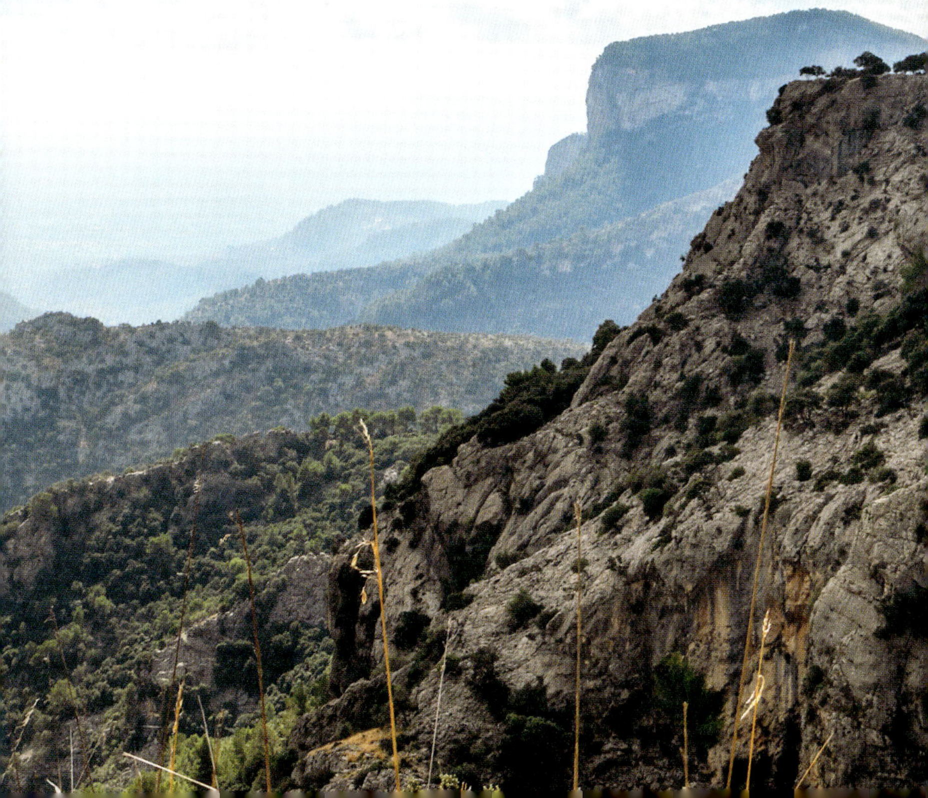

Wenn du zu dem Feuchtgebiet mit dem plätschernden Bach kommst, wird die Luft noch klarer. Nun bietet es sich an, eine Rast einzulegen und sich mit dem Wasser zu erfrischen. Der Weg ist hier teils mit Moos bedeckt, und seitlich wachsen Farne und Orchideen. Nach rund 500 m verlässt du durch ein weiteres Gatter das Wald- und Wiesengebiet. Auf dem weiteren Weg begleitet dich ein beständiges Wasserrauschen: Linksseitig des Wanderwegs wird das Wasser in einem Netz aus steinernen Kanälen ins Tal geleitet. Das Wasser fließt in die beiden Speicherseen Cúber und Gorg Blau (den du am Ende der Tour siehst). Die beiden Seen versorgen Palma und Umgebung mit Wasser. Das Kanalsystem und die Speicherseen wurden im 18. Jahrhundert angelegt und werden bis heute genutzt.

Der letzte Teil der Wanderung führt entlang der Kanäle durch eine blühende Landschaft. Bald erstreckt sich rechts der Speichersee Gorg Blau in einer eindrucksvollen Kulisse aus Bergen. Du durchwanderst das Tal, um wieder zum Startpunkt am Parkplatz zu gelangen. Genieße den Moment, die kühle Brise, die zwischen den Speicherseen durchs Tal streicht, und die saftig grüne Vegetation ringsumher.

Entlang der Route gibt es mehrere Berghütten mit Übernachtungsmöglichkeit. Die einfachen Unterkünfte sind sauber und gut in Schuss. Da die Bettenanzahl begrenzt ist, empfiehlt sich eine Reservierung. Rechts oben im Bild ist der malerische Speichersee Gorg Blau.

EINKEHR

Auf dem Rückweg nach Palma empfehle ich einen Stopp im Restaurant Mirador Ses Barques: Dort kannst du bei einem frisch gepressten Saft oder bei Kaffee und Kuchen den Blick über die Bucht von Sóller genießen.

BESONDERES VOR ORT

Eine Übernachtung im Refugi Tossals Verds (oder in einer der Hütten entlang des GR221) ist sehr günstig. Oder lege eine kurze Pause für einen Cortado oder einen Café con leche und Kuchen ein. Mittagessen nur mit Reservierung. *https://caminsdepedra.conselldemallorca.cat/de/-/tossals-verds*

Auf der Westseite der Tramuntana befindet sich die Reserva Puig de Galatzó, ein Naturschutzgebiet mit Abenteuerpark zwischen den Bäumen. Hier kann man uralte Wälder durchstreifen, Tiere beobachten und sich abschließend mit einem Bad in Gumpen und unter Wasserfällen abkühlen. Im Abenteuerpark erwarten dich Mallorcas längste Zipline, eine tibetische Hängebrücke hoch oben in den Bäumen und mehrere Kletterwände. Wer Hunger bekommt, geht ins dortige Restaurant oder brät sich sein Essen an den Grillstellen selbst. *www.reservapark.net*

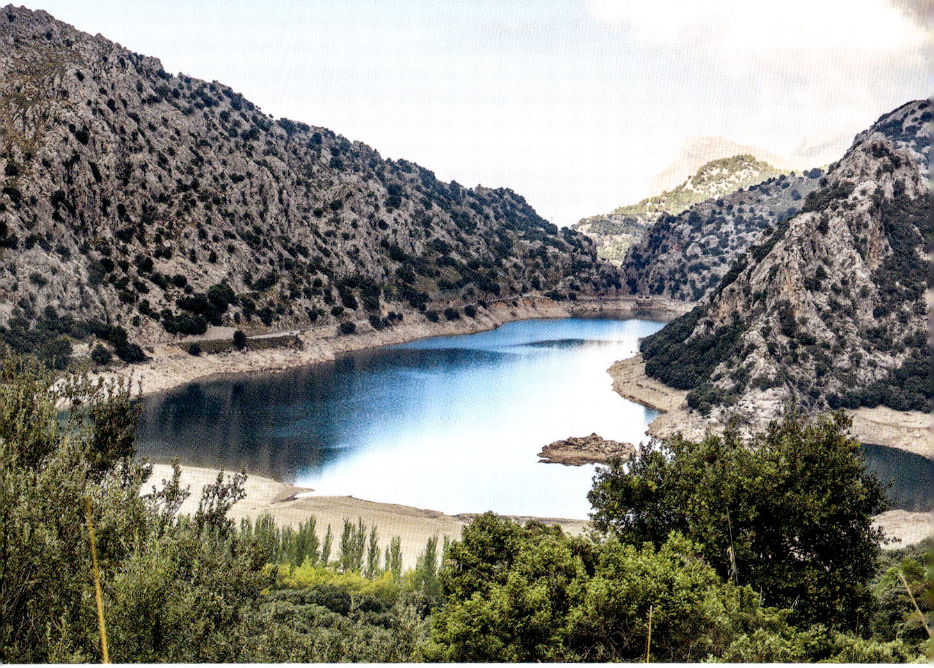

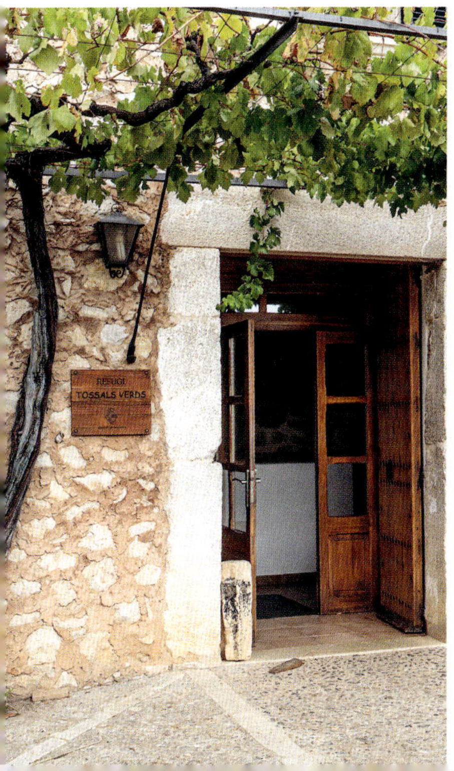
REFUGI
TOSSALS VERDS

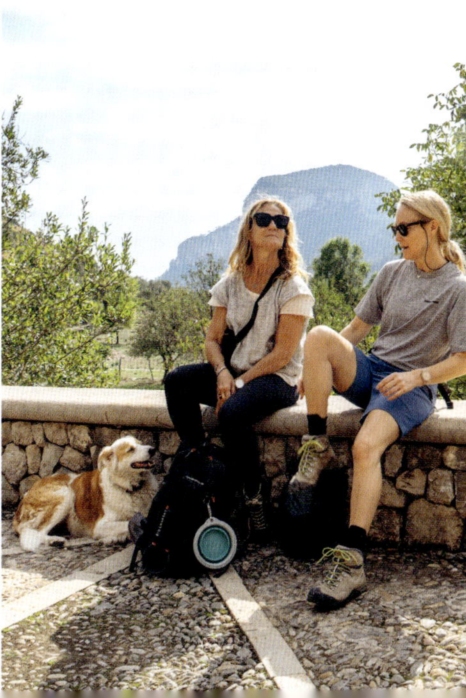

LÄNDLICHES MALLORCA

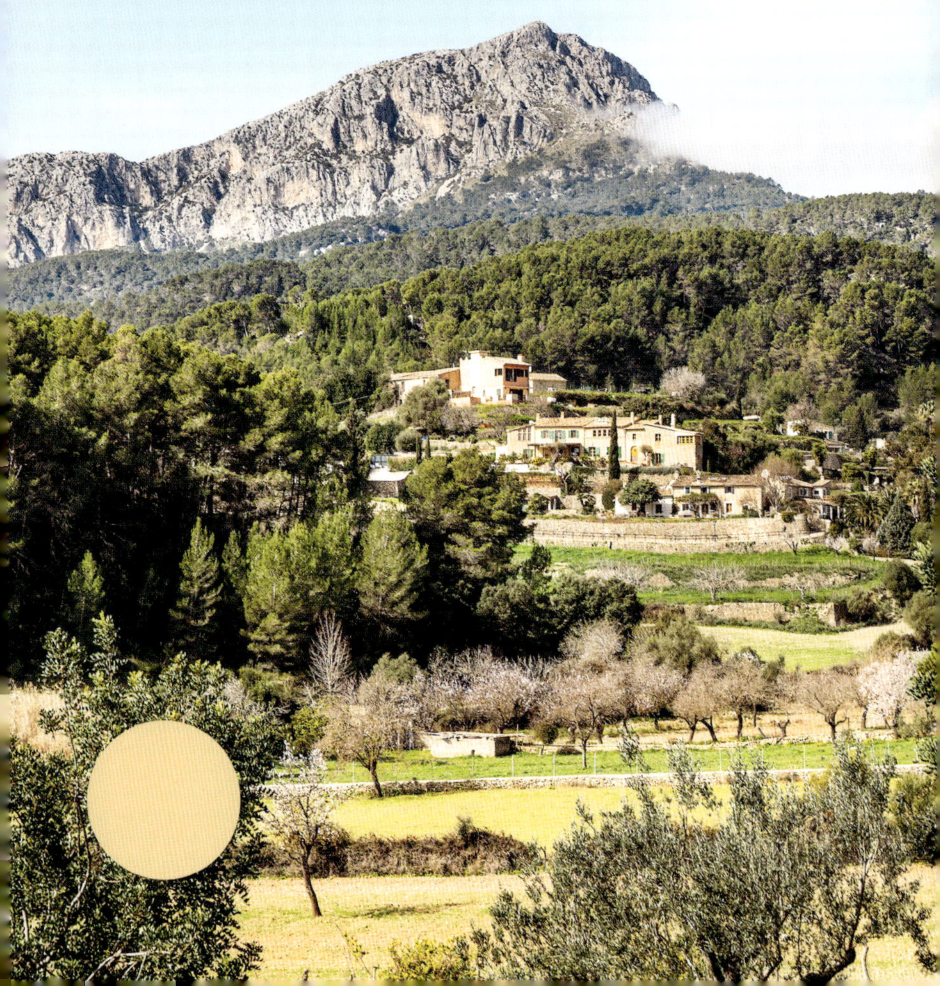

Wandern im Herzen der Insel

VOM QUIRLIGEN PALMA hinaus aufs Land sind es nur wenige Minuten. Dort wanderst du zwischen Plantagen mit Mandel-, Oliven-, Zitronen-, Feigen- und Orangenbäumen, durch Weinberge, vorbei an Weiden mit Kühen, Ziegen und Schafen. Der ländliche Flair verschafft dir in kürzester Zeit Entspannung.

Auf dem Land schlägt das Herz der Insel. Das Leben steht hier nie still. In den Dörfern finden das ganze Jahr über Märkte statt, und Cafés und Restaurants haben für Einheimische und Touristen täglich geöffnet. Viele Bewohner Palmas kommen regelmäßig hierher, um ihre Lebensmittelvorräte aufzufüllen, frisches Obst und Gemüse einzukaufen, ein Abendessen mit der Familie zu genießen oder Wein direkt beim Erzeuger zu holen. Die Farben der Landschaft wechseln mit den Jahreszeiten. Im Januar und Februar wecken die Magnolienbäume mit ihren weißen und rosafarbenen Blüten sowie die gelben Mimosen die Lebenslust, und die Mandelblüte verströmt ihren herrlichen Duft. Bevor ich nach Mallorca kam, hatte ich noch nie blühende Mandelbäume gesehen. Allein wegen dieser tiefblauen Blüten rund um Alaró, Sóller und Bunyola lohnt sich ein Besuch der Insel im Februar.

»Auf dem Land schlägt das Herz der Insel.«

Von März bis Mai ist auf den Feldern ein Farbenfeuerwerk zu bewundern. Danach werden die Blüten aufgrund der steigenden Temperaturen weniger. Der Frühling bietet die größte Farbenpracht – rote Mohnblumen wiegen sich im gleichen Rhythmus wie Hafer und Weizen, während rund um die Dörfer

Pfingstrosen, wilde Krokusse und Veilchen in einem vielfältigen Farbspektrum blühen. Im Sommer hängen die Weinreben voller Trauben und reifen bis zur Ernte im Herbst. Dann beginnt die arbeitsintensive Zeit, in der auch neu angepflanzt wird. Aus der Qualität der Ernte lassen sich Erkenntnisse für die nächste Pflanzperiode gewinnen.

Am Fuße der Serra de Tramuntana liegen Mallorcas Weinberge. Das Anbaugebiet ist nicht sehr groß, erzeugt aber Weine von erstklassiger Qualität. Dank der fruchtbaren Erde, reichlich Wasser und einem idealen Mikroklima herrschen hier beste Anbaubedingungen für Wein. Die hohen Berge dieser Region, die weiten Ebenen und die Nähe der Weinberge zum Meer sind weitere Pluspunkte für die Qualität mallorquinischer Weine. Wer sich eine gelungenen Kombination aus Essen, Wein und Wandern wünscht, liegt hier genau richtig!

Das ländliche Mallorca bietet spektakuläre und abwechslungsreiche Wandertouren. Ich stelle hier drei Routen vor, die exemplarisch für die zahlreichen Möglichkeiten stehen. Eine davon startet an dem kleinen familiengeführten Weingut Son Puig, nur einen Steinwurf von der Stadt entfernt, und führt zwischen Feldern und charmanten Orten zum Bergdorf Calvià. Auf der Wanderung bei Valldemossa lernst du eines der schönsten und bekanntesten Dörfer Mallorcas kennen.

»Das ländliche Mallorca bietet spektakuläre und abwechslungsreiche Wandertouren.«

Du wanderst vorbei an eindrucksvollen Höfen, an Feldern mit Pferden, Maultieren, Ziegen und Eseln und kannst dabei zauberhafte Gärten bestaunen. Die dritte Tour ist etwas anstrengender und führt dich rund um das Dorf Alaró. Du wanderst zu einer bekannten Burgruine, wo du bei einer Tasse Kaffee den Blick über Felder, Täler und Berge bis hinunter nach Palma und zum glitzernden Meer genießen kannst.

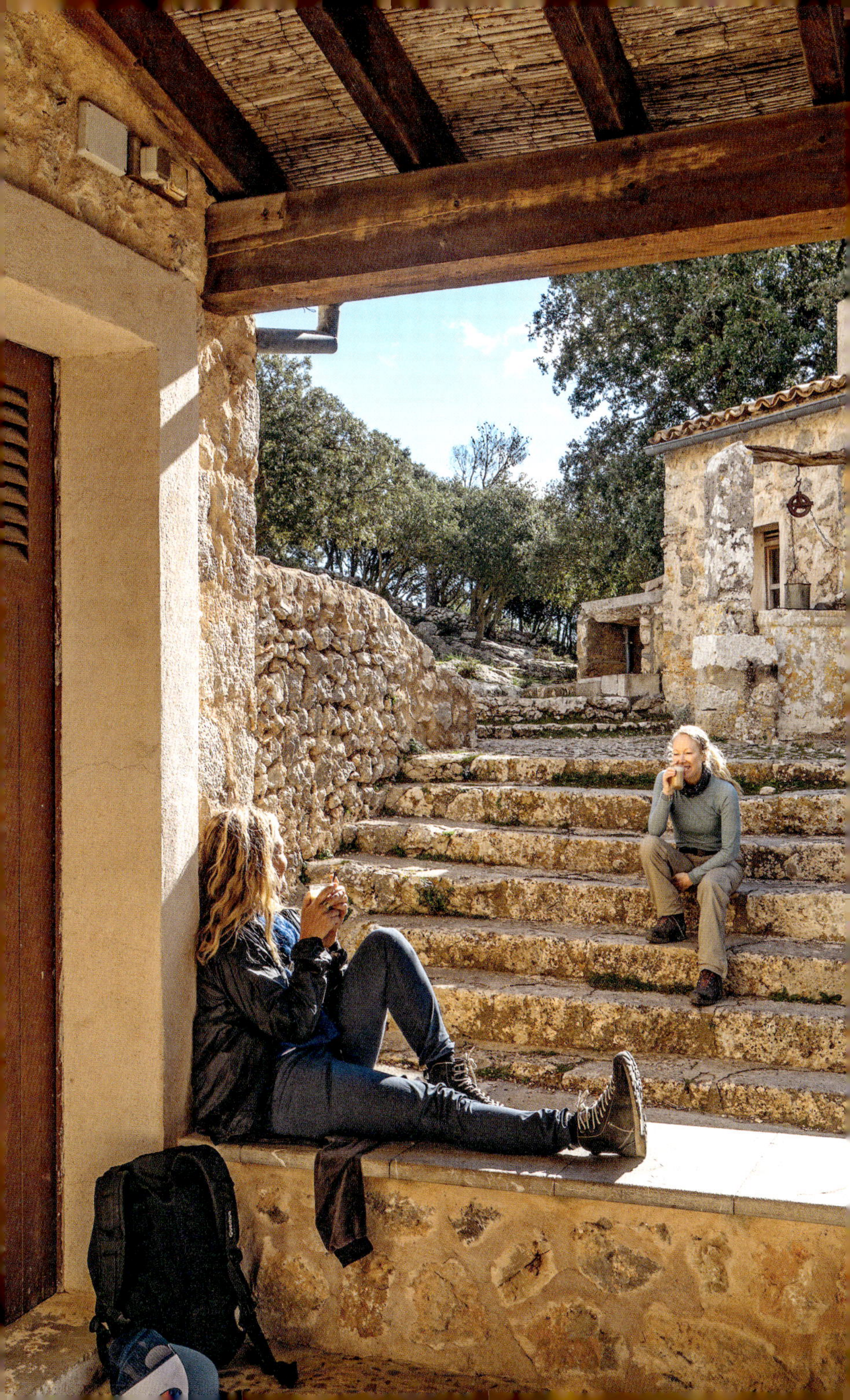

13. STADTSPAZIERGANG BEI VALLDEMOSSA

Entspanntes Wandern nahe Valldemossa

Valldemossa ist unzweifelhaft eines der malerischsten Dörfer Mallorcas. Es könnte ebenso gut in den französischen oder italienischen Alpen liegen und erinnert doch gleichzeitig auch an Marrakesch. Valldemossas Lage in einem Tal zwischen Berg und Meer ist nur eine Erklärung für seine Beliebtheit. Dazu kommen die kopfsteingepflasterten Straßen, die unterschiedlichsten alten Steinhäuser, lauschige Gassen, die mit bunten Blumentöpfen geschmückt sind. Der Ort hat eine jahrhundertealte Geschichte,

Valldemossa gilt als eines der schönsten Dörfer Europas.

START: Restaurant Romani Grill, Avinguda de Palma
HÖHENUNTERSCHIED: 155 m
WEGLÄNGE: 5,5 km
DAUER: 1,5 Stunden
SCHWIERIGKEITSGRAD: leicht
BESTE WANDERZEIT: Frühjahr, Frühsommer und Herbst
ENTFERNUNG VON PALMA: 21,5 km (Auto: 30–40 Minuten; Bus: ca. 45 Minuten)
ANREISE: Auto, Taxi oder Bus 203 ab Palma

Scanne den QR-Code mit dem Smartphone.

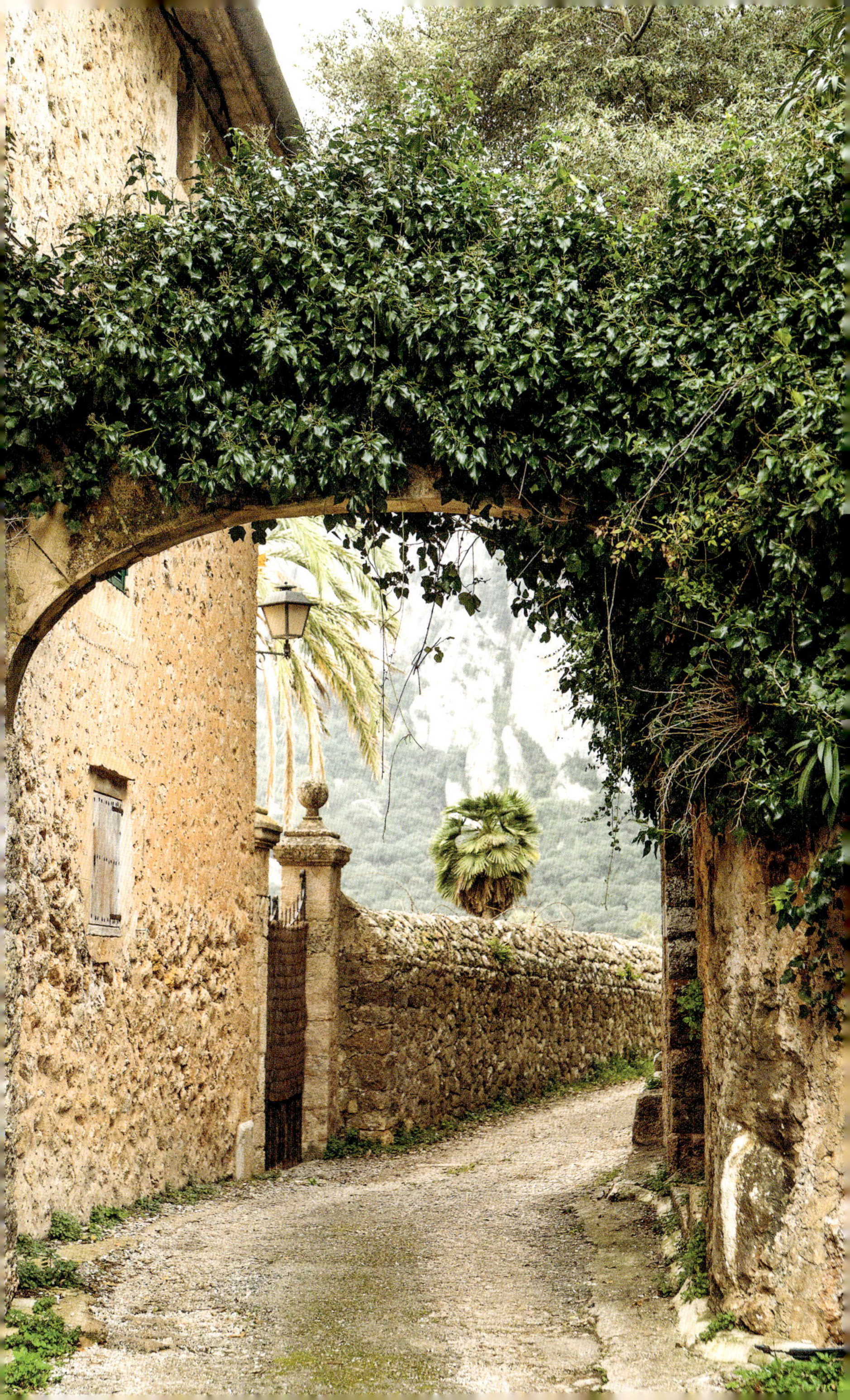

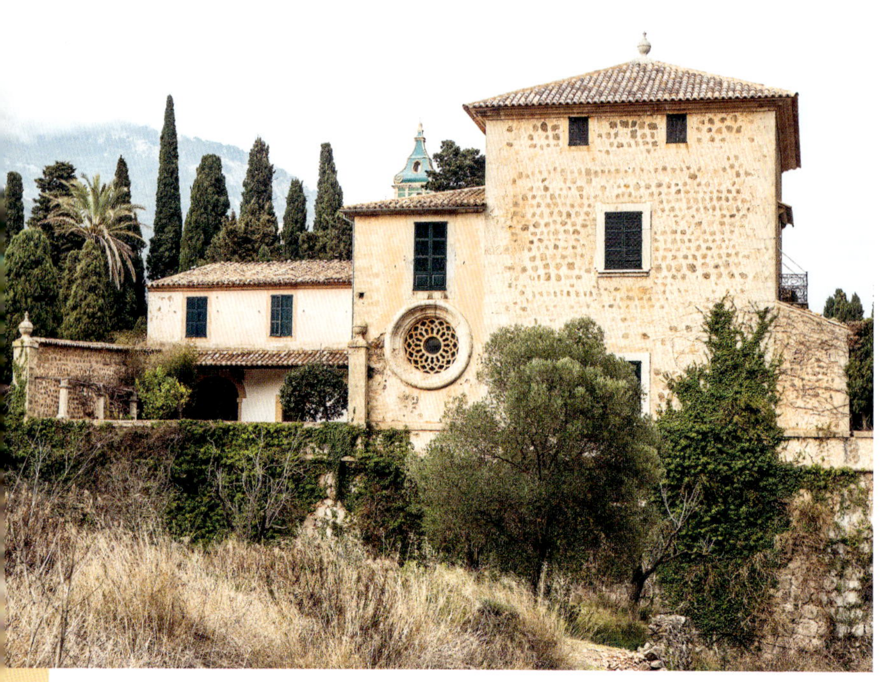

wurde aber vor allem durch den französischen Komponisten Frédéric Chopin und die Schriftstellerin George Sand (Aurore Dupin) bekannt, die hier zu Beginn des 19. Jahrhunderts lebten. Die Wanderung führt hinaus aus dem Dorf. Schon bald sieht man den Ort nur noch als Silhouette. Die Geräusche des Dorfes verklingen nach und nach. Sie werden abgelöst von zirpenden Zikaden, blökenden Schafe sowie dem Knattern eines Traktors, der ein Feld pflügt. Auf diesem längeren Spaziergang kann man nach einem Besuch des Dorfes oder nach der Wanderung auf dem Reitweg des Erzherzogs intensiv die Landschaft mit ihrer herrlichen Vegetation genießen.

»Die Geräusche des Dorfes verklingen nach und nach.«

BESCHREIBUNG

Die Tour startet an der Kreuzung Avinguda de Palma und Carrer Uruguai. Du gehst auf der Straße zwischen den Häusern hoch zur Kirche mit dem Friedhof, den Jardins Rei Joan Carles zur Linken. Der kopfsteingepflasterte Weg wird hinter dem Friedhof zu einem vernachlässigten Pfad, der eher an einen Trampelpfad erinnert. Große Bäume zur Linken werfen Schatten auf kleine Häuser. Bei einem eindrucksvollen weißen Haus, das wie der Wohnsitz eines Künstlers oder ein Pfarrhaus wirkt, sieht man riesige Mimosenbäume. Sobald der Pfad nach links abbiegt, liegen zu deiner Rechten ein Wald und hübsche Steinhäuschen zu deiner Linken. Aus dem Pfad wird nun ein grasbewachsener Schotterweg mit großen Laubbäumen, die wie ein Portal zum fruchtbaren Land hinter Valldemossa führen.

Nun läufst du circa 100 m entlang einer langen Steinmauer. Dann lösen rechts große Sträucher und Bäume die Mauer ab, und schließlich erblickst du eine Weide mit grasenden Tieren. Von hier siehst du über das Tal unterhalb des Dorfes, dahinter erhebt sich mächtig das Bergmassiv.

Die Wanderung führt weitere 2 km durch grüne Felder und Wiesen – links davon sind Bauernhöfe, rechts Bäume.

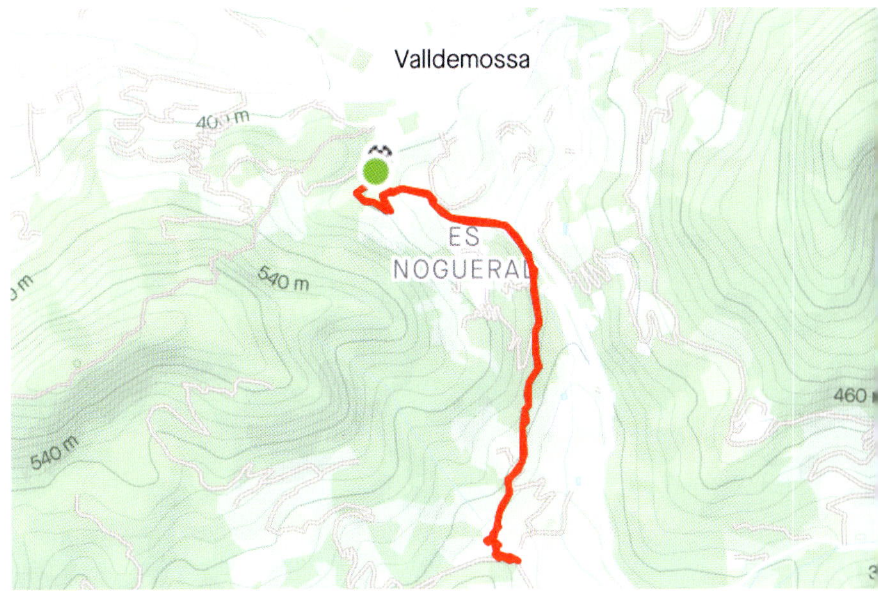

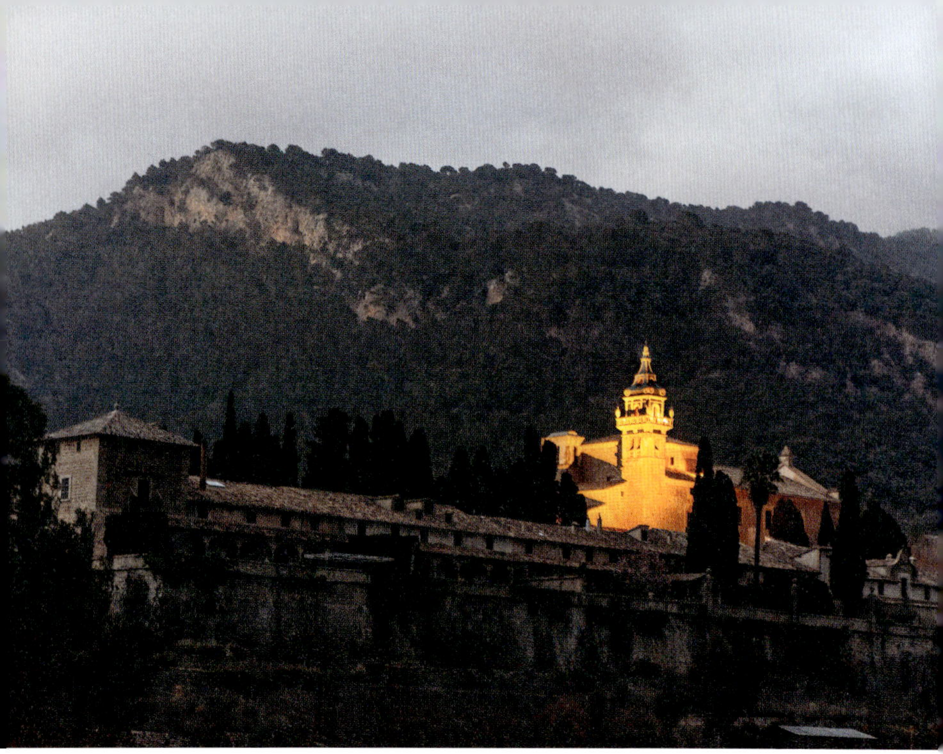

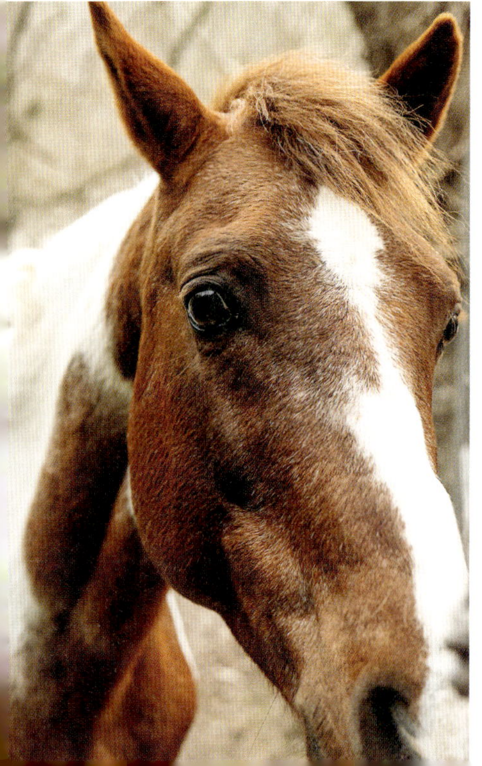

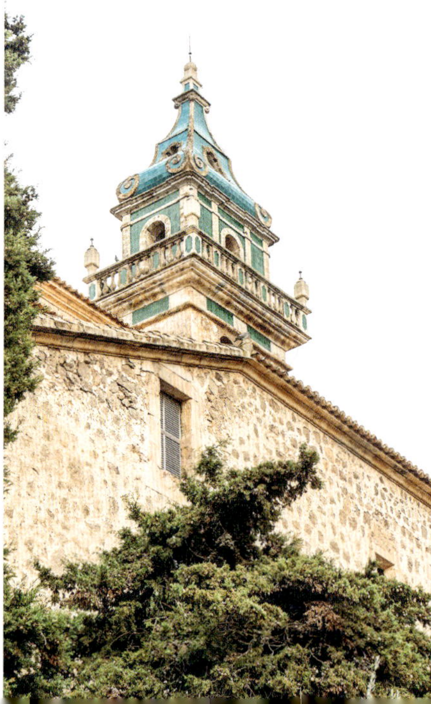

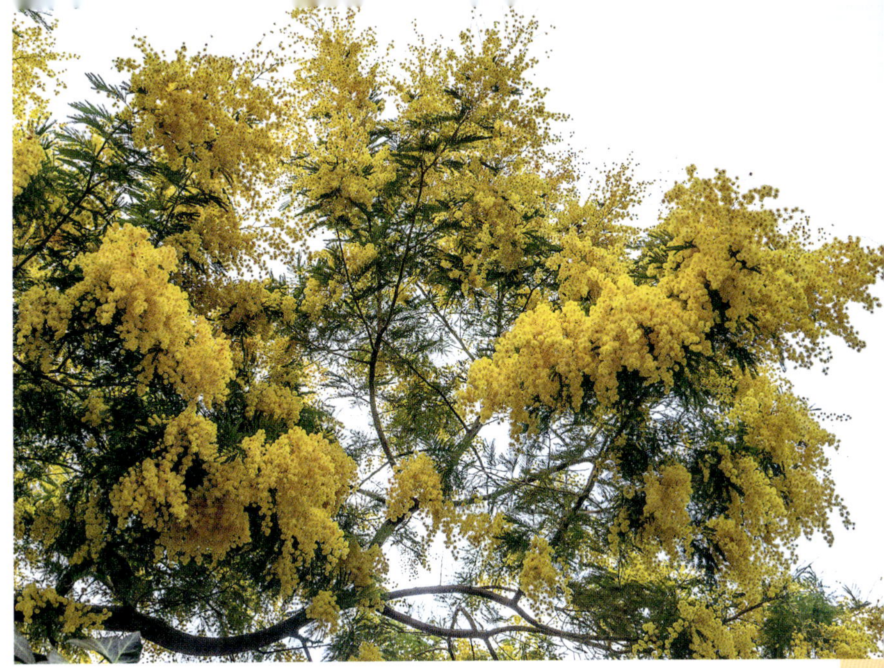

Im Februar und März kannst du die Mimosenbäume in ihrer vollen Blüte erleben. Links im Bild die Kirche am Jardins Rei Joan Carles.

Gelegentlich kommst du an einem Wohnhaus, einem Künstleratelier oder einem alten Pumpwerk vorbei. Bald lichtet sich der Wald, und es wird heller. Links liegt ein lang gezogener Olivenhain, vor dir liegt eine imposante Finca. Der Pfad führt um das Haus herum, sodass du die grandiose Architektur und den (etwas vernachlässigten) Garten bewundern kannst.

Hier kehre ich meistens um. Auf dem Rückweg kann ich die Landschaft dann aus einer neuen Perspektive genießen.

EINKEHR

Im Zentrum des Dorfes gibt es mehrere Cafés zur Auswahl, u. a. das wunderbare Cappuccino-Café Mimosa in der Nähe des Kartäuserklosters.

BESONDERES VOR ORT

Gönne dir ein Mittag- oder Abendessen im Es Taller, einem bezaubernden Restaurant, das Fusion Food in einer ehemaligen Autowerkstatt serviert. Reservierung empfohlen!
www.estallervalldemossa.com

Wer samstags hierherkommt, sollte unbedingt über den Markt an der Plaça de Alaró schlendern.

14. VON SON PUIG NACH CALVIÀ

Vom Weingut zum Bergdorf Calvià

Diese Wanderung geht ganz gemütlich los: Sie startet in ländlicher Umgebung zwischen Bauernhöfen, Weinbergen und Obstbaumwiesen in Son Puig, einem familiengeführten Weingut. Die Traubensorte Malvasia kam bereits im 15. Jahrhundert von Italien auf die Insel. Sie gedieh prächtig und wird noch heute zur Weinproduktion angebaut. Das Weingut Son Puig bietet Führungen an, die man unbedingt im Voraus buchen sollte. Oder aber man spaziert einfach auf dem stattlichen Anwesen herum, bevor man die Tour Richtung Puigpunyent in Angriff nimmt. Nach dem pittoresken Dorf, das sich mit seinen Terrassenfeldern zwischen die Berge schmiegt, geht es weiter zum Naturschutzgebiet La Reserva. Hier siehst du oben den Puig de Galatzó (1027 m) und unten die Täler. Die hügelige Landschaft verzaubert mit Palmen, Johannisbrot- und Mandelbäumen, Eichen- und Kiefernwäldern.

»Die hügelige Landschaft verzaubert mit Palmen, Johannisbrot- und Mandelbäumen.«

START: Weingut Son Puig
HÖHENUNTERSCHIED: 321 m
WEGLÄNGE: 13 km
DAUER: 3 Stunden
SCHWIERIGKEITSGRAD: leicht/mittel
BESTE WANDERZEIT: Frühjahr, Frühsommer und Herbst
ENTFERNUNG VON PALMA: 15 km (ca. 20 Minuten)
ANREISE: Taxi zum Weingut Son Puig

Scanne den QR-Code mit dem Smartphone.

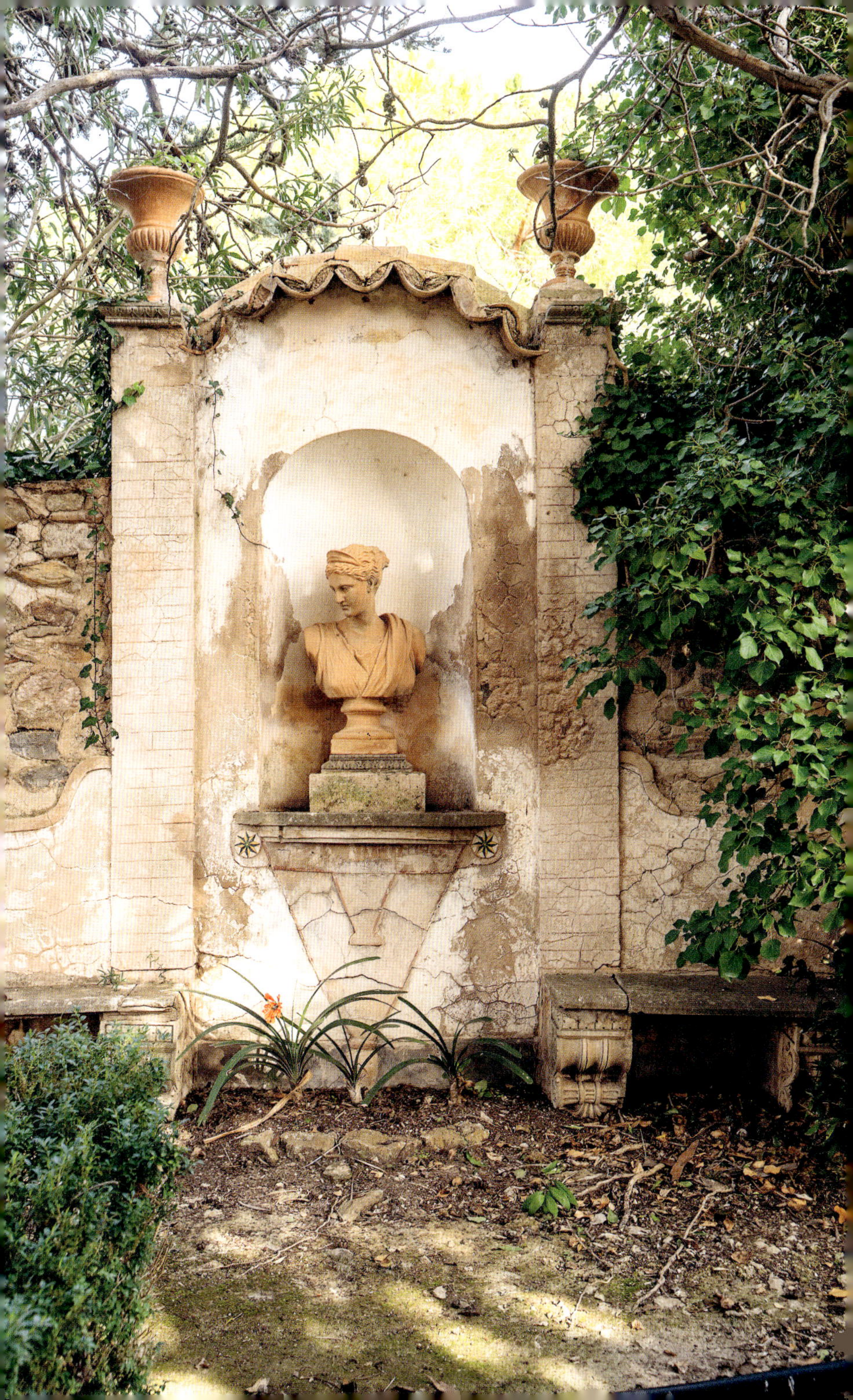

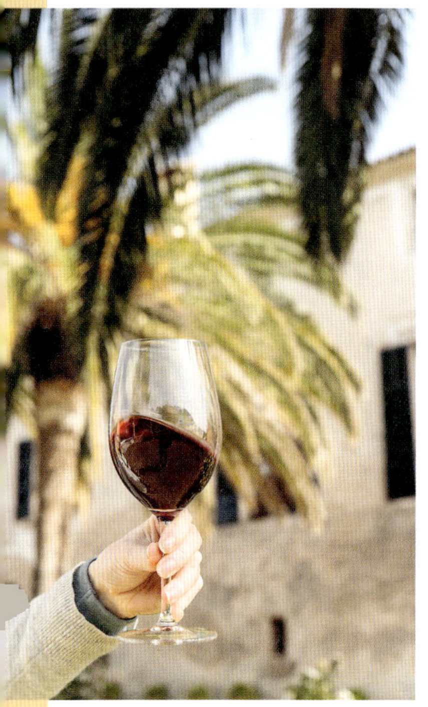

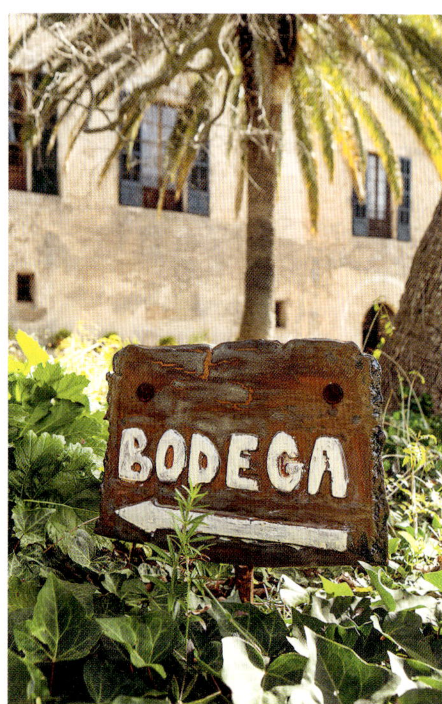

Ein guter Tipp: Weinprobe im Weingut Son Puig.

Das Tal rund um Puigpunyent gilt als einer der frühen Siedlungsräume der Menschen der Talayot-Kultur. Davon zeugen Ruinen und Friedhöfe, wie z. B. der Necròpolis de Casat Nou am Rande des Dorfes. Die prähistorische Nekropole erinnert mit ihren Monumenten und Mausoleen an die griechische und römische Kultur. Die Gegend rund um Puigpunyent war schon früh römisch besiedelt, ihre Blütezeit erfuhr sie erst während der maurischen Besetzung (902–1229 n. Chr.). Die Anlage des Bewässerungssystems mit Wassermühlen und Kanälen war ein Gewinn für die Landwirtschaft.

»Vom Kirchenvorplatz hat man einen fantastischen Blick.«

Der Wanderweg verläuft überwiegend auf dem GR221 in Richtung Naturschutzgebiet La Reserva und endet an einer asphaltierten Straße im Städtchen Calvià. Der Ort ist aufgrund seiner Lage nahe Palma und seinen Stränden recht beliebt. Calviàs Silhouette wird von der imposanten Kirche Sant Joan Baptista aus dem 13. Jahrhundert bestimmt. Vom Kirchenvorplatz hat man einen fantastischen Blick auf das Dorf und die umliegenden Berge.

BESCHREIBUNG

Vom Weingut Son Puig folgst du der Beschilderung Richtung Puigpunyet. Wenn du dich dem Dorf näherst, siehst du schon bald ein Hinweisschild für den GR221, das Richtung Es Grau und Estellencs zeigt: Der Weg führt dich ins Dorfzentrum. Dort kannst du dich umsehen, oder du spazierst einfach weiter.

Du kommst an einen von Restaurants und Geschäften gesäumten Kanal und überquerst ihn bei der Brücke. Auf der anderen Seite zeigt dir eine große Informationstafel, wo der GR221 verläuft.

Eine gepflasterte Straße führt dich zwischen Wohnhäusern aus dem Dorf hinaus. Weiter geht es bergauf in den Wald, wo aus der Straße ein Schotterweg wird. Dieser führt einige Kilometer bergan zu einem Hochplateau. Von dort hat man eine prächtige Aussicht auf die Serra de Tramuntana im Norden und die Terrassenfelder unten im Tal.

Der Pfad verläuft weiter zwischen hohen Bäumen, Azaleen, Kakteen, Palmen und Johanniskraut. Du befindest dich nun mitten im Naturschutzgebiet. Hier gibt es keine Häuser, nur

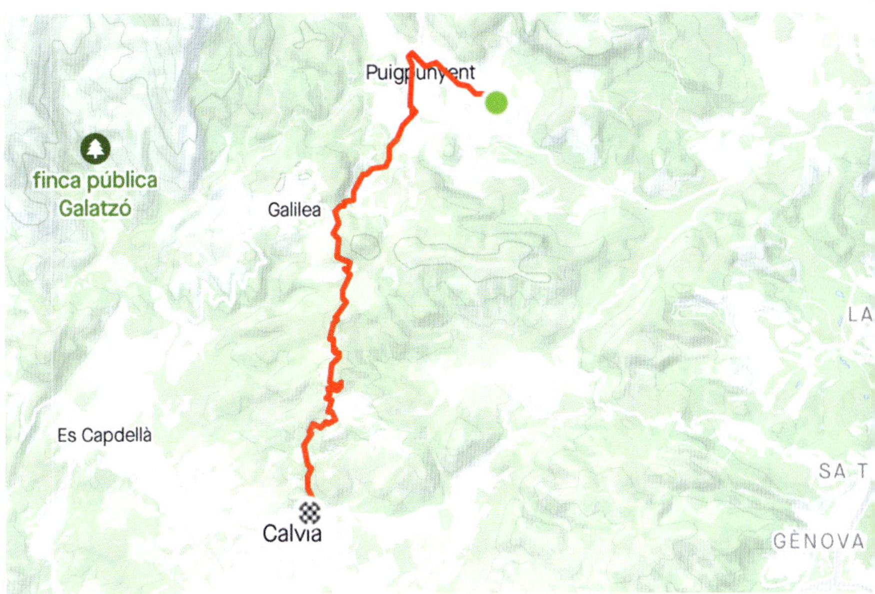

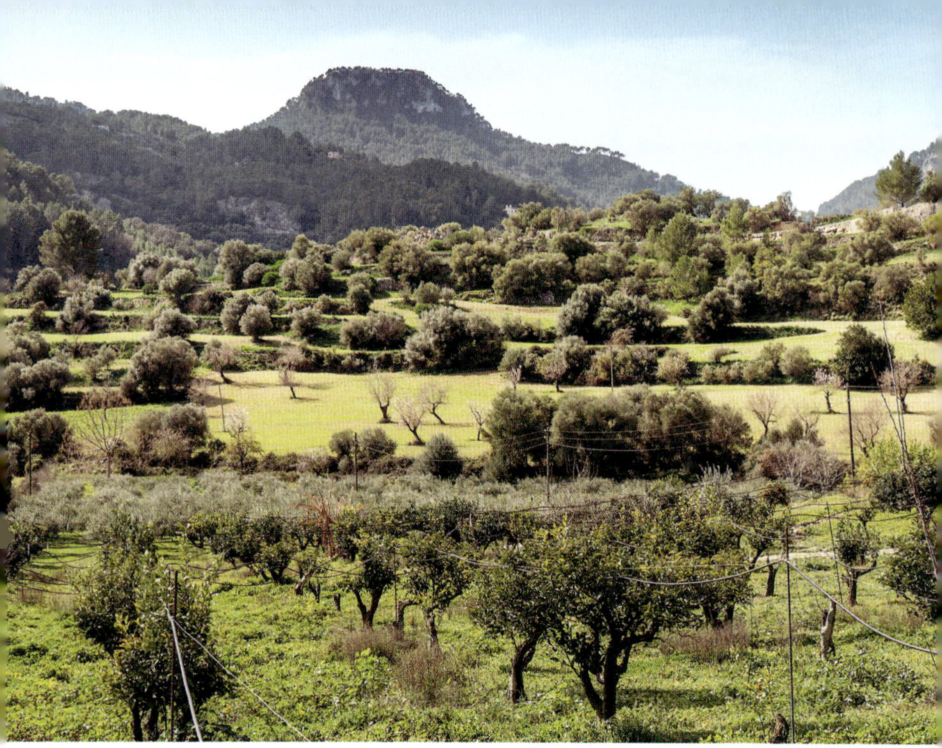

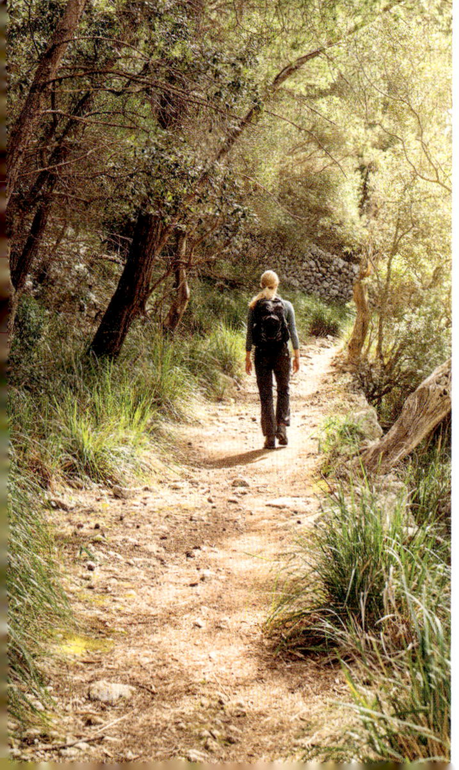

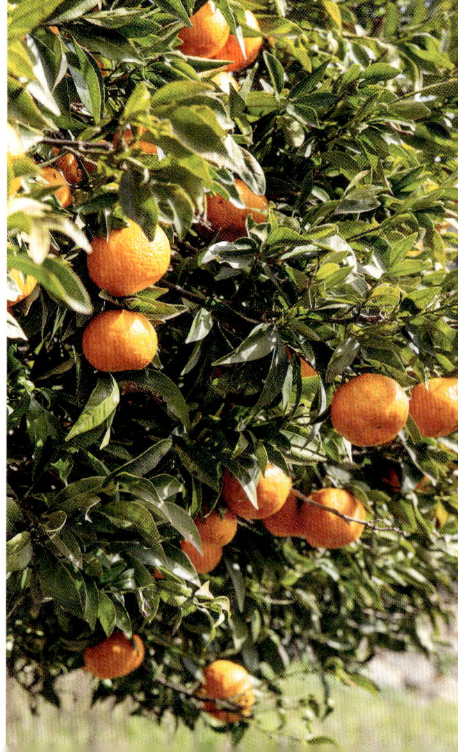

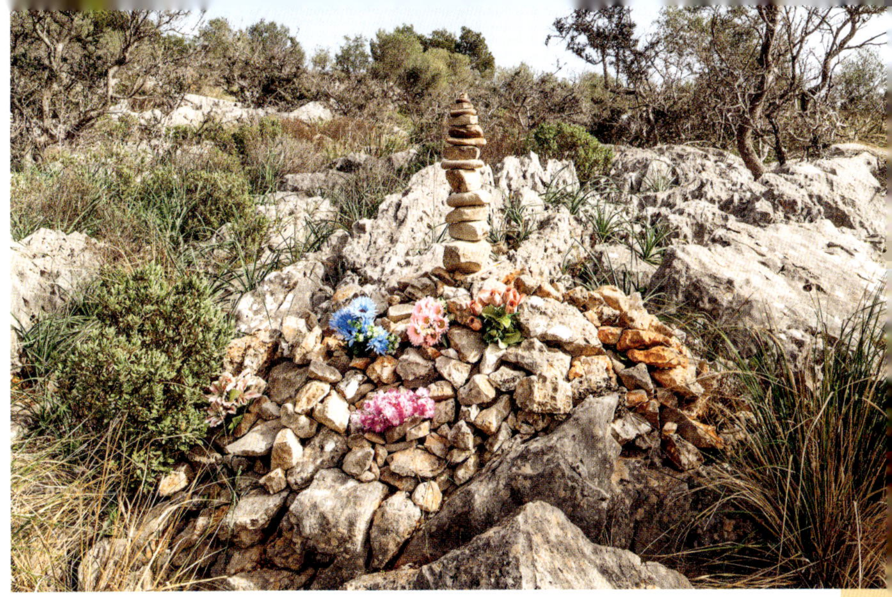

»Hier gibt es keine Häuser, nur dich und die Natur.«

dich und die Natur. Der breite Weg führt weiter bergan, jedoch direkt am Abhang entlang – also gut aufpassen!

Nach etwa 5 km biegt der Weg schließlich nach links ab, in eine Landschaft mit Sträuchern und Bäumen. Wenn du auf der anderen Seite herauskommst, befindest du dich wieder in bebautem Gebiet. Nach einigen Hundert Metern erblickst du unter dir Calvià. Der Weg führt über weitere 3 km durch bebautes Gebiet. Je näher du ans Zentrum kommst, desto stärker wird der Verkehr. Jetzt bist du am Ziel: Genieße ein Mittagessen oder eine Tasse Kaffee, bevor du ins Taxi zurück nach Palma steigst. Oder du wanderst noch ein bisschen weiter und hüpfst am nahe gelegenen Strand von Peguera oder Santa Ponsa ins Meer.

EINKEHR

In der Bar Sa Societat kannst du dir zum Abschluss einen frisch gepressten Saft oder einen Kaffee und Kuchen gönnen.
Carrer Major 2, Calvià

BESONDERES VOR ORT

Weingut Son Puig: Isabel Alabern leitet das Weingut und produziert den Wein gemeinsam mit ihrem Vater. Isabel ist bekannt für ihre Weinleidenschaft und ihre Qualitätsweine.
www.vinsdesonpuig.com

15. DIE FESTUNG VON ALARÓ

Grandiose Ausblicke auf Berge und Flachland

Diese Tour führt dich auf jahrtausendealten Maultierpfaden hoch zum Castell d'Alaró, einer Festung aus der Zeit der Mauren, die direkt aus dem Fels zu wachsen scheint. Die Burg war einst ein historisch wichtiger Schauplatz: Als König Jakob I. von Aragón 1229 Mallorca eroberte, suchte eine Gruppe mallorquinischer Muslime des Taifa-Königreichs hier Schutz, nachdem Jakob I. in Madina Mayurqa, heute Palma, eingezogen war.

Überall auf Mallorca finden sich Zeitzeugen der Vergangenheit. Die vielen Kulturen und Ethnien, die jemals auf der Insel gelebt und gekämpft haben, prägten die Bevölkerung und das Leben auf Mallorca. Es gibt zahlreiche kulturelle Ausdrucksformen. Diese und die vielseitige Landschaft geben der Insel ihren einzigartigen Charakter. Die Einheimischen sind sich dessen bewusst und bewahren ihr Erbe.

Mallorca bietet immer wieder anregende Perspektivwechsel und zeigt so seine vielen Facetten.

START: Parkplatz beim Restaurant Es Verger
HÖHENUNTERSCHIED: 355 m
WEGLÄNGE: 8 km
DAUER: 2 Stunden
SCHWIERIGKEITSGRAD: leicht/mittel
BESTE WANDERZEIT: Frühjahr, Frühsommer und Herbst
ENTFERNUNG VON PALMA: 15 km (ca. 20 Minuten)
ANREISE: per Auto oder Taxi zum Restaurant Es Verger in Alaró. Oder mit dem Bus 301 nach Alaró. Von der Bushaltestelle sind es allerdings noch 30–40 Minuten bis zum Restaurant.

Scanne den QR-Code mit dem Smartphone.

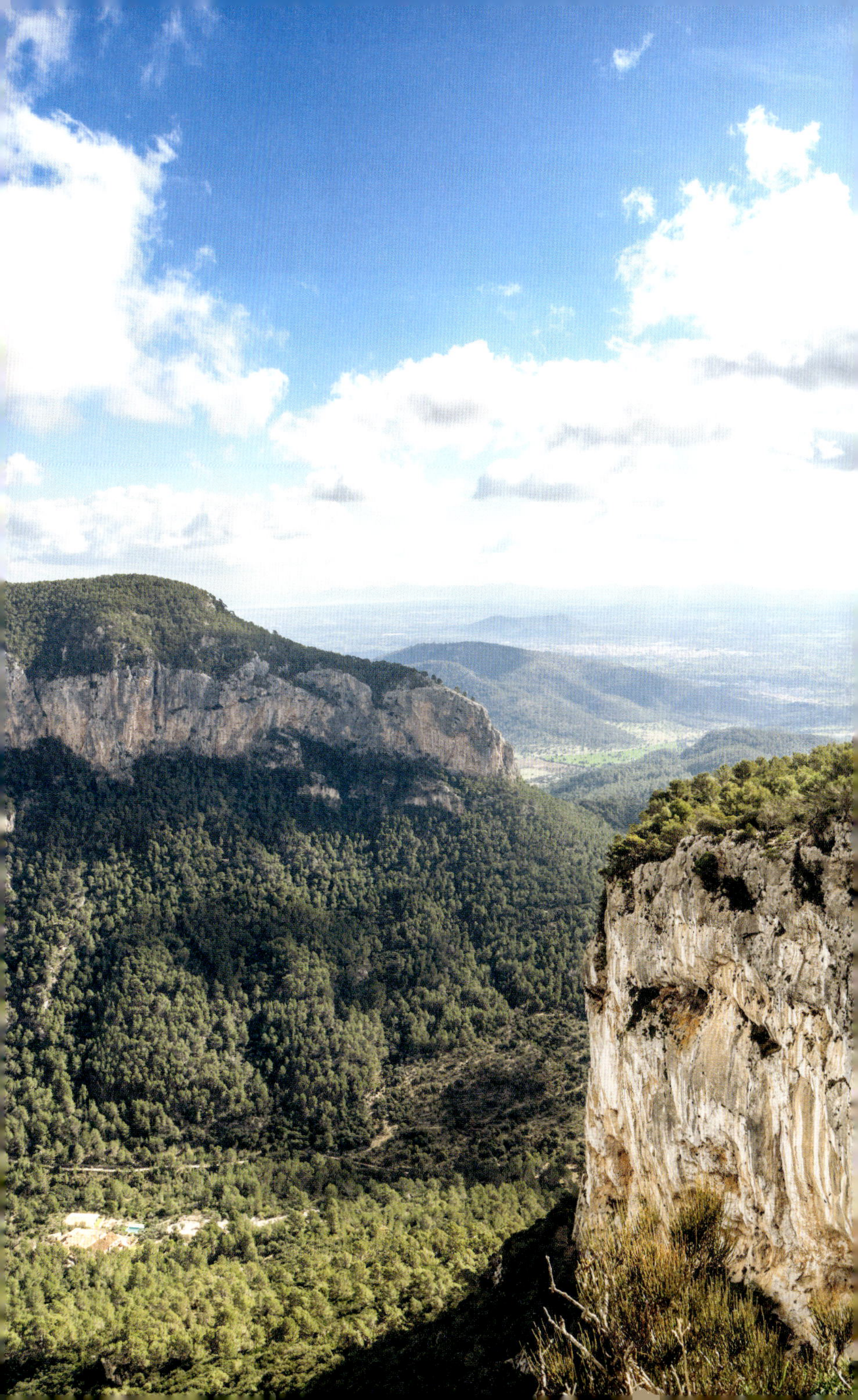

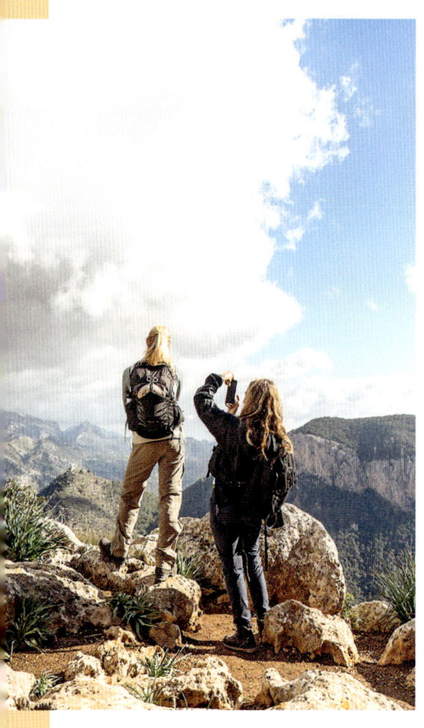

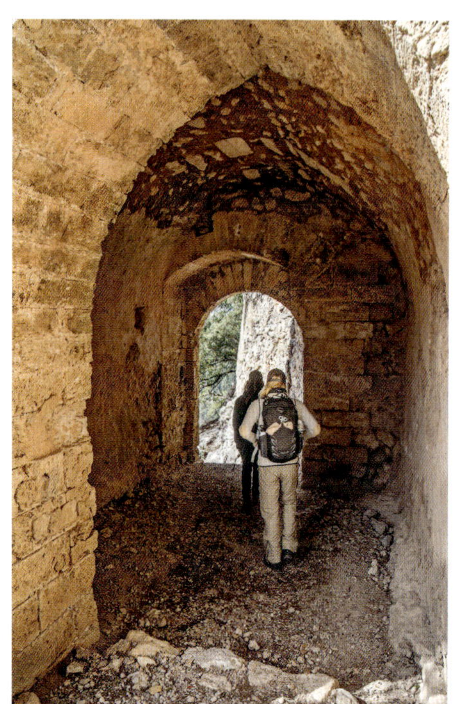

Der Weg hoch zur Festung zählt zu den beliebtesten Wanderungen rund um Palma. Der Anstieg verläuft gemächlich und ist nicht allzu anstrengend. Der von kleinen Mauern gesäumte Pfad ist gepflastert und gut befestigt. Bei der Burg kannst du einen Kaffee trinken und die aussichtsreiche Lage zwischen Tal und Berggipfeln genießen.

Am besten startest du bereits am Morgen: Wenn du mit dem Auto kommst, kannst du vor dem Restaurant Es Verger parken. Zur Mittagszeit ist der Parkplatz meist voll, und auch der Straßenrand auf dem Weg zum Startpunkt ist dann zugeparkt. Wer mit dem Bus kommt, steigt im Dorf Alaró aus und folgt der Beschilderung Richtung Castell d'Alaró: So gelangst du zum Startpunkt der Wanderung. Der Weg von der Bushaltestelle bis dorthin beträgt etwa 5 km, weshalb du 30–40 Minuten mehr einplanen solltest.

»Der von kleinen Mauern gesäumte Pfad ist gepflastert und gut befestigt.«

BESCHREIBUNG

Bei einem großen weißen Gebäude neben dem Restaurant weist ein Holzschild Richtung Castell d'Alaró. Der Pfeil zeigt

»Überall auf Mallorca finden sich Zeitzeugen der Vergangenheit.«

nach oben zu einer asphaltierten Straße. Folge dem Weg 300 m bis zu einem weiteren Schild, und nimm dort die Straße, die rechts zur Burg hinaufführt. Ab hier geht es in Serpentinen auf den Puig d'Alaró bis zum Plateau, auf dem die Festung thront. Auf den umliegenden Terrassenfeldern wachsen Oliven- und Johannisbrotbäume sowie Kiefern. Der Weg besteht mal aus Schotter, mal aus Sand und Pflastersteinen. Hie und da wird er von niedrigen Steinmauern gesäumt, während auf der anderen Seite des Tales die Felsen in Grau-, Braun-, Weiß- und Schwarztönen schimmern. Je höher man kommt, desto weiter wird die Aussicht. Schon bald erblickst du die Festung. Durch ein Steinportal betritt man den ersten Burghof. Hier gibt es eine kleine Kapelle und ein Café. Du befindest dich nun auf 800 m Höhe und hast einen der besten Ausblicke der ganzen Insel über die Tramuntana und das Tal Orient, das Dorf Alaró und das Meer am Horizont. Zurück geht es auf demselben Weg. Unten angekommen kannst du noch zum Essen ins Es Verger einkehren oder einfach über den Markt schlendern. ⊕

Serpentinen führen hoch zum Festungsplateau.

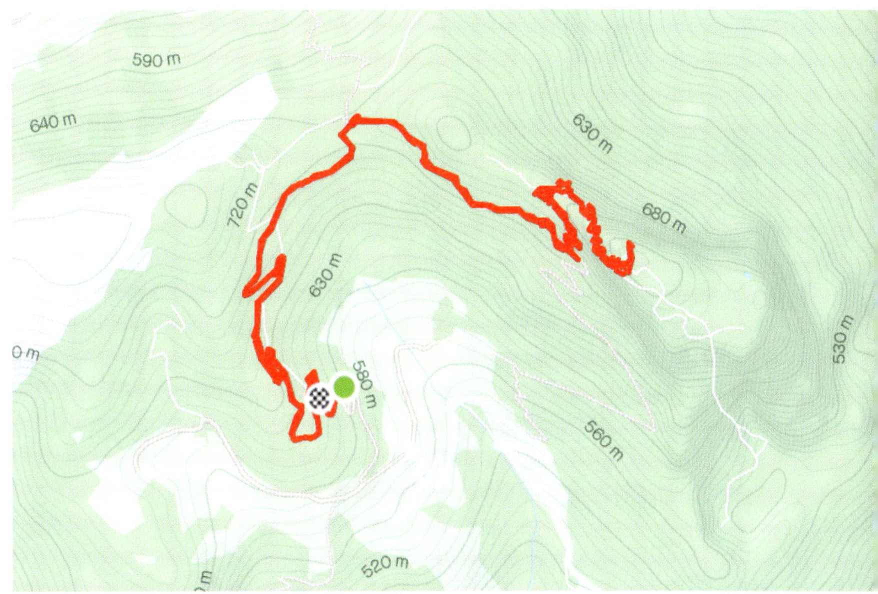

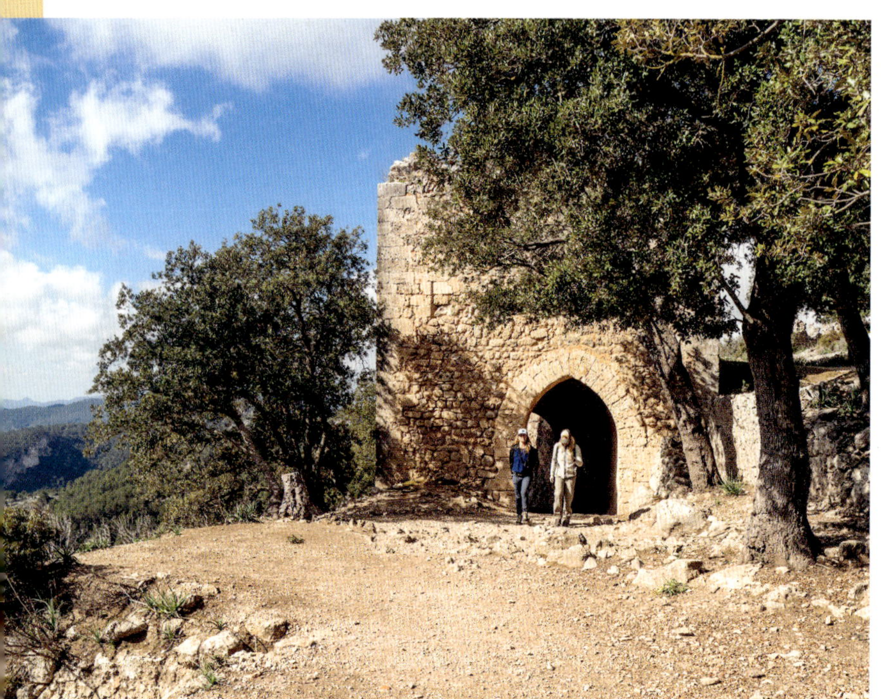

Nahe der Burg kannst du einen Kaffee trinken und den Blick übers Tal schweifen lassen.

EINKEHR

Im beliebten Restaurant Es Verger, das neben dem Startpunkt der Wanderung (Parkplatz) liegt, soll es den besten Lammbraten von Mallorca geben. Reservieren ist dringend empfohlen!

BESONDERES VOR ORT

Falls du dir ein Paar ordentliche handgenähte Stiefel kaufen willst, schau in der Werkstatt Tony Mora vorbei, am Rand von Alaró.
www.tonymora.com

Samstag ist Markttag in Alaró. Hier gibt es regionale Produkte von den umliegenden Bauernhöfen: Käse, Wurstwaren, Obst, Gemüse, Oliven, Kunsthandwerk und Schuhe. Wie die meisten mallorquinischen Märkte beginnt er um 8 oder 9 Uhr morgens und endet nach der Mittagszeit. Mehr Informationen zu den Zeiten sowie zu anderen Märkten auf der Insel findest du unter:
www.mallorca-touristguide.de

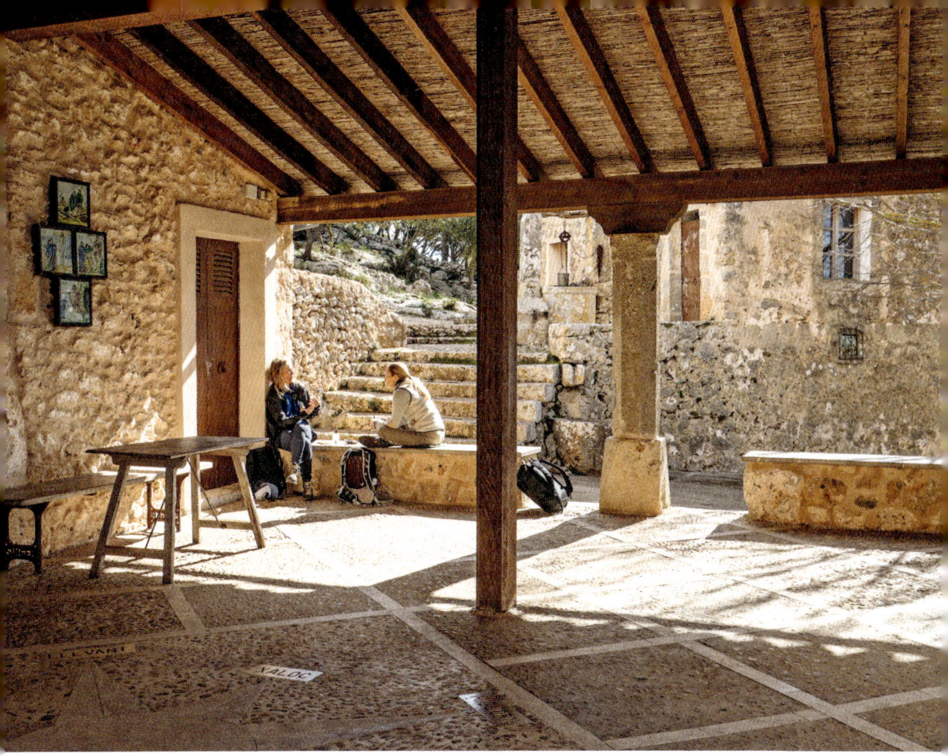

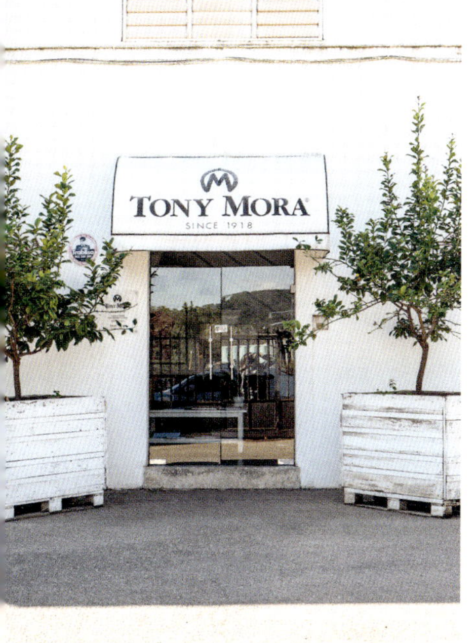
TONY MORA
SINCE 1918

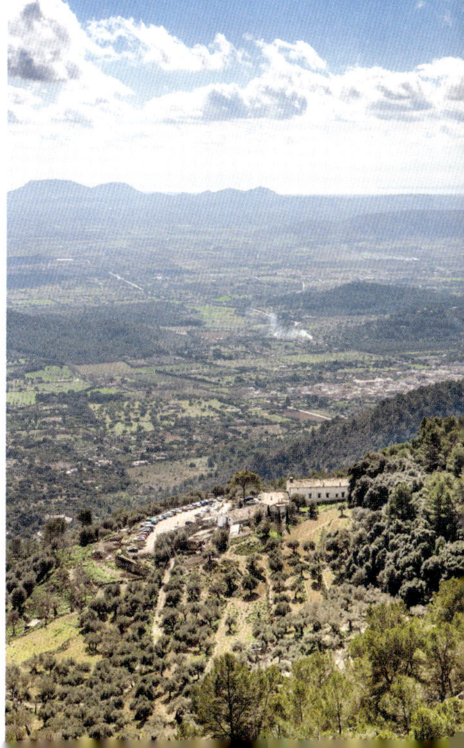

IN STADTNÄHE

MIT MEERBLICK

DIE SERRA DE TRAMUNTANA

LÄNDLICHES MALLORCA

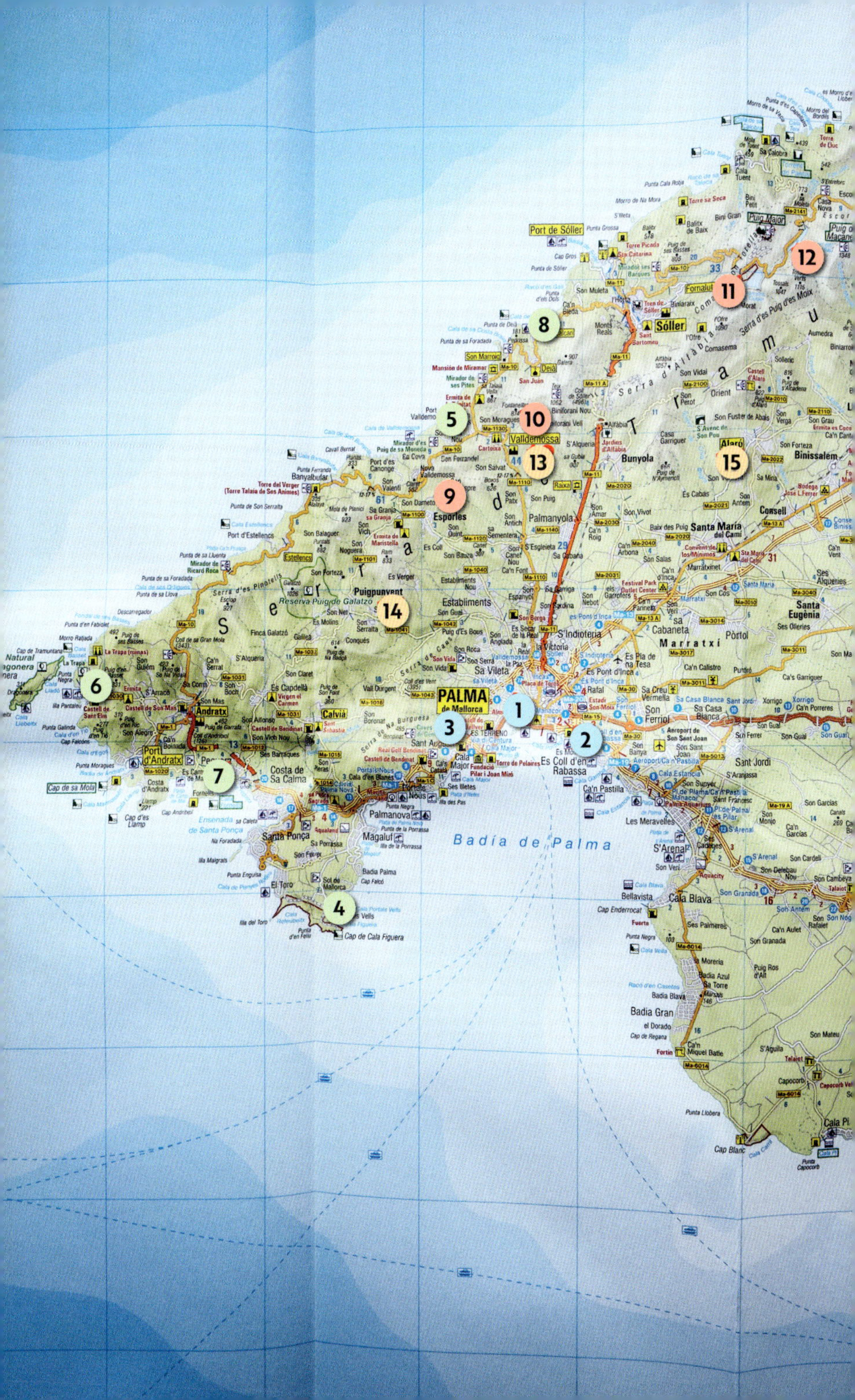

Port de Sóller
Sóller
Fornalutx
Puig Major
Deià
Son Marroig
Mansión de Miramar
Valldemossa
Cartoixa
Port Valldemossa
Banyalbufar
Estellencs
Esporles
Puigpunyent
Reserva Puig de Galatzo
Bunyola
Alaró
Binissalem
Consell
Santa Maria del Camí
Palmanyola
Marratxí
Pòrtol
Sa Cabaneta
Establiments
Sa Vileta
PALMA de Mallorca
Es Coll d'en Rabassa
Can Pastilla
Les Meravelles
S'Arenal
Cala Blava
Bellavista
Cap Enderrocat
Badia Gran
Badia Blava
Calvià
Andratx
Port d'Andratx
Sant Elm
La Trapa
Costa de Sa Calma
Santa Ponça
Palmanova
Magaluf
Portals Nous
Cala Major
Sant Agustí
El Toro
Cap de Cala Figuera
Bahía de Palma
Cap Blanc
Cala Pi
Capocorb
Llucmajor
Serra de Tramuntana
Serra d'Alfàbia
Cap de sa Mola
Punta Llobera
Ma-10
Ma-11
Ma-1
Ma-13
Ma-19
1
2
3
4
5
6
7
8
9
10
11
12
13
14
15

DANKSAGUNG

Es gibt nichts Schöneres, als mit Freundinnen und Freunden zu wandern. Dank einiger meiner ebenfalls wanderverrückten Freunde auf Mallorca erlebte ich fantastische Touren, an die ich mich immer erinnern werde. Åsa, Sarah und Patric fuhren mich herum und leisteten mir und der Fotografin Charlotte Gawell Gesellschaft, während wir die Routen fotografierten.

Åsa Johannesson Alomar ist eine sehr erfahrene Wanderführerin, die seit mehr als 30 Jahren auf Mallorca arbeitet. Mit 20 Jahren kam sie hierher, um Spanisch zu lernen, verliebte sich und blieb auf der Insel. Das Wandern wurde schon bald zu Åsas größter Leidenschaft. Sie begleitete einheimische Wanderführer auf der ganzen Insel. Aus diesem Grund kennt Åsa viele einzigartige und coole Touren.

Åsa und ich lernten uns über meine langjährige Freundin Sarah Elfvin kennen. Uns verband das Interesse an Gesundheitsthemen und Yoga. Unsere Freundschaft hat sich weiterentwickelt und wird heute bei vielen Gesprächen in der Natur gepflegt. Wir sind uns einig, dass uns nur wenig so gut wieder ins Gleichgewicht bringt wie ein Ausflug in die Natur, in Wälder, ans Meer und in spektakuläre Landschaften.

Sarahs Lebenspartner Patric Söderblom ist einer der besten Naprapathie-Therapeuten der Insel – seine heilenden Hände haben schon vielen geholfen. Sarah und Patric nutzen ihr Interesse an Gesundheit, Wandern und Wohlbefinden auch beruflich, in ihren Firmen Lucky Bodies & Happy Souls und Livingroom Art im Raum Santa Catalina. Wer Tipps für maßgeschneiderte Wanderungen braucht, kann sich an sie wenden.

Ich hoffe sehr, dass du dich von diesem Buch dazu inspirieren lässt, Mallorca zu Fuß zu entdecken und die wundervolle Landschaft der Insel eigenständig zu erobern.

Mit den besten Wünschen für weitere erfrischende Abenteuer auf all deinen Wanderwegen.

Dankeschön,
Ulrica

Die Originalausgabe erschien 2023 unter dem Titel
Hike Palma – 15 Utvalda Vandringar Nära Palma
www.gawellforlag.com

Die Deutsche Nationalbibliothek verzeichnet diese Publikation in der Deutschen Nationalbibliografie; detaillierte bibliografische Daten sind im Internet über http://dnb.dnb.de abrufbar.

1. Auflage
ISBN 978-3-667-12848-5

Bearbeitung der deutschen Ausgabe:
Text: Ulrica Norberg
Fotos: Charlotte Gawell
Übersetzung: Manuela Schomann
Lektorat: Karin Leonhart für booklab GmbH, München
Satz: Rüdiger Wagner, Buchflink
Einbandgestaltung: Jörg Weusthoff, www.wundrdesign.de
Produktion: Die Werkstatt Medien-Produktion
Printed in Estonia 2024

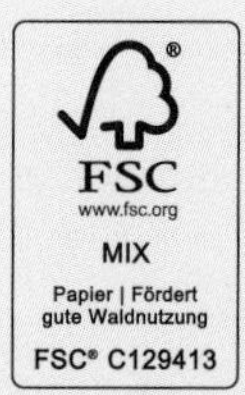

Delius Klasing Verlag GmbH, Siekerwall 21, D-33602 Bielefeld
Tel.: 0521/559-0, Fax: 0521/559-115
E-Mail: info@delius-klasing.de
www.delius-klasing.de

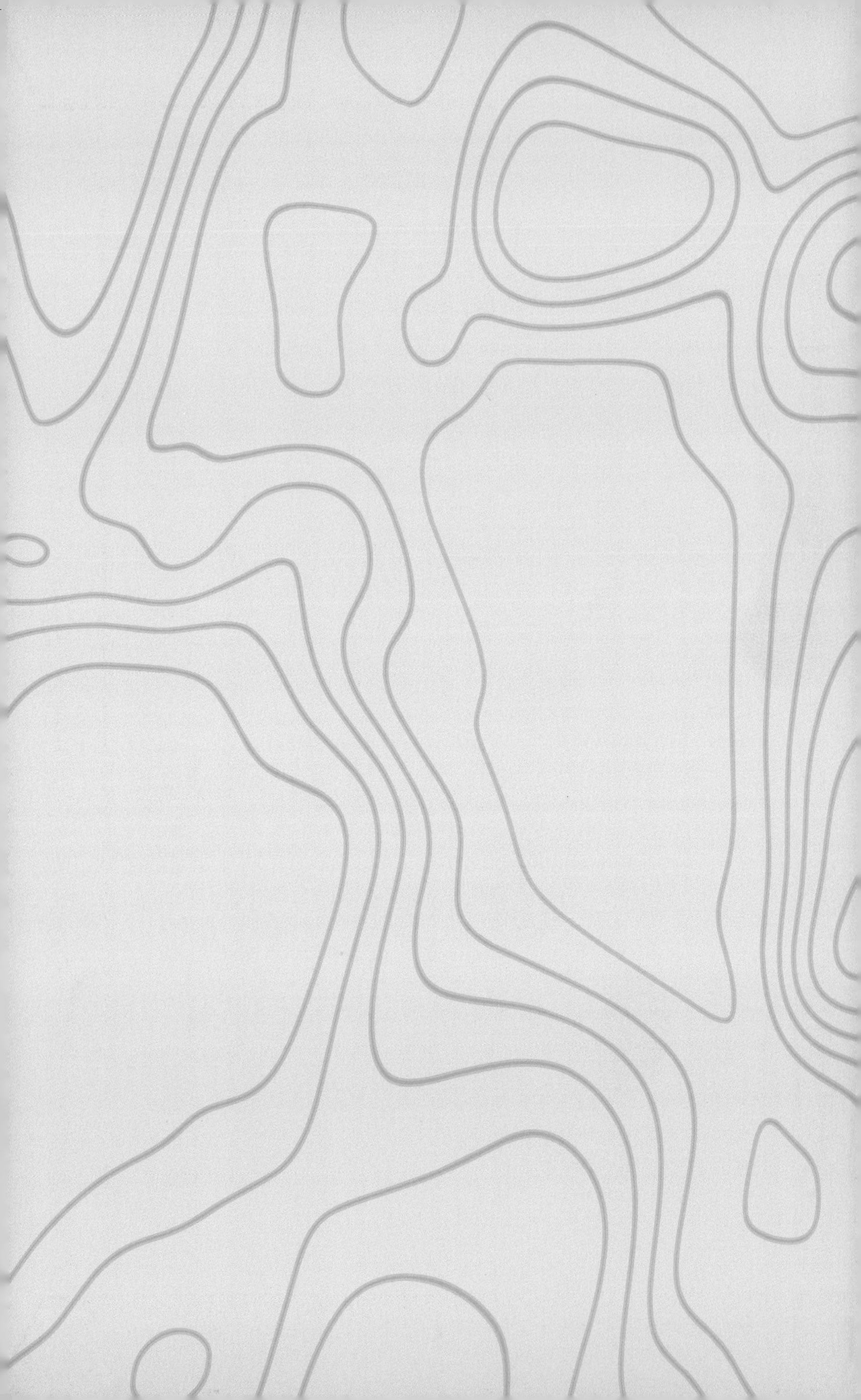